U0112640

ALFRED HITCHCOCK

希区柯克传

Alfred Hitchcock

Peter
Ackroyd

[英]

彼得·阿克罗伊德

著

孙微纳　译

孙长江　校订

后浪电影学院 174
POST WAVE FILM ACADEMY

北京联合出版公司
Beijing United Publishing Co.,Ltd.

上：希区柯克，拍摄于《房客》上映前一年（1926 年）

下：希区柯克和阿尔玛在婚礼现场，拍摄于 1926 年

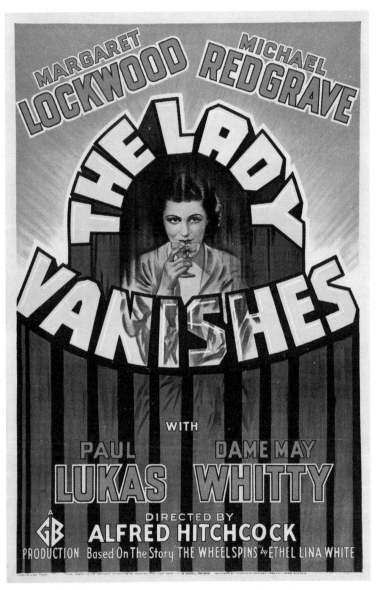

《贵妇失踪记》海报，创作于 1937 年。这是希区柯克与盖恩斯伯勒合作的最后一部重要影片

上：《蝴蝶梦》剧照，希区柯克和塞尔兹尼克合作的第一部电影，两人在项目进行过程中始终在争抢电影的控制权

下：希区柯克、阿尔玛和帕特里夏准备前往美国，拍摄于 1939 年

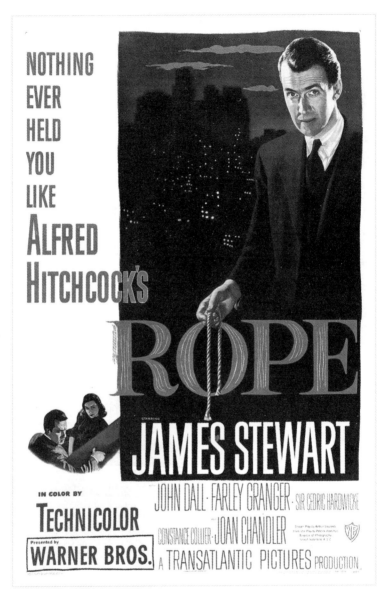

《夺魂索》海报，希区柯克的第一部特艺彩色电影，也是和悉尼·伯恩斯坦合作的第一部电影。影片改编自帕特里克·汉密尔顿的同名戏剧，希区柯克后来将之贬低为"噱头"

上：《希区柯克剧场》宣传照，拍摄于 1956 年

下：希区柯克在派拉蒙的个人办公室里，拍摄于 1957 年

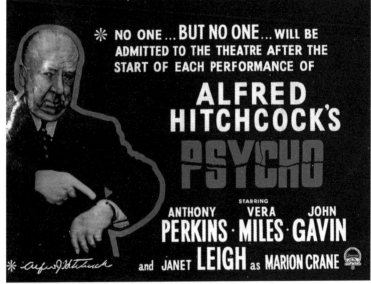

上：金·诺瓦克和佩姬·罗伯逊在《迷魂记》片场，拍摄于
1957年。罗伯逊此后一直是希区柯克的私人助理

下：《惊魂记》宣传海报，创作于1960年。当观众在排队等
待的时候，影院还会向他们播放希区柯克的录音，以增加他
们对这部电影的期待

《群鸟》（1963 年）中的蒂比·海德莉

CONTENTS 目录

The child who never cried / I'll do it / Sound, please / I was grey / At home / Fake it / Oh dear / I am typed / Good evening / Birds and beasts / Back to basics

The child
who never cried
ll do it
ound, please
was grey
t home
ake it
Oh dear
am typed
ood evening
irds and beasts
ack to basics

I

从来不哭的孩子

1899 年 8 月 13 日，阿尔弗雷德·希区柯克（Alfred Hitchcock）出生在他父亲开的店铺楼上，这家小店位于莱顿斯通大道 517 号。在他出生时，莱顿斯通还是个总被人遗忘的城郊小镇，夏季闷热难耐，冬季寒冷肃杀。当时，这个地方仅仅是通往伦敦的罗马路上的一个小村落，有着标志性的空旷感。它位于伦敦城外东北方向八千米处，希区柯克出生时，这里名义上还是埃塞克斯郡的一部分，但伦敦的巨大轰鸣声已经越来越近了。大东部铁路在 1856 年时通到了莱顿斯通，这个小镇很快就变成了"睡城"，住满了每天早上通勤去伦敦及周边地区的普通中产。

　　父亲威廉·希区柯克（William Hitchcock）是个小菜贩，卖一卖卷心菜和萝卜这类东西。这条路和其他的公路一样繁忙，街道上混杂着香蕉熟烂的气味、土豆发霉的土灰味，还有马粪更刺鼻的恶臭。1906 年，莱顿斯通通上了电车，这种气味才开始慢慢消失，希区柯克对此记忆犹新。一张看上去拍摄于当时新近设立的"帝国纪念日"（Empire Day）①的照片，记录下了希区柯克和他父亲在家族生意的门店外的场景。他骑在一匹马上，无疑是他家那匹从科芬园（Covent Garden）市场驮货回来的马。威廉·希区柯克是一位成功的商人，他的生意很快扩张了，希区柯克曾经对一位传记作者说："我记得父亲上班的时候，常穿着深色的西装和浆得笔直的白衬衫，系着黑色的领带。"起码在这一点上，儿子继承了父亲的风格。威廉·希区柯克也是一个极度紧张的男人，一生饱受皮肤损伤等各种神经痛状况的困扰。

母亲埃玛·希区柯克（Emma Hitchcock）据说也穿戴得一丝不苟，体体面面。和其他大多数下层中产阶级主妇一样，希区柯克的母亲从家里的洗洗擦擦中得到了极大的快乐。她还善于烹饪，并且非常享受这一过程。

希区柯克说，家里人告诉他，他在婴幼儿时期从不哭泣。但他也谈到自己的恐惧：当他还是个摇篮中的婴儿时，一位女性亲戚曾把她的脸贴得离他过近，还故意发出婴儿的声音。他还说，当一个婴儿三个月大的时候，母亲往往就会开始试着吓他，这应该是母亲和孩子都享受的事情。在另一次讲话里，他回忆起，他母亲曾在他六个月大的时候对着他说："砰！"即使他从来没哭过，他也不是不知害怕为何物。

他有一个哥哥，随他父亲，名叫威廉；还有一位姐姐，埃伦（Ellen），大家都叫她内莉（Nellie）。但他们好像都没有对希区柯克

---

① 英国为纪念维多利亚女王，从女王逝世的 1901 年起将其诞辰 5 月 24 日定为"帝国纪念日"。（若无特殊说明，本书脚注均为编注）

的生活产生持久的影响。希区柯克家族非常虔诚地信奉天主教，祖父母辈中有三位爱尔兰天主教徒，对他们来说，信教是天生的，甚至是原初的人性。希区柯克的父亲曾称他为"我纯洁的羔羊"；希区柯克自己也记得，他每天临睡前都会站在母亲的床尾，复述这一天发生的好事和坏事。这是一种家庭告解方式。

一家人在希区柯克六七岁的时候搬到了莱姆豪斯。莱姆豪斯在17世纪后半叶已经成为伦敦东区的一个重要组成部分，这里靠近河流，聚集了七千多人口。男人和男孩们在此处乘船下海。这里在18和19世纪时是伦敦最重要的造船中心之一。所以，现在这个男孩可以真正称得上是伦敦人了，或者用当时的老话来说，就是"伦敦佬"（cockney）。在希区柯克搬来这里的二十年前，莱姆豪斯来了许多华人，他们给他的童年时光增加了一种不同的颜色。

威廉·希区柯克在地如其名的鲑鱼巷（Salmon Lane）里买了两间水产店，用来扩张自己的业务；一家人就住在其中一间店的楼上，门牌号是175号。这条巷子距离莱姆豪斯港湾和泰晤士河不远，因此本就刺鼻的鱼腥味又混进了浑浊河水发出的持久臭味，变得更加难闻。在希区柯克一家来到这里不久前的1905年，亨利·詹姆斯（Henry James）在《英国风情》（English Hours）中写道：在泰晤士河旁，"湿漉漉，脏兮兮，黑沉沉则是无处不在的色调。河水简直是黑乎乎的，又覆盖着黑乎乎的驳船；在黑乎乎的屋顶上面，从延伸得很远的码头和船坞中间，耸立起一片荒草丛似的昏暗的桅杆"①。

彼时的莱姆豪斯所见之处一片杂乱粗俗，曾经是人们口中伦敦东区"垃圾堆"的实质所在。利河流经的此处，几百年来一直是被放逐到城郊的工厂的所在地，其中包括染织厂、化工厂和胶水厂。年轻的希区柯克曾经读过托马斯·德·昆西（Thomas De Quincey）的一篇文章——《谋杀，一种优雅的艺术》（"On Murder Considered as One of the Fine Arts"）。在这篇文章里，作者将1812年的莱姆豪斯形容为"最危险的区域"，"充斥着流氓习气"的"险恶地界"。希区柯克刚搬来的时候，这里的情况也没有任何好转。这是一个由小商店和房子组成的街区，商店和房子离人行道不过几英尺②远，形成了一块块贫穷的小地块。大多数伦敦人不愿意来这里。希区柯克在这里长大的时候，小酒馆会从清晨开到午夜，一便士③就能买一杯杜松子酒或者半品脱④啤酒。

希区柯克在采访时鲜少提及这个发着霉味的狂乱地方，但是在他早期的英国电影里，伦敦的街头生活被他呈现在了银幕上：音乐厅、小酒馆、电影院和街头市场，其中来来往往的正是他熟知的那些活生生的机智灵敏的伦敦人。

当他还是个孩子的时候，父母叫他作"阿尔菲"（Alfie）或者

---

① 参见《英国风情》，亨利·詹姆斯著，蒲隆译，生活·读书·新知三联书店，2001年，第128页。

② 1英尺约等于0.3米。

③ 在1971年发行新便士之前，1英镑 =240便士。

④ 英制1品脱约合570毫升。

"弗雷德"(Fred);长大后,他称自己为"希区"(Hitch)。他谈及
童年和家庭时总是惜字如金,但他还是设法回忆起了一些片段。他
喜欢讲述这样一个场景:犯了一个很小的过失,他的父亲与警察就
合谋把他在警察局的牢房里关了两三分钟。只是因为这个小男孩在
一次穿越伦敦的"探险"之后回来得有些晚。他提起这件事,原本
是为了解释他他自己终生对于警察的害怕以及对于罪恶和惩罚的痴
迷。然而,为何威廉·希区柯克要给他"纯洁的羔羊"安排这样的
经历,我们就不清楚了。对一个小男孩来说,这是一次可怕的折
磨。它的影响是值得注意的。在希区柯克的电影里,垂直线条、水
平线条或交错的光线阴影就此成了一个常见的视觉主题。

很明显,这种恐惧在他年纪尚轻时就已形成。他也许编造了这
个父亲与警察的有些象征性的小故事,不断地讲给那些记者听,作
为一种驱散黑暗的祷告。但的确有某种东西将希区柯克塑造成了一
个内心充满战栗与恐惧,害怕指责和惩罚的人。对此,人们提出
了很多解释,从他和他母亲的关系(他自己从未提过),到他和天
主教学校教育的关系(被他反复提及)。他成年后的性幻想奇特而
丰富,他的电影显现了他是多么享受设计女性被强暴或杀害之类的
桥段。他说他总是遵从法国剧作家维克托里安·萨尔杜(Victorien
Sardou)的意见——"折磨她们!"所以,很可能在他的童年时期,
他就已经有了一些不可告人的本能和欲望。对于世界的恐惧成了他
个性的一部分。他害怕穿过制片厂的食堂,担心有人会接近他。他
逃离了混乱。他把自己的生活安排得就像军事行动一样,尽管不清
楚敌人是谁——或者什么。

他对于生活的恐惧只能通过自己的想象来缓解。从根本上说，在这一点上，他从未改变。童年产生的恐惧和执着，一直陪伴他直到生命的尽头，从未消失。从某种角度来说，他始终是一个孩子。他沉浸于他的电影情节，想象出一个又一个强有力的场景，与他深深着迷于对攻击和隐秘灾祸的幻想完美并行。这些，起码，也是他的人生。

他早年似乎很喜爱旅行和交通，可能在幻想中，他想要远离莱姆豪斯、伦敦东区和河畔的那个世界，无论去哪儿都好。他收集地图、交通时刻表、车票、旅程表，以及一切与旅行相关的物品。他在卧室墙上钉了一张地图，根据他在《劳埃德船舶日报》（Lloyd's List）上读到的最新信息，使用小旗子标出远洋船的航行路线。他去背诵《库克大陆时间表》（Cook's Continental Time Tables）上东方快车和跨西伯利亚铁路的站名。仅仅通过背诵目的地的名称，凝视地图上海洋的蓝色部分，他便可以在自己的想象中遨游世界。与此同时，他还详细记录着每一次出行和返回的时间，以便让所有的票根和时间表可以得到精确排列。还只是个孩子，他就对自己的幻想世界保持着严格的控制。在他之后的人生里，他的办公桌上始终有一张欧洲列车的时刻表。

他可不只是想想罢了。他说，在他 8 岁前，他就已经坐遍了伦敦通用公共汽车公司的每一条完整的线路。这家公司的地图上有"乘车和骑马"旅行的广告。他坐过伦敦蒂尔伯里和绍森德铁路线，这条铁路线从芬丘奇街延伸至舒伯里内斯。不难看出，这就是他对火车和轮船的迷恋的起源，这种迷恋从他早期的默片开始，一直持续到《火车怪客》（*Strangers on a Train*，1951）及一些以后的电影中。他对于自己电影的拍摄进度安排得非常严苛，就像他在1936年的期刊《舞台》（*The Stage*）中说的那样："我时时刻刻都必须知道我下一步要去哪里。"这是一个紧张不安的旅行者的人生信条。

他早期接受的教育是正统的天主教教育。幼年的时候，希区柯克曾被选为祭坛的小侍者，他似乎还挺享受这种宗教仪式和他的圣职的。他喜欢罪恶被宽恕时的甜蜜感，喜欢由钟声和熏香营造的神圣世界。9岁的时候，他以寄宿生的身份被送去读慈幼会学院（Salesian College）。学校位于泰晤士河对岸，伦敦西南部的巴特西区萨里巷。学校由唐·博斯科（Don Bosco）的慈幼会成立，初衷是教育那些"城市贫民的孩子们"和"有进取心的工人阶级"。希区柯克只待了一周，就被寄宿学校的制度和离开家人的恐惧给吓坏了。紧接着他就去了当地东印度码头路的一所修道会学校——由耶稣信徒会（Faithful Companions of Jesus）的修女们创立的豪拉学校（Howrah House）。

10岁的时候他又转去了斯坦福德山的圣依纳爵学校（St. Ignatius College），这是一所由耶稣会士（Jesuits）严格按照该会方式开办的学校。圣依纳爵被大家熟知的格言是"给我一个男孩，我会还你一个男人"。希区柯克的学号是343，在入学登记册上，他的信息是"阿尔弗雷德·希区柯克，鱼贩威廉·希区柯克之子"。

他曾经告诉一个记者，他从耶稣会士那里学到了秩序、控制和精准的意义。众所周知，耶稣会的成员们善于在含混不清的问题上捏造论点，也善于艺术化地处理模棱两可的话。这种能力可能部分来自他们在伊丽莎白时期的经历，他们曾在当时因传教而受到追捕，其中很多人在盐塔和伦敦塔被施以酷刑，然后被杀害。

希区柯克吸收知识的速度很快，因此学校的课程虽然宽泛，却也难不倒他。拉丁文、数学、物理和英文是必修课。他们需要记住一些名家的作品，比如朗费罗和莎士比亚，在某些场合还要当众背诵。他从来没拿过第一，不过通常都能拿到值得尊敬的第三或者第四。他还在数学课上获得过优异的成绩。

日常的宗教礼仪是一成不变的。每日弥撒在早晨 8 点 45 分以拉丁语形式准时进行，男孩们会向圣体行礼，然后再去上课。每间教室都布有一个小祭坛，供奉着圣母，圣母像前摆放着鲜花和蜡烛。男孩们每周五都会去教堂忏悔，呈上自己的罪过，并获得赦免。学校每年会安排三天"静修"，供学生自我冥想，进行圣依纳爵的灵魂操练，思考七宗罪和万民四末。多年后，该校校报采访希区柯克，希区柯克写道："天主教的态度深植于我心中。毕竟，我生于一个天主教家庭，长于一个天主教学校，现在的我拥有良知，经受了信仰方面的很多考验。"这种训练深刻地赋予了他一种神圣而非世俗的世界观，在这里，神话、奇迹与理性、逻辑同等重要。

他对自己的爱尔兰天主教信仰一直是一个门外汉，至少在英国是这样。但是，更重要的是，天主教教育不仅让他拥有了强烈的良知，还给了他一种浓浓的罪恶感。他害怕身体，厌恶身体，对身体的一切功能感到不自在。他去完卫生间要彻底清理干净，造成仿佛没人去过的假象。他始终活在自己的精神世界里，离群索居。

圣依纳爵的神父和教会兄弟热衷于体罚，那个时候的伦敦学校大都如此。也许不像狄更斯（Charles Dickens）小说《尼古拉斯·尼克尔贝》（Nicholas Nickleby）里的多泽勃尔学校那么令人生畏，但还是相当可怕。惩罚是用硬橡胶棍儿进行的，只消三下，手就会失去知觉，要是被打上十二下，那起码得痛苦两天。处于焦虑中的男孩们可以自行选择受罚的时间，当然，大多数男孩选择在一天快要结束的时候受罚，然而这样一来，他们对于疼痛的恐惧反而增加了。希区柯克究竟受过几次体罚，我们无从得知，不过极可能很少。他对任何一种权威都感到莫名其妙的害怕，无疑，黑袍耶稣会教士将紧张和恐惧刻到了他的内心深处。他有一次透露道："我害怕警察，害怕教会的神父，害怕体罚，害怕很多事情。这些是我作品的根。"这句话还有更进一步的解释。他后来又说："我当了三年耶稣会的学生，那三年他们把我吓得够呛。现在轮到我吓别人了。"

希区柯克的外号叫"尻克"①。他并不是个受欢迎的孩子。他把自己描述为一个孤独的孩子，没有玩伴。这很容易令人相信。他身材肥胖，性格内向，又没有任何身体技能，或许还已经表现出了轻度的女性化特征——这在他日后的人生中会变得更为明显。还有报道称，他那时候身上总有一股鱼腥味，因为他父亲是个鱼贩子。这些都是会引起男孩们注意的那种细节。他可能没被欺负过，但他绝对是个出名的怪小孩。

---

① 原文为"Cockie"，源自希区柯克姓氏"Hitchcock"最后四个字母，有侮辱意味。

　　于是他为自己发明游戏，自娱自乐。他戒备心很重，再加上有些自负，很难让人亲近。一个记者观察到，当他坐在片场，等待剧组工作人员开工时，"常常一个人坐着，神情像个躲避同龄人欺负的小胖子"。在后来的生活中，他好像对小男孩有一种憎恨。他曾经弯下腰对一个"未成年"小演员比尔·穆密（Bill Mumy）耳语："你再到处瞎跑，我就找个钉子把你的脚钉在地上，到时候你就看着鲜血像牛奶一样流出来吧！"就这样差点把小孩吓得魂飞魄散。

　　他只是观察。他观察教室里的其他人，操场上的其他孩子。对于家庭他亦是如此。"在家庭聚会的时候，"他曾经对一个记者说，"我会静静地坐在角落，一言不发。我看了很多，观察了很多。我从前是这样，现在依旧是这样。"观察给希区柯克提供了一定形式的享受。一个精于观察者，会察觉到人物和地点的细节，甚至能够发现连当事人自己都看不到的情节和模式。世界通过这种凝视得以捕捉。它还提供了一种安全感，甚或不会受到伤害的感觉。观察者又不需要承担任何威胁性的后果。观察也可能会转变成窥视，而窥视在希区柯克日后的电影里是一个常见的主题。

　　伴随着观察的，或者说使其更甚的，是另一种激情。从很小的时候开始，希区柯克就经常出入电影院。看第一部电影的时候他才八九岁。那是一些三四分钟的小短片，片名类似于《列车逃亡》（*Ride on a Runaway Train*，1921）或《哈尔的旅行和世界之景》（*Hale's Tours and Scenes of the World*，1916）。它们探索了电影这种新媒介的真实感和直观性。当一列火车似乎要冲出银幕时，一些观众会尖叫着躲到座位底下去。希区柯克记得当时有些观众因为兴奋或者恐惧弄湿座位的情形。"故事倒不怎么样，"他回忆道，"但是观众席上可真是一番奇景。"

他几乎与电影同岁。青少年时期，他看了大卫·格里菲斯（D. W. Griffith）、道格拉斯·范朋克（Douglas Fairbanks）、哈罗德·劳埃德（Harold Lloyd）和玛丽·璧克馥（Mary Pickford）的电影。第一部卓别林（Charles Chaplin）的默片在英国放映时，希区柯克14岁。伦敦东区电影院的流行程度已经与音乐厅不分伯仲了。在他所住的街区里，有白马路上的帕拉斯艾迪影院（Palaceadium），就坐落于鲑鱼巷里他家水产店的拐角处，还有东印度码头路上的波普勒竞技场影院（Poplar Hippodrome）与乐舞电影院（Gaiety Cinema），明街上的理想电影院（Ideal Picture Palace），以及莱顿斯通大道上的派瑞梅尔电子剧院（Premier Electric Theatre）。

无巧不成书，希区柯克早年居住的伦敦东北部街区正好是英国电影工业兴起的地方。利河和埃平森林（Epping Forest）为冒险和阴谋题材短故事提供了合适的取景地。第一个专业的电影制片厂设立在惠普斯十字路。英国及属地电影公司（British and Colonial Kinematograph Company）坐落于沃尔瑟姆斯托的霍街上。1916年制作了《威尼斯商人》（*The Merchant of Venice*，1916）的布罗德威斯特电影厂（Broadwest Film）在沃尔瑟姆斯托的伍德街上。离它不远处的一个电车仓库里是泰格电影厂（Tiger Films）。沃尔瑟姆斯托被称为"英国好莱坞"，因为五分之一的电影厂都在这里。希区柯克委实没待错地方。

他很小的时候就开始读行业报纸了。莱斯特广场附近有一个书店，他从那里购买《放映机》（*The Bioscope*）和《电影灯周报》（*Kinematograph and Lantern Weekly*）来看。他已经表现出了某种可以称为职业兴趣的东西。他还与父母一块儿去过旺斯特德广场的年度马戏节，到过斯特拉特福音乐厅（Stratford Music Hall），那里有各种表演、西洋景和意大利小歌剧。

他还有其他兴趣，比如乘坐公交车穿过弗利特街，在"老贝利"（Old Bailey）^①的前一站下车。这里是他喜欢的机构。在晚年，他仍可以准确地回忆起中央刑事法庭的楼层平面图。他着迷于听法庭审判谋杀犯，尤其是女性谋杀犯。他收集了一书房的刑事案件和犯罪小说，并至少拜访过一次苏格兰场（伦敦警察厅代称）的黑色博物馆（Black Museum）。"我一直对犯罪着迷，"他曾经写道，"这可能是一种英国人才有的毛病。"日后他也仍然特别喜欢阅读耸人听闻的案件的记录，如1953年大法官审问臭名昭著的连环杀手约翰·克里斯蒂（John Christie）。稍微作了修订的案件记录显示法官强调了以下内容：

法　官：　你杀了她。

克里斯蒂：是的，法官阁下。

法　官：　你还殴打她了？

克里斯蒂：没错，法官阁下。

法　官：　在她死之前，当中，还是之后？

---

① 指伦敦中央刑事法庭（Central Criminal Court）。

克里斯蒂：当中。

上述情景在这位电影人的想象中留下了如此深刻的印象——凶手被他称为"可爱的克里斯蒂"——以至于在 1972 年的《狂凶记》（Frenzy）里，希区柯克照搬了整个场景。

他后来承认，他可能会想成为一名诉讼律师或者绞刑法官，但绝对没想过成为一名警察。所以，他对于犯罪的兴趣可以视作他对戏剧热情的一部分。他曾和父母一起去西区看最新的戏剧。据他的授权传记作者约翰·罗素·泰勒（John Russell Taylor）的说法，对于他年幼时的戏剧世界，希区柯克可以高高兴兴地坐在那里高谈阔论好几小时，"关于这些……他知识广博，极具热情。"希区柯克的电影有很多强烈的、与生俱来的戏剧式的东西。好几部电影，比如《夺魂索》（Rope，1948）和《谋杀》（Murder!，1930），就是根据戏剧改编的。另有一些电影的主要场景是在真实的戏剧舞台上拍摄的，摄影机只是在舞台的拱门外移动而已。戏剧与电影在希区柯克的头脑里紧密地交织在一起，毕竟当时两者存在着那般深刻的联系，甚至很多电影就是在戏剧剧院里上映的。

他 13 岁时离开了学校，那时候这是法定年纪——13 岁的孩童被认为已经为选择一份终身职业做好了准备。希区柯克告诉父母，他想成为一名工程师，这是一份既安全又合适的职业。他考取了波普勒高街的伦敦郡议会海洋工程与航海学院（London County Council School of Marine Engineering and Navigation）。他在学校里学习机械和声学，也忙于各种机械图纸的绘制。这些专业的训练足以让他找到工作了。1914 年 11 月，他在伦敦墙外布罗姆菲尔德街的 W. T. 亨利电报有限公司（W. T. Henley's Telegraph Works Company Limited）找到了一份工作。这是一家主要生产绝缘电线和电缆的公司的总部，在当时，该公司对水下电缆和防爆通信特别感兴趣。

希区柯克是销售部门的初级技术人员，负责对电线的尺寸和电压做技术估算。用他自己的说法，他终日懒散，总要等桌上的估算单堆积成山，不得不解决时才着手工作。他还说，他的工作速度快得惊人。在他进入亨利公司工作一个月后，他的父亲就因为肺气肿去世了，这坚定了他的选择，继续将工程师当作一份稳定的职业。他的哥哥继承了水产店，希区柯克和母亲仍住在鲑鱼巷 175 号楼上，希区柯克每天从这里进城上班。也有一些报道称母子俩又搬回了莱顿斯通，但是这一点已无法证实。

不管是莱顿斯通还是莱姆豪斯，都没能幸免于第一次世界大战的持续轰炸。对希区柯克这样一个过于紧张的年轻人来说，天上掉下来的恐怖馅饼是一种直达心底的冲击。没有什么能比这更野蛮地颠覆世界秩序了。1915 年初，莱顿斯通的上空开始出现齐柏林飞艇；莱姆豪斯及河流区域成了德军的重点轰炸对象；波普勒高街被炸得尤为严重。爱尔兰海发现有德军的潜艇，处处风声鹤唳，伤情频传。一些希区柯克的早期电影反映了那种恐慌甚至歇斯底里。这些创伤于他永远也不能忘却。他在《群鸟》（The Birds，1963）中借群鸟围攻布伦纳家重现了第一次伦敦大轰炸的景象。"炸弹落下，枪声四起，人间炼狱。"他形容道，"你不知道躲去哪里……你被困住了，无法脱身。"

然而在希区柯克后来的大部分采访中，他却有意要压抑这段他肯定经历过的战时记忆，反而把焦点放到了战争期间他和母亲在一起时的那些悲喜交加的时刻。某晚，他回到家里，发现他家附近受到了炮火攻击。他急忙跑去母亲的卧室，发现她正试着往睡袍外面加衣服。还有一次发生在空袭时，他记得，"我那可怜的像埃尔莎·马克斯韦尔（Elsa Maxwell）一样又胖又矮的老妈，一边不知如何是好一边拼命祈祷，而窗外就是齐柏林的搜寻灯和四处飞溅的弹片。"第三段逸事则是说，有一次他和母亲一同跪着躲在桌子下面，母亲不断地在自己胸口画十字。

16 岁时，希区柯克偶然遇到了埃德加·爱伦·坡（Edgar Allan Poe）的作品，知道了他的生平。"我为他感到非常遗憾，"他说，"因为他虽然有才华，但却是多么不快乐。"爱伦·坡的童年充满了害怕和战栗，他对于任何的轻视都十分敏感和脆弱，以至于变得怯生生的，不善交际。成年后他总是一袭黑衣，以一种仪式感十足的方式生活在这个世界上。他寻求庄重的克制，来约束自己病态天性的痛苦和憧憬。但他同时又长期需要女性的同情和保护，因此热爱那些有着灾难性结局的女性形象。爱伦·坡不幸的一生对年轻的希区柯克影响颇深。

他开始阅读爱伦·坡的短篇小说。《陷坑与钟摆》（"The Pit and the Pendulum"）里无名的受害人首次看见法官们在宣判命运时，嘴唇变得煞白。他被押着走下无数级台阶，到了一个石头做的地牢里，地牢中心有一个巨大的陷坑。这里的恐惧和威胁无边无际。在不知道原因的情况下，他被转移到了一处幽闭恐怖的竞技场。他没有犯罪却要被惩罚。他大约知道黑暗中某处有一双眼睛正注视着他，正从他的糟糕处境中攫取着乐趣，甚至快感。

　　然后他惊恐恐地瞥见一把巨大的镰刀一寸一寸地逼近他，缓慢、稳当地挥过来。当镰刀割破他的外衣时，他能听到嘶嘶的声音，闻到它那刺鼻的气息。镰刀垂下来如同死神的影子。突然，指控者的敌人出现了，他就这样被释放了。这是一场梦吗？这些有什么意义？爱伦·坡精心计算和谋划着他的叙事，营造出一种超现实逻辑的焦虑和恐惧；其处理的主题涉及双重性、被"反常之魔"①召唤的自我毁灭、理想化的女性角色，以及对侵略性的眼神感到恐惧的主人公们。爱伦·坡的这个世界令希区柯克沉思。四十五年后，希区柯克写道："我会忍不住将我放进电影里的东西和爱伦·坡放进他小说里的东西进行比较。"

　　他17岁时注册成为皇家工程兵部队（Royal Engineers）见习团的一员。他和其他亨利公司的同事晚会收到指示，周末还要参加游行和演习。这当然是战争的一种徒劳的兴师动众，但也不能指责他不爱国。1917年，他到了该应征入伍的年纪，却因为被分入"C3"等级而被免去了义务。这可能是因为他的体型、身高，或一

----

① "the imp of the perverse"，出自爱伦·坡同名短篇小说。

些我们不知道的身体原因。他被分配到了"没有器质性疾病"，可以"在家服役驻防"的那一组人中。他当时也可被召入伍做一些"坐班工作"，当个厨子或仓库看守之类的后勤兵，但幸运的是那时战争快要结束了，不再需要他的服务。

他报名进入伦敦大学（University of London）金史密斯学院（Goldsmiths College）艺术系的夜校学习，发现了一种更令人愉悦的坐班工作。在那里，他磨炼了制图绘图的技巧，也充分释放了自己对艺术的热爱。他被人派去画人物和建筑的素描，格外注意光与影的部分。后来他对他的同行——导演弗朗索瓦·特吕弗（François Truffaut）解释道："我在艺术学院里学到的第一件事就是，世上是没有线条这回事的，只有光与影。"光亮和黑暗构成人物。

他的老师也鼓励他时常逛一逛博物馆和美术馆，寻找可以启发灵感的作品。富裕一些的时候，他买了杜飞（Raoul Dufy）、郁特里洛（Maurice Utrillo）、鲁奥（Georges Rouault）、西克特（Walter Sickert）和克利（Paul Klee）的作品。他的女儿，帕特里夏·希区柯克（Patricia Hitchcock）曾说，他喜欢非具象艺术，只要看上去令人愉悦就好，但是他对任何象征意义或内在含义都没有兴趣。

亨利公司的管理层注意到他在金史密斯上夜校的事情，1919年，他被公司从销售部调到了广告部。在这里他学习了如何设计版面，以及如何撰写与之配套的文案。他为小册子画插图，并进行编辑。推广和宣传这时成了他的长处。他的技术使他更为自信，不再是那个害羞、孤独的学生仔了。有一张他站在船上的照片，是公司同事们在泰晤士河游玩时拍摄的，照片中他戴着草帽，穿着双排扣西服，抽着烟。爱开玩笑、几乎无法掩饰的幽默和机智使他小有名气。他组织了亨利足球俱乐部，还参加了台球俱乐部。可能也是这段时间里，他开始在金巷的克里普盖特学校（Cripplegate Institute）上舞蹈课。

1919 年他创办并开始编辑《亨利电讯》（*Henley Telegraph*），卖给员工 3 便士一份。像所有小型出版物的编辑一样，他自己也得提供内容。1919 年 6 月的创刊号中，一个古怪的小故事亮相了。《气》（"Gas"）是一篇带有讽刺意味的"大基诺"（Grand Guignol）① 作品，深受爱伦·坡的影响，同时也能看出一丝萨基（Saki）② 的影子。他可能无意间还受到了《匹克威克外传》（*The Pickwick Papers*）里"小胖子"处境的启发。"我想让你起鸡皮疙瘩。"这个故事可以表明希区柯克有着多么可怕的想象力和幽默感。他在之后的几期中又刊登了六个小故事，所有这些故事都带有戏仿、喜剧和情节剧的特点。这些特点很快就会在他的第一部电影里显露出来。

据他自己的说法，他在这个岁数的时候，确实已经挺胖的了——而且雄心勃勃。或许他之所以雄心勃勃，正是因为他身宽体胖。他对体重一直感到难为情。对于亨利公司，他从未真正上心过，那些必须做的报告和记录，他似乎总是非常随意、草率地应付

---

① 巴黎一剧院名，以演出情节刺激的戏剧出名，后用来喻指此类作品。
② 原名赫克托·休·芒罗（Hector Hugh Munro，1870—1916），英国作家，以短篇小说见长。

一下就算完了。他不太适应这里。时至眼下，他对广告已经失去了
兴趣，而且不太满意他那一周 15 先令 ① 的薪水。

他一直密切关注着电影行业报刊，并很快知道电影公司"名
优－拉斯基"（Famous Players-Lasky）要在伦敦北部伊斯灵顿的
普尔街建立新制片厂的消息。这就是为派拉蒙影业（Paramount
Pictures）供应影片的公司。来到伦敦之后，这家公司取名为"名
优－拉斯基英国制片人有限公司"（Famous Players-Lasky British
Producers Limited），开始投放招聘广告来招聘各类员工。这其中有
一种叫作"字幕员"（captioneer）的职位，负责制作默片字幕卡，
编写文字和设计图形，用以服务于默片的叙事。在亨利电报公司做
了两年的绘图和广告文案工作之后，希区柯克的机会来了。

他发现名优－拉斯基选择了玛丽·科雷利（Marie Corelli）的
作品《撒旦的忧伤》（*The Sorrows of Satan*）作为在伦敦的第一部
电影。他读了这部小说，然后，在广告部同事的帮忙下，他为这部
还在筹划中的电影创作了一系列设计方案和字幕。他还准备了一份
作品集，将他最近的广告作品汇编成册。他带着这些去了普尔街的
这家新制片厂，但却得到了一个不太好的意外消息。《撒旦的忧伤》
被放弃了，制片厂决定专注于另外两部电影，《伟大的一日》（*The
Great Day*，1920）和《青春的呼唤》（*The Call of Youth*，1920）。

那时候的他，精力充沛，坚持不懈，而这些帮他赢得了这个机
会。他立刻着手准备这两部新电影，并在一两天内带着合适的材料

---

① 英国辅币单位，1 英镑 =20 先令，在 1971 年英国货币改革时被废除。

再次出现在了普尔街。他的效率和显而易见的才华给经理留下了极好的印象，他受雇兼职提供图形和字幕设计。在他的兼职岁月里，他一边为电影公司工作，一边仍受雇于亨利公司。但他似乎需要把一部分外快上交给他的直属上司，那个给他时间和空间去创造一个电影世界的人。

他的坚持得到了回报，1921 年 4 月，他正式成为名优 - 拉斯基的全职员工。亨利公司宣布了他的离职："他去做电影了。他不是去当电影演员，这恐怕不用说你们也知道。他去的这家公司是英美最大的电影制片厂之一，在其中负责美术字幕部门。我们会想念他的，我们也祝他成功。"而他后来取得的成功是当时的任何人都无法想象的。

he child

who never cried

ll do it

ound, please

was grey

t home

ake it

h dear

am typed

ood evening

irds and beasts

ack to basics

II

我来做

小说家、散文家托马斯·伯克（Thomas Burke）受邀去参观一座最近在伊斯灵顿新建的制片厂。他在一篇名为《在电影城的街道上》的文章里评论道，这是"一座被拆除的发电站，一个无边无际的大谷仓，尽管天气暖和，但却让人感到寒冷"，它"天棚很高，充满回声，地面上乱七八糟散落着很多粗的照明电缆"。两旁是一堆堆搭建好的布景，边上还有一些身着戏服的演员等待着上场。因为这时候电影还不要求录声音，所以可以几部电影同时拍摄。

　　摄影师和摄影机在布景前待命，旁边还有一台更为笨重的剧照摄影机。场记员姑娘坐在一边记笔记。伯克本以为会有喧哗和吵闹，但其实"唯一不间断的噪声只有弧光灯发出的嘶嘶声"。然后他就听到了导演和制片的声音。"格温小姐，我们再来一遍，你看，像这样。"奇怪的词汇频频传来。"越过"（cross it）、"关灯"（kill it）、"光圈"，然后传来"开灯！"。导演拿起他的扩音器，不慌不忙地给出他的指示："摄影机，上。管家，上。侦探，上。太太的女佣，上……现在轮到他的右臂……膝盖撞他的后背……推倒他……挣扎……结果他。好!"然后又是一声"关灯!",此条结束。

最具戏剧性的时刻会被拍成剧照,同时,制片人开始召集整个团队进行讨论。伯克注意到片场处处可见"禁止吸烟"的牌子,然而没有一个人不在抽烟。当演员和工作人员上楼到食堂吃饭时,他还发现这里非常平等——小电工就坐在大明星旁边,门卫跟制片人坐在一起。他感觉大家都对拍电影这个新颖的过程"兴味盎然"。

希区柯克将流连一生的世界,由此开始。

名优 – 拉斯基本质上是一个美国制片厂,大多数职工是美国人。制片厂实际上有两个摄影棚,一楼一个,二楼一个,摆满了《泰晤士报》(*The Times*)所说的"美国最先进的设备"。伦敦的大雾一直是一种威胁,现在却被从屋顶吹走了。阿尔弗雷德·希区柯克一开始被分配去为正在制作的电影设计字幕卡。他从事的是一种实用的工作,目的是提示观众哪些角色出场了,哪些动作发生了。从一开始他就学会了和剧作家合作,尤其是脚本编剧,这些编剧大多数时候是美国女性。他有一次说,他是泡在普尔街一群"美国中年女性"里学习电影的。是她们教会他如何写剧本。他还学习到,只要换一换字幕,整个电影的基调和意义就有可能发生改变,这样一来,一部烂电影或许就可以得到挽救。他制作过字幕的电影有《神秘之路》(*The Mystery Road*,1921),是一部浪漫冒险片,以及《危险的谎言》(*Dangerous Lies*,1921),如今已遗失在历史长河中。

也是在这个时候，希区柯克遇到了与他分享人生和职业所有阶段的女人。阿尔玛·雷维尔（Alma Reville）与希区柯克同年出生，只比他小一天。此时阿尔玛已经是个职业的电影人了。她 16 岁时进入伦敦电影公司（London Film Company）特威克纳姆制片厂（Twickenham Studios）的剪辑部工作。她父母的房子离她工作的地方不远。她成了剪辑室女孩儿，动作敏捷，技术娴熟。在 1923 年《电影新闻》（*Motion Picture News*）的一篇文章中，她说道："电影剪辑是真正的艺术。真正的、大写的艺术。"她还强调了流畅的连贯性和巧妙运用特写镜头的重要性。她在剪辑方面的水平越来越高，特威克纳姆的一个导演提拔她做现场指导和第二副导演。这是一份新兴的职业。如果她是个男人，她可能会远远走在希区柯克的前面。1921 年，她与希区柯克同年加入伊斯灵顿的名优 - 拉斯基公司，继续做她的剪辑室"元老"和第二副导演。

一开始的两年里，希区柯克都不怎么认得她。雄心和决心让这个年轻人暂时对异性没有兴趣。而她却能回忆起这么一个胖胖的小伙子，总是穿着一件巨大的外套，不慌不忙地穿过制片厂，胳膊底下夹着一大叠电影字幕。如果他能好好看看人，他就会发现一个矮小的女孩子，身高一米五左右，长着一头红发，漂亮、敏捷、干练，对令人兴奋的电影制作满腔热情。

名优 - 拉斯基并没有在伊斯灵顿支撑多久。英美合作没有奏效。他们制作的电影如《三个活鬼》（*Three Live Ghosts*，1922）和《爱的回飞镖》（*Love's Boomerang*，1922）并没有在英国观众中得到很好的反响，尤其比不上如高德温影业（Goldwyn Pictures）和环球影业（Universal Pictures）等好莱坞制片厂制作的真正美国电影。阿尔玛被迫离开伊斯灵顿。《电影新闻》中有一小段文字报道了这个消息："阿尔玛·雷维尔，剪辑师，名优-拉斯基的前员工……现在可以自由接受新工作了。"伊斯灵顿变成了设备租赁的工作室，希区柯克留在那里做些杂活，同时渴望着做点大事。

最终，1923 年，阿尔玛接到了一个电话："是雷维尔小姐吗？我是阿尔弗雷德·希区柯克。我刚被任命为了一部电影的副导演。我想问，你愿意来做剪辑师吗？"

他后来承认他其实面对女人十分害羞，但他如此沉默寡言还有另一个原因。阿尔玛说："因为在英国让一个男人承认自己的工作不如一个女人重要是不可想象的，希区一直等他到了一个更高的位置才敢跟我说话。"

他在伊斯灵顿并没有闲着。他为一部从未被投拍的喜剧《护士晚安！》（Good Night Nurse!）写了剧本，只有八页工整漂亮的手稿留存了下来。1922 年下半年，他似乎还跟约瑟夫（Joseph）伯父 ① 借了点钱，投资自己的独立电影《皮博迪太太》（Mrs Peabody），又名《十三》（Number Thirteen）。这是一个发生在希区柯克非常了解的伦敦中下层阶级间的故事，主要场景设置在一个被笼统称为皮博迪大楼的低收入住宅区。拍了几盘胶片后，因为资金不足，电影被迫停拍。第一次失败理应对希区柯克打击重大，而他后来回忆

---

① 希区柯克的父亲兄弟姐妹众多，希区柯克有两位伯父的名字中含有约瑟夫，但他们皆在 1922 年以前就已去世。借钱给他的有可能是他的叔叔约翰（John），他也经营水产、蔬菜，是家族里生意做得最大的。

起来只说这是一次"小教训",让他学会了拍任何电影时都紧盯资金链。

1923 年初,著名演员兼制片商西摩·希克斯(Seymour Hicks)与一个独立导演合作,翻拍一部老喜剧电影《总要告诉你的妻子》(*Always Tell Your Wife*)。当导演生病的时候,希克斯在制片厂到处寻找可以顶替导演来完成工作的人。他的目光落在了这位矮小的年轻雇员身上。据希克斯回忆,这个年轻人"无比热情,急于亲手制作电影"。这部电影只有一盘胶片幸存到了现在,质量不高。同年夏天,希区柯克以更大的热情投入到了另一部电影的拍摄中。

一群独立电影人突然到了伊斯灵顿,把此地视为理想世界。迈克尔·鲍尔肯(Michael Balcon)是一个有抱负的制片人;格雷厄姆·卡茨(Graham Cutts)已经执导了三部电影,这在电影业早期算得上颇有经验了;维克托·萨维尔(Victor Saville)是迈克尔·鲍尔肯的联合制片人。鲍尔肯是当时三人中最具影响力的一个人物,他后来成了伊灵制片厂(Ealing Studios)的头儿,并进而成为英国电影工业的风云人物。希区柯克在后来的一个采访里说:"我被允许进行试验。这多亏了一个人,迈克尔·鲍尔肯……是他允许我试验我的胶片奇想。"

他们的合作开始于《女人对女人》(*Woman to Woman*,1923)。希区柯克还是一如既往地热情和急迫。很快这三个男人发现他们需要一个编剧。希区柯克自告奋勇,并给他们看了自己之前写过的一些剧本。他们还需要一个美术指导,这又是希区柯克会做的事。当他写剧本和设计字幕的时候,还负责创建布景,以及监管服装。他说的话很简短："我来做。"正是这种活力和适应性让鲍尔肯这个一向专业的人都钦佩不已。不过他有时也很专断，做完一个布景后，他可能会跟导演说："就这个场景了。"他还认识一个专业剪辑师，这就是阿尔玛·雷维尔接到了那通意想不到的电话的原因。

格雷厄姆·卡茨导演的这部《女人对女人》，讲述了一个红磨坊的舞女与一个军人有了婚外情，孩子出生后，军人却失忆并且再婚了。接下来的所有纠葛给煽情和情节剧桥段留足了空间。电影在1923年春天公映，受到了德国、英国和美国观众的热烈追捧。《每日快报》(Daily Express)评价这部电影为"在英国制作的最好的美国电影"，这在当时看来肯定是一种赞美。阿尔弗雷德·希区柯克虽然没有署名为这部电影的副导演，但他已经充分证明了自己的价值。那一年《电影新闻》刊登了一幅他的漫画，他被称为 A. J. 希区柯克。

第二年，鲍尔肯和伙伴们进一步从派拉蒙手里收购了伊斯灵顿制片厂，派拉蒙的经理们好像迫不及待想把这个失败的企业交出去。希区柯克依旧是副导演，三个月内参与制作了两部电影。《白影》(The White Shadow，1924)和《激情的冒险》(The Passionate Adventure，1924)虽然如今已被遗忘，但它们确实是希区柯克所获电影教育的一部分。比如在《激情的冒险》中，他必须建造一段荒废的运河，旁边还要有一栋房子。在他以后的职业生涯中，他都更喜欢使用搭建好的布景，而不是自然的外景。

这些电影人现在把公司取名为盖恩斯伯勒影业(Gainsborough Pictures)，急切地想要获得更多的资本。德国是当时公认的欧洲电影中心，鲍尔肯自然而然地与其中一家较为重要的公司达成了联合制片协议。1924 年秋天，希区柯克被派去德国，一同前去的还有阿尔玛和格雷厄姆·卡茨。他们要前往乌发电影公司（Universum Film-Aktiengesellschaft，缩写 UFA）位于纽巴贝斯堡（Neubabelsberg）的玻璃拍摄棚。这里靠近柏林，他们将在此处拍摄完成两部英德合作电影，《普鲁特的堕落》（*The Prude's Fall*，1924）和《恶棍》（*The Blackguard*，1925）。两部电影都由身价不菲的美国女演员简·诺瓦克（Jane Novak）担当主演，取景地涉及很多欧洲风情的异域建筑。

希区柯克和阿尔玛都不会说德语，一开始只能依靠肢体语言和一些技术行话进行工作，但是他们坚持了下来。他们不仅学会了一种语言，还学会了一种艺术形式。在相邻的片场，德国导演 F. W. 茂瑙（F. W. Murnau）正在拍摄一部默片，《最卑贱的人》（*The Last Laugh*，1924）。这部电影没有字幕，唯一一张字幕卡出现在片尾。这是一部成功的表现主义电影。茂瑙取得了这位年轻的英国人的信赖。希区柯克后来回忆说，"是茂瑙教会了我如何不用字幕讲故事。"也是从茂瑙那里，他学会了流畅的运动摄影技术，让摄影机像人一般进行移动。他还学会了另外一项新技能，如果你想要表现一座大宅子或者一座大教堂，你不必非要有一整个建筑，你可能只需要展示一根大理石柱子，或一扇大木门，甚或一扇木门的一部分。观众的想象会帮你做完剩下的事。"你在片场看到什么根本无所谓，"茂瑙告诉他，"真正重要的是你在银幕上看到什么。"

茂瑙创造了乳白色的灯光下晶莹闪烁的黑色水洼，雨中悲伤朦胧的街灯，和被橱窗的灯光照亮的湿漉漉的人行道。光亮总是与黑暗并存，事物总是带着影子。然后镜头可能切到一张脸的特写，充满疑惧。可移动摄影机无拘无束的韵律，跟随着一个徘徊或跌跌撞撞的身影，穿行过冷漠或充满敌意的场景。这里的走廊没有尽头，楼梯危机四伏，游乐场荒芜野蛮。

就这样，德国电影打开了希区柯克的想象之门。这个世界充满危险和不确定性，令人战栗、惊恐，致命而又无法预测。这个世界引发着焦虑和迷惑，永远处于一种岌岌可危的状态。希区柯克也许从这里学到了很多德国表现主义电影技巧，但更有可能的是，茂瑙和其他导演的作品触动了希区柯克内心深处的某些部分。

他也看到，在德国电影制作体系中最重要的角色是导演——不是演员，不是编剧，不是摄影师，而是站在或坐在摄影机旁边那个发号施令的人。茂瑙对待演员就像是操纵木偶，他们只需听从他的命令。茂瑙负责预算，更重要的是，他也负责剪辑。希区柯克对此谨记于心。当别人问他谁才是他的良师，他回答说："德国人！德国人！"

其他在德国的小插曲就没那么令人愉快了。有一次制片厂的经理带着希区柯克和卡茨去柏林的一家夜总会玩，在那个夜总会，男人跟男人跳舞，女人跟女人跳舞。这种情况，希区柯克至少是不熟悉的。这两个英国男人后来遇到德国妓女揽客，希区柯克一直小声地用德语重复："不，不。"他对性事还一无所知。即使他默默地对阿尔玛献着殷勤，但他们的关系仍然处于同事的阶段。他们谈论电影，当然也会分析一些手上正在做的电影。在某些领域，阿尔玛仍然有比希区柯克更高的技术敏感度。他的一生中，也经常会顺从阿尔玛的判断。如果阿尔玛认为某件事是无效的，希区柯克就会对它失去兴趣。性对他们倒不是那么重要。友谊和共同的热情支持他们相伴一生。

他们的工作还包括保护已婚的格雷厄姆·卡茨和他难以取悦的爱沙尼亚情妇。希区柯克和阿尔玛必须为他的行迹打掩护编借口，但大多数时候这位导演的行为难以预测，导致他们浪费了很多宝贵时间。他们都意识到卡茨甚至不是一个好导演，这让他们的情绪变得更糟了。希区柯克尽量表现得谨慎谦虚，但有时也会在片场小声地发发牢骚。最终卡茨还是带着情妇私奔了，一去不返，留下《恶棍》的最后一幕由希区柯克导演。阿尔玛有一次承认道："卡茨的确不是一个讨人喜欢的人，对导演这行知之甚少，完全是我们在带他。"卡茨自己则对希区柯克的才华和知识充满嫉恨，他很快发现希区柯克正在成为他的竞争对手，于是无时无刻不试图打压他。作为一个总是被焦虑吞噬的人，希区柯克反而没有为此所扰。

《恶棍》和《普鲁特的堕落》都票房惨淡，后者在纽约被观众大肆嘲笑，《综艺》（Variety）杂志甚至称之为"电影垃圾"。卡茨把电影失利怪在每一个人身上，独独与他自己毫无关系。他还声称自己再也无法与那个"百事通的狗杂种"共事了。鲍尔肯充分考虑了这点后，问希区柯克是否愿意独自导演下一部作品。希区柯克显然甚为惊喜，开心地答应了。"好吧，"他估计是这样说的，"我们什么时候开始？"他们在慕尼黑开拍了。他和阿尔玛——现在他无法离开的助手——又被送回德国，拍摄了另一部联合制作的电影。

　　他学习德国电影并不仅局限于制片厂所得。回到英国后，阿尔玛和希区柯克加入了新成立的伦敦电影社（London Film Society），这个组织主要放映外国电影。如若没有这样一个机会，很多外国电影会变得默默无闻。这个组织是在艾弗·蒙塔古（Ivor Montagu）的主持下成立的。蒙塔古是苏联的拥护者，对爱森斯坦（Sergei M. Eisenstein）和普多夫金（Vsevolod Pudovkin）十分痴迷。希区柯克从爱森斯坦的《战舰波将金》（*Battleship Potemkin*，1925）和普多夫金的《母亲》（*Mother*，1926）中正式接触到蒙太奇艺术，它在日后成为他电影中的主要元素之一。"纯电影"，如他所言，相当于"把互补的电影碎片拼接在一起，宛如音符组成美妙的乐章"。坐在剪辑室里的导演可以建立一种基调、动作、情绪和意象的模式，用这些模式主导一部电影最后所提供的观影体验。演员不再是电影最重要的介质，他的感情、表情、思想，现在都可以运用一剪一接来调控。演员笑了，接上一个婴儿，那他就是个好人。演员笑了，接上一个裸女，那他就是个色鬼。这类早期电影教育对希区柯克艺术的形成具有无可估量的价值。

　　伦敦电影社的放映活动每周日在摄政街的新画廊（New Gallery）举行，除了他们，早期参加伦敦电影社的还有奥古斯塔斯·约翰（Augustus John）、罗杰·弗里（Roger Fry）、约翰·梅纳德·凯恩斯（John Maynard Keynes）、美国插画家 E. 麦克奈特·考弗（E. McKnight Kauffer）。较为专业的是悉尼·伯恩斯坦（Sidney Bernstein），他后来参与制作了希区柯克的电影《夺魂索》和《风流夜合花》（另译《历劫佳人》，*Under Capricorn*，1949）。蒙塔古在后来的一个采访中说：

"我们认为有太多我们感兴趣的电影正在国外拍摄，我们希望让大家多看看这些电影，以此启发英国电影……用这种方式，我们可以吸引更多艺术家成为电影人，比如雕塑家和作家——那些在当时看不起电影的人。"

苏联电影和德国电影的水平在当时领先英国电影，这让希区柯克和他的同辈很是懊恼。相比于《激情的火焰》（*Flames of Passion*，1922）和《骗子满天飞》（*Too Many Crooks*，1919），谁不会更喜欢《卡里加里博士的小屋》（*The Cabinet of Dr. Caligari*，1920）和《三生计》（*Destiny*，1921）呢？很明显，这时的英国电影正处于糟糕的阶段，与美国电影和其他欧洲电影相比相形见绌。它们是如此粗陋，以至于很多演员和作家都倾向于视它为一种低级的平民杂耍。反过来，已有地位的电影工业同侪则对于伦敦电影社想要提高人们的审美批判意识这件事嗤之以鼻。

所以希区柯克和其他人建立了一个规模不大的"毒舌俱乐部"（Hate Club）。该俱乐部会组织"毒舌聚会"（Hate Parties），分析新上映的英国电影，大多数时候还会进行谴责。艾弗·蒙塔古回忆说，在这个俱乐部的一次聚会中，希区柯克大致讲了他的意图。希区柯克说电影不是为了大众拍的，"因为等到大众看到这部电影的时候，这部电影究竟会如何其实是无关紧要的"。导演拍电影是为了媒体和影评人，因为只有通过他们，导演的名字才会为人所知。宣传是关键。一旦成名，得到认可，他就可以随心所欲了。蒙塔古补充道，希区柯克说这段话时，用的是他一如往常的语气，"冰冷、尖刻、愤世嫉俗、冷嘲热讽"，所以没人会觉得被冒犯了。希区柯克不是在公开表示应该区分作为艺术的电影与作为商业的电影，尽管他在伦敦电影社的多数同仁会更喜欢前者，但他作为一个务实的人，认为艺术和商业没必要分得太开。他终其一生都在身体力行这一点。

他一直都对他周围电影发展的动向清清楚楚，从西席·B. 地密尔（Cecil B. DeMille）的壮观场面到大卫·格里菲斯的情节剧。他以一种纯英国的方式，将它们化为己用，并加以改进。他作为世界最杰出导演之一的职业生涯才刚刚开始。

he child

ho never cried

ll do it

~~ound, please~~

was grey

t home

ake it

h dear

am typed

ood evening

irds and beasts

ack to basics

III

来吧，声音

1925年春，在迈克尔·鲍尔肯的安排下，希区柯克和阿尔玛抵达慕尼黑，拍摄英德联合制片的《欢乐园》（*The Pleasure Garden*，1925）。这部电影是希区柯克作为导演的首部作品，由靠近慕尼黑的埃梅尔卡（Emelka）制片厂投资。这个制片厂与希区柯克的上一个东家乌发相比，是一家更为坦率的商业化机构。希区柯克没有理由对这个合约犹豫不决。他的机会来了。

这家公司一开始就为各种问题所困扰，主要原因是财力不足。两位从好莱坞请来的明星，弗吉尼娅·瓦利（Virginia Valli）和卡梅莉塔·杰拉蒂（Carmelita Geraghty），对她们的安排可不便宜。与海关的误会，再加上她们巨大的行李箱，所有这一切让希区柯克的焦虑和恐惧更严重了。当他要对女主角瓦利小姐下达导演指令时，他也感到十分紧张（"我害怕给她指令。"他坦白道），因此他需要一再确认阿尔玛一直在他身边。"这条还行吗？"每拍完一条，他都要问阿尔玛。但照理说他和瓦利应该关系还不错，因为他有时会向瓦利借钱。他经常会把自己的钱花得精光。

　　这部电影在八月底制作完成，带有希区柯克的特色风格。在开场镜头中，一队合唱队女孩沿着螺旋式阶梯旋转而下，直至舞台，在前排年长男性既仰慕又亵渎的眼神注视之下，展现她们的风姿。接下来的故事围绕着两个命运截然不同的合唱队女孩展开，其混合喜剧与悬疑的表现手段日后将成为希区柯克的标志性特点。

　　希区柯克电影的另一个特点也首次出现在本片中：男性对女性的冷漠和残酷态度，表现为背叛和企图谋杀。对女性的偷窥与暴力后来成为希区柯克电影的双重主题。本片展现出的喜剧性在这之后也不断取得突破。在《欢乐园》中，一对伦敦情侣带来了一段希区柯克非常熟悉的伦敦滑稽表演。此外还可以看到对男女同性恋的喜剧影射，比如那个过于娘娘腔的服装造型师和那位对合唱队女孩们抛媚眼的女秘书（佩戴着希区柯克招牌式眼镜）。

　　这在当时还是聪明而有创造力的，一些英国人仍然认为这些镜头角度和剪辑技巧太过于实验和创新。鲍尔肯飞去德国看成片，非常满意。他说这部电影有一种"美国范儿"，意思是这部电影相对于英国电影来说更成熟，节奏也更快。当影片最终发布时，媒体的反应同样令人满意。他们形容希区柯克为"有大师风范的年轻人"。他用处女作就证明了自己是个成熟导演。

　　但这些成就光靠他自己是无法完成的。阿尔玛自然一直在他身边，在他需要的时候给他支持和建议。她是希区柯克的左膀右臂。阿尔玛介绍的一位经验丰富的编剧——埃利奥特·斯坦纳德（Eliot Stannard），也给了他很多帮助。斯坦纳德在行业里很知名，也很受尊敬，他已经写过一些关于电影作为一门严肃艺术的文章，这足以让他赢得希区柯克的喜爱。实际上，1925年至1929年，希区柯克一共完成了九部电影，其中有八部的剧本都是由斯坦纳德编写或改编的。他对蒙太奇手法和如何创造悬念已经有了很好的掌握，可以说，他为希区柯克的电影建筑提供了脚手架。导演都希望能够打造一个自己熟悉的可以与之共事的团队。《欢乐园》的摄影师，加埃塔诺·迪文蒂米利亚（Gaetano di Ventimiglia），继续参与了希区柯克接下来的两部电影。在整个职业生涯中，希区柯克都更倾向于环绕身边的是些熟面孔，这或许和他时刻紧张的性格有关。

《欢乐园》大获成功，摄制团队于1925年11月回到了埃梅尔卡拍摄《山鹰》（The Mountain Eagle，1926）。这一次冒险行动如今只留下几张夸张的剧照和一些引人注目的照片。照片呈现了希区柯克和阿尔玛在电影取景地——白雪皑皑的阿尔卑斯山上的情景。希区柯克在那里时曾突然感到一阵剧烈的恶心，后来这被诊断为一种"高山疯"。他还被一种突然的、无法控制的欲望折磨着，想对着大山呼喊："让我跟谁说说英语吧！"至少传说的故事就是这样。然而这部电影并不算成功，《电影灯周报》称它"有些散漫，不太能让人信服"。这部电影在散漫中走丢了——没有拷贝留存下来，因此，尽管剧照向我们传递了希区柯克仍在尝试使用德国电影技术的印象，但我们却无法通过观看影片来确认此事。

这趟旅行倒是有一个不错的结果。在他们平安夜乘船返回英国的途中，伴随着暴风骤雨，希区柯克向阿尔玛求婚了。她当时在自己的舱室里，随时会晕船，希区柯克敲开了她的门，简单地问了句她能否嫁给他。他们的女儿自然是亲耳听到这个故事的听众，她写道："阿尔玛晕船晕得太厉害了，无法从枕头上抬起头来。她呻吟着点了点头，还打了个嗝。"一切就是那样，这个嗝说明了一切。这个男人日后会说："我娶她是应她的要求。"但这只不过是让他洗脱一切性欲嫌疑的另一种说法而已。

当希区柯克仍在德国的时候，他将执导的下一部电影也对外公布了。这部电影的名字叫《房客》（*The Lodger: A Story of the London Fog*，1927），其创作直接受到了三十七年前开膛手杰克（Jack the Ripper）在怀特查佩尔街道犯罪案件的影响。《房客》改编自玛丽·贝洛克·朗兹（Marie Belloc Lowndes）的小说，实际上希区柯克16岁的时候就在伦敦的剧院里看过这个故事。这个题材对于希区柯克有着天然的魔力。在东区的黑暗街道上发生的谋杀案让他无法抗拒，正如这样一幅画面：围巾遮面的陌生人，手里拿着黑色的袋子，紧跟着每一个路过的弱女子。

埃利奥特·斯坦纳德在1926年的前几个月就着手写剧本了。希区柯克同时开始将这个剧本分解为上百幅小图画，用他的话说，这些小图画是为了展现"确切的人物关系、动作以及摄影机位置"。这就是被大家称为"故事板"的技术，希区柯克余生都在断断续续地使用。他采用纯视觉的方式来构思他的电影。他告诉那些上进的摄影师，他们应该多去美术馆向大师们学习，他们应该向伦勃朗和维米尔学习怎样运用反射与光影。在他对人物和道具进行视觉想象的时候，他变成了摄影机，或说是摄影机的延伸：对他来说摄影机才是整部电影的核心。电影不是被拍下来的戏剧或被拍下来的故事，电影就是电影。对于光的运用类似于音乐，强度逐渐递增，从钢琴的单音变为丰满的强音乐章，在这样一个过程中创造出独特的意义节奏。

1926 年 2 月，盖恩斯伯勒影业对外宣布了《房客》的选角。主角将由艾弗·诺韦洛（Ivor Novello）饰演。他是一位受女观众喜爱的男明星，之前的工作是给音乐喜剧谱曲，还出演过默片中的浪漫主角。不过这些并不太符合他这次要演的谋杀女人的犯罪嫌疑人角色。当然，故事的结尾他必须被证明无罪，好在希区柯克擅长折中。

3 月，这部电影开拍了，希区柯克在不少场合中称之为"第一部真正的希区柯克电影"或"我的第一部片子"。他在这部电影中杂糅了维多利亚时期情节剧和表现主义的手法。他和他的摄影师一致喜欢光线和强烈的阴影、突然的特写，以及使人眩晕的楼梯。故事情节很简单：连环杀人案闹得人心惶惶之时，一个神秘的陌生房客来到邦廷家里求租。摄影机在邦廷家中漫游，好像一只幽灵之眼。与此同时，一种悬念和猜疑的氛围被小心翼翼地营造出来。电影由一个尖叫的女人开场，希区柯克后来还会使用这一手法，将之用作女性歇斯底里和性欲的象征。接着电影中伦敦的夜空被一个霓虹广告牌刺破，上面写着："金发夜女郎"。

诺韦洛像个幽灵一样从伦敦的大雾中摇曳而出。当他一脚跨过门槛，踏入邦廷世界里舒适居家生活的时候，房子的煤气灯忽明忽暗。他的下半张脸被遮住了，眼睛承担起所有的工作。今天的观众可能会觉得这样的表演太过用力做作，但在那时看来，它充满了张力。他被领去二楼他的房间，从此刻起，楼梯成了《房客》的主要元素之一。它既可以被看作一种精神的神秘象征——越升越高，又激发起人们对坠落的恐惧。在全片持续了不到十秒但却最具技术性的一个场景里，希区柯克把天花板变成了玻璃，这样邦廷一家就可以清晰地看到这个房客在楼上踱步，这种效果对于当时的观众来说是颇为震撼的。在影片的最后，这位被称为"复仇者"的房客，受到一群凶残的伦敦暴徒的追赶，并被手铐铐挂在栏杆上。希区柯克向来喜欢手铐。

电影拍摄用了六周，但希区柯克早在第一次公映之前就知道有麻烦了。盖恩斯伯勒公司里仍然有一些对希区柯克的怨恨流言，部分来自格雷厄姆·卡茨。他对这个昔日助手在公司的出人头地颇为恼怒。卡茨还有一位盟友，盖恩斯伯勒下辖发行公司主席 C. M. 伍尔夫（C. M. Woolf）。两个人都认为希区柯克的实验性技术不会让英国观众买账。"我不知道他拍的是些什么东西，"卡茨告诉制片厂的某个人，"我反正从头到尾都没看懂。"他预言了灾难的发生。

希区柯克和阿尔玛都没参加给伍尔夫等人安排的正式放映。他们用这一个半小时在伦敦的石头路上艰难跋涉。两个人都在祈祷。为了给结婚做准备，阿尔玛刚刚参加了天主教的入门课程。最后他们返回时，收到的却是一个毁灭性的消息。《房客》被认为是一次惨败，太"艺术"，太"高雅"。他们想将它束之高阁。希区柯克的职业生涯好像刚开始就要结束了。

迈克尔·鲍尔肯则迫切希望看到在艾弗·诺韦洛身上砸的钱能够有所回报，于是来拯救希区柯克。他请来了艾弗·蒙塔古救场。

蒙塔古靠给外国电影做重新剪辑和字幕翻译维持着不太稳定的生计。他被请来重新编排这部电影，让它看起来更容易接受。蒙塔古其实非常满意此片的质量。他只是希望缩短一些戏，再删掉一些字幕卡，让全片叙事看起来更流畅。希区柯克一如既往地高度务实。字幕卡由原来的 300 张缩减到了 80 张，但在所有的重要方面，它仍然是原来那部片子，希区柯克的构想得到了保留。

重新剪辑的版本在 7 月的时候完工，对媒体和同行的放映选择在 9 月中旬进行。希区柯克一开始对于《房客》的信心是有道理的，这一点变得越发显而易见。《每日邮报》（Daily Mail）的影评人称它为"杰出"作品，《放映机》则认为它是"英国影史上最好的制作"。卡茨和伍尔夫被这些评论搞得摸不着头脑，鲍尔肯却借此证明了自己是对的。希区柯克作为一颗光芒四射的新星备受赞誉。《影迷》（Picturegoer）称他为"伟大的阿尔弗雷德"。

1927 年初，《房客》公映，果然大获成功。阴影中的城市场景，犯罪嫌疑人身上的重重疑云，对伦敦家庭生活的轻描淡写，这一切都将成为希区柯克电影的标志。英国观众还是头一次在一部没有被贴上"外国电影"标签的影片中看到这些元素。现在已然成为希区柯克电影主题军火库中武器之一的"性暗示"，当时亦受到观众的追捧。

然而，希区柯克并没有立即走上一条可预见的道路。他决定拍一些时事片。这一时期罗伯特·弗拉哈迪（Robert Flaherty）和约翰·格里尔逊（John Grierson）正在着手展开他们的试验性创作。

用格里尔逊的话来说，他们拍摄的是"有记录价值"的作品。希区柯克对电影艺术的任何新发展都保持敏感，他立马开始琢磨拍一部关于前一年"大罢工"（General Strike）①的电影。他无意拍摄一部简单的新闻片，而是如他自己解释的那样，要创作一部"宏伟、生动的电影"，描写"罢工者、大学生和工会纠察队间的斗殴，以及运动中一切真实的戏剧性事件"。这个提议立马被英国电影审查委员会（British Board of Film Censors）给否决了，他们讨厌一切让人民想起近期社会动荡的作品。

终其一生，他始终对拍摄另一种电影心向往之——关于造船厂里的蓄意破坏、深井矿难、市政府丑闻等描写真人真事的电影。但这些题材恰恰又不是制片厂和审查员们所喜欢的。尽管如此，在早期的这些年里，他从未停止过对自己艺术的思考。在 1927 年 11 月他写给《晚间新闻》（Evening News）的一封公开信中，他声称"当电影真正成为艺术的时候，它们将完全由一个人来创作"，就像一整出交响乐只有一个作曲家。他的野心随着一次次成功与日俱增。

与此种野心不无关系的是，希区柯克在《房客》中首次以客串角色的身份出现在自己的影片中。他饰演了一位新闻编辑，背对镜头，出现了大概两三秒钟。他说当时他也是不得已，因为实在是人手不够，然而他之后对于这种客串表演的热情表明情况并非如此。他试图让人们注意到他的存在，并从潜意识里提醒观众这样一个事

---

① 1926 年 5 月到 11 月发生在英国的工人运动，抗议煤矿主降低工资、延长工时。

实：他才是掌控他们能看到什么的那个人。当然，观众们当时尚不知道《房客》里的那个背影就是他，这对那时的希区柯克来说仍然只是一种隐秘的乐趣。

他与阿尔玛于1926年12月2日在南肯辛顿的布朗普顿圣堂（Brompton Oratory）举行了正式的罗马天主教婚礼。蜜月旅行他们选择住在瑞士圣莫里茨的皇宫大酒店（Palace Hotel），之后的结婚纪念日他们也常回到这个度假胜地庆祝。这段婚姻一直持续到希区柯克离世，两年后阿尔玛也随他离去。他有一次在杂志文章中这样形容阿尔玛：“她保持着一贯的风度，性格活泼，从不会阴沉着脸。她非常少言寡语，但总是一开口就能提出有用的建议。”她的活泼赶走了他的紧张，她自己也非常清楚这点。如果没有阿尔玛的帮助和支持，很难说希区柯克是否能走到今天这一步。她说她对于电影、拍摄和电影人有着很多很“辛辣”的观点，但是这些只有他能听见。她老远就能看出一个人是不是徒有其表或业余十足，他立即会拜服于她的这些观点。声音制作室、剪辑部门和拍摄现场都可以看到她的身影。她是第一个看到成片的人，也是最后一个提意见的人。同代人对她的回忆里确实有“霸道”二字，但是据她所说，她从未太过野心勃勃，而是把她所有的希望和抱负都投入到她丈夫的事业里了。比起夫妻，他们更像是合作伙伴，这也是他们两个都希望有的婚姻的样子。

两人从某种程度上来说是一对奇怪的夫妇。阿尔玛像个假小子，在人们认为裤装对于女性来说还不是很合适的时候，她就开始穿裤装了。他们的女儿帕特里夏回忆说，希区柯克曾经安排伦敦的男士服装制造商奥斯汀·里德（Austin Reed）为阿尔玛做裤子。希区柯克称阿尔玛为"夫人"（Madame），有时候也称她"女公爵"（the Duchess），这在伦敦是对妻子或母亲的爱称。他一直声称自己的婚姻是无性婚姻，没有理由怀疑这个说法，尽管帕特里夏的出生构成了一个反例。他跟特吕弗说自己是个禁欲的人："这就是为什么他们叫我禁欲导演。"

多萝西·韦格曼（Dorothy Wegman）作为希区柯克一家人的好朋友这样形容这对夫妇："一个古怪的同性恋男人和一个可爱的假小子女人。""同性恋"（faggish）表明了一种女性化或娘娘腔的倾向。多萝西钦佩这对夫妇。希区柯克的举止和姿态非常优雅，有如贵族。他步伐敏捷轻盈，完全不像在公众面前表现出的那种沉思安静。他的一个同事，同时也是他的一位亲密合作者——美国制片人大卫·O. 塞尔兹尼克（David O. Selznick）曾对阿尔玛说："他不是一个坏人，不会装模作样，虽然他并不是一个适合一起野营的人。"

希区柯克曾经说，如果没遇到阿尔玛，他可能就变成一个"基佬"（poof）了。我们可以相信他的话。在他给琼·克劳馥（Joan Crawford）的一封信里，他写道："在我那些非常罕见的同性恋时刻"，他会开始翻阅 *Vogue* 杂志。他说过，一个好的男演员，为了进入各种角色，不仅要有男性的一面，也要同时具备女性的一面，这样的理论无疑也可以应用在希区柯克这样的艺术家身上。他与同性恋演员合作起来完全没有障碍（艾弗·诺韦洛就是其中一个）。他确实也在自己的很多电影中表现过对于同性恋的浓厚兴趣。这几乎是他电影的主题之一。在他的电影中找出那些没有被暗示为双性恋的主角，甚至可以成为一种有趣的室内游戏。

结婚前，希区柯克仍和守寡的母亲住在伦敦东区，而阿尔玛则和她的父母住在特威克纳姆。他们为结婚做了一个很重大的决定，两人一起搬去了克伦威尔路 153 号。这条路是伦敦西区无甚特色的一条大路。他们找到了一幢朴实、不起眼的维多利亚时代早期的房子，住在最顶上的两层。他们每天要爬九十六级台阶进家门，这或许有益于希区柯克保持身材。他们的家由摄政街的利伯蒂公司负责装潢，采用了现代商业风格，温馨舒适。屋后楼下是地铁轨道，地铁列车在此处从南肯辛顿的地下驶出来换气。就像导演迈克尔·鲍威尔（Michael Powell）说的那样："列车的轰鸣声远远传来，宛如海浪打在桑盖特沙滩卵石上。"他们平日里在餐厅桌上用餐和工作。

他们就是在这里策划了《下坡路》（Downhill，1927）的最后几个阶段。这部电影紧随《房客》而来，旨在延续上部电影的人气。这次他们又起用了艾弗·诺韦洛，这位明星一如既往地青春焕发。《下坡路》有着高度情节剧式的故事，讲述一个公立学校的学生被错误指控勾引一个女雇员。诺韦洛当然是唯一的主角。从连环杀手犯罪嫌疑人到被冤枉的公立学校学生，这个转折看上去好像有点大，但是对于诺韦洛的影迷来说，完全可以无障碍接受。

《下坡路》还是有它的闪光点。尽管在拍摄时带有戏剧式的夸张，但这部电影对谎言、残酷和变态的诠释却十分成功。室内场景被一道道锐利的光线照亮，如同监狱一般。当诺韦洛的角色开始不可避免地走下坡路的时候，希区柯克展现了他对世界的独特感受：危机四伏，变化莫测。和《房客》一样，主角又是一个被冤枉的人。他在伦敦的夜色里穿行，霓虹灯闪耀着令人惊叹的光芒。这变成了希区柯克电影里的典型景观。年轻人的精神错乱得到了异常清晰的呈现，正如希区柯克自己所言："我试图以坚实、明确的画面将梦境体现在现实之中。"而在那个时候，对于梦境的表现通常都会借助于叠化特效。这是希区柯克本能式创作才华的一个例证。

影迷们事先得知希区柯克将于星期六午夜在梅达韦尔地铁站给诺韦洛导戏，于是他们在拍摄那天把地铁站入口围得水泄不通。诺韦洛要被拍摄乘自动扶梯下行的戏份，伴随着眩晕和颠簸，明显意在暗示他的人生正在走下坡路。这种效果在其他电影中并无先例。拍摄用了近四个小时，一共拍了五条镜头。诺韦洛化着厚重的妆，反复沿木制自动扶梯向下落去。在拍摄每一条时，希区柯克都会让摄影机静止不动二十三秒，而其他导演可能只需要五六秒。拍这场戏时，他本人刚刚从剧院出来，身上还穿着燕尾服，打着白色领带。

那个可被称为电影制作传奇时代的时期还留下了另一段逸事。当本片在伦敦一家电影院放映时，电影放到一半，银幕和灯光忽然收了上去，诺韦洛自己赫然出现在台上。他穿着和电影中一样的衣服，接着之前的戏份演了十分钟，为无疑已经感到惊讶的观众带去了更多的乐趣。

希区柯克还在拍《下坡路》的时候就已经开始筹备下一部电影了，他的工作速度和对新电影的巨大欲望可见一斑。当摄影师在拍摄新电影的过程中因病倒下时，希区柯克立马冲上去接替了他的工作。这部新电影就是《水性杨花》（*Easy Virtue*，1928），该片讲述了一个女人的故事。她嫁给了一个相当富有和受人尊敬的年轻人，然而不堪的过往却一直纠缠着她。这也是个老掉牙的故事了，但是希区柯克对它进行了华丽演绎，使影片成为一种对内疚和偷窥的研究。眼睛受到了审视，不管是指责这位女性的角色们的眼睛，还是影院里观众的眼睛。室内四处都是镜子，照相机拍下来的图片成了中心。报纸上的一张照片揭露了她的过去。"拍吧，"她对这个摄影师说，"没有什么可扼杀的了！"[1] 这成为本片最令人难忘的一句台词。

《水性杨花》是希区柯克为盖恩斯伯勒制片厂拍摄的最后一部电影。约翰·马克斯韦尔（John Maxwell）已说服他去英国国际影业（British International Pictures，缩写 BIP）旗下的埃尔斯特里制片厂（Elstree Studios）当导演，马克斯韦尔最近创立了这家制片厂。他承诺给希区柯克更先进的设备，更大的控制权，以及同样重要的，更高的薪酬。他给希区柯克开出了 1.3 万英镑的年薪，这是他之前所得的三倍。到 1927 年中，他已然是整个英格兰薪酬最高的导演。合同肯定使希区柯克非常满意，因为在之后的五年里，他导演了十部电影，制片人都是马克斯韦尔。英国国际影业比盖恩斯伯勒更商业，或许也更专业。马克斯韦尔本身是格拉斯哥律师，比

---

[1] 整句对白的原文为 "Shoot, there is nothing left to kill!"，其中单词 "shoot" 既有拍摄的意思，又有射击的意思。

一般的生意人更懂生意。希区柯克很乐意在新公司的主导下工作，并且的确利用了这一优势，这正是他自身专业水准的一种体现。

　　希区柯克之后几年的大部分作品都是由文学或戏剧改编的，专为迎合英国观众。不过，他为埃尔斯特里拍的第一部电影《拳击场》（*The Ring*，1927），倒像是由他自己的想法发展而来的。在他的职业生涯中，这是他第一次以"导演兼编剧"的身份出现在银幕上。不过，这一剧本的构思应该也有不少他太太的心血。他后来说，这部电影是第二部"真正的"希区柯克作品。希区柯克在他的小班底中又加入了一个新的摄影师，杰克·科克斯（Jack Cox）。这位摄影师从 1913 年起就一直在电影业工作。他和希区柯克合作了 11 部电影，并在十一年后达到了自己的事业巅峰——拍摄了《贵妇失踪记》（*The Lady Vanishes*，1938）。他对希区柯克的"凝视"风格做出了一定的贡献，不论是私密的主观镜头还是冷漠的客观镜头。科克斯的助手回忆说，他还记得希区柯克是如何拿出一本速写本，为某个场景画出前景和透视图，然后说："我想让你用 50 毫米的镜头。"

　　《拳击场》讲述了两个职业拳击手争夺同一个女孩青睐的故事。片名中的"ring"一词本身颇值得玩味，它不仅表示拳击场，也意指订婚戒指和结婚戒指，还暗喻游乐场里的秋千和旋转木马。希区柯克喜欢游乐场。拳击本身是游乐场里的一大乐趣，而游乐场中的那些嘉年华式的人物，后来也出现了他的电影中。希区柯克看世界的眼光可以说是伦敦式的：一半是哑剧，一半是奇观。他并不在乎角色的道德复杂性，却对夺人眼球的场景和画面情有独钟。这是他电影的视觉源泉。他不是在创造一个与电影院外的世界分毫不差的真实世界，而是在精心营造一场骗局。《拳击场》的基调其实是喜剧，又加上了些他日后擅长的悬疑。他创作的艺术就像一只只飞进他肚里，搅得他坐立难安的蝴蝶。他会做的，是捉住蝴蝶，把他们钉在墙上。

希区柯克在《拳击场》的拍摄现场四处跑动。他对拳击本身倒不是特别感兴趣，吸引他的主要是围绕比赛发生的那些细节和商业活动，也就是他所说的"商店"（shop）。他的注意力主要集中在细节上，围绕这些细节他做了很多尝试。他建造了一个露天游乐场。一篇报道证实说："本片的导演，阿尔弗雷德·希区柯克先生，将穿梭于人群中指挥他的摄影师……他会穿上传统的礼服外套，饰以红绸手帕，戴着闪亮的丝绸帽子，扮成游乐场的主持人。"希区柯克看似在指挥现场的人群，实则也是在指挥影片的观众。他知道如何像街头艺人一样操纵观众的注意力和情绪。"太令人惊讶了，"一个记者写道，"他从年初一直忙到现在，几乎每天都在工作，他是如何设法保持他那高度活力和敏锐的？"现在，每一部新电影对他来说都至关重要，他对于利用他与BIP建立的新合作关系来施展才华感到迫不及待。他也坚信那句话：一个导演最好的电影是他最新的那部。

《拳击场》于1927年的秋天举行了首映，结果很成功。希区柯克从苏联人那里学来的一系列蒙太奇获得了观众的掌声。"我从来没听说过蒙太奇能获得掌声，"他说，"但是这一次得到了。"这部电影在当时似乎令人相当震惊。《每日邮报》称它为"这个国家有史以来最伟大的电影"。《每日新闻》（*Daily News*）则称它是"给那些不看好英国电影的人一次无法反击的回应"。《放映机》评论说，"如果未来英国电影的水准都能接近《拳击场》，我们就不用担心这个国家整个电影行业的最终成功。"这时的希区柯克年仅 28 岁，就被视为英国电影的救世主。然而这部电影当年在票房上却并未取得成功，这促使希区柯克进一步思考艺术与商业的关系。这二者之间有没有平衡点呢？

《拳击场》公映的时候他去了德文郡，着手准备新片《农家妇》（*The Farmer's Wife*，1928）的拍摄。这可以说是一部田园喜剧，讲的是一位农夫在丧妻之后如何选妻续弦的故事。故事里新娘选手们的吸引力一位不如一位，还接二连三地拒绝了农夫。希区柯克在此片中使用了他一直推崇的英国角色表演的丰富形式。这部电影实际上改编自一部戏剧，但希区柯克通过流畅而微妙的摄影机运动，赋予了它更多的生命力。

他后来说"这只是一次例行公事"，仅仅是"把舞台戏剧拍成了照片，把台词换成了字幕"。他这样说可真是对年轻时期的自己过于严格了。《农家妇》展现了德文郡和萨里郡的自然风光，作为这出温婉喜剧的发生背景，它们再适合不过了。从画面上来说，这部电影令人印象深刻，甚至可以说是一部美丽的作品。它既不是一出充斥着头部特写的风流故事，也不是他所说的带字幕的照片。他们在埃尔斯特里专门搭建了一幢农舍，为的是让摄影机可以不受妨碍地在各个房间穿梭。拍片过程是一次实验，镜头跟着女演员从客厅走到厨房，然后上楼进入卧室。对于这样的镜头是否可以成功，希区柯克当时并没有把握，但是它确实成功了。影片节奏对他来说很重要。他在另一个采访中说："有一天我把《农家妇》里的一小段戏拍了六遍，因为演员的反应太慢了，无法融入画面里的情绪。"结果相当令人满意，虽然他自己对影片评价不高，但却有评论家评论说："将英国搬上银幕的重任就交给阿尔弗雷德·希区柯克了。"

希区柯克把电影的杀青宴定在了伦敦西区的一个饭店里，但他订的是他能找到的最小的一个包间。于是四十个剧组成员只好挤在原本只能坐十二个人的小房间里。他还让演员扮演笨手笨脚、粗鲁大声的服务生。这是希区柯克的恶作剧之一，在这方面他是出了名的。有一次他为女演员格特鲁德·劳伦斯（Gertrude Lawrence）安排晚宴，菜单上的每一道菜都是蓝色的。某一个开幕之夜，杰拉尔德·杜穆里埃爵士（Sir Gerald du Maurier）在他的休息室里发现了希区柯克送来的礼物，不是鲜花，而是一匹马。当朋友们出国旅行的时候，他会订购最大、最笨重的家具塞满他们的屋子。他家里有一套放屁坐垫①，用来招待尊贵、正式的客人。他还趁他女儿睡着的时候在她脸上画小丑的脸。

他经常将这种有点儿可怕的幽默用在自己的演员身上。在拍摄《忏情记》（I Confess，1953）时，他想方设法给蒙哥马利·克利夫特（Montgomery Clift）灌酒，结果让蒙哥马利喝得烂醉。他有一些玩笑会令"受害者"尊严扫地。他曾经跟一个道具师打赌，对方

---

① whoopee cushion，一种整人玩具，坐上去能听到放屁的声音。

无法在黑漆漆的摄影棚内与摄影机绑着共度一夜。这个道具师接受了他的赌约，然后希区柯克送给他一瓶白兰地供他消磨夜晚，但这瓶白兰地被下了很多泻药。结果不难预料。当与蒂比·海德莉（Tippi Hedren）一起合作《群鸟》的时候，他给她女儿看了一张蒂比躺在棺材里的小图片。

阿尔玛有一次坦言："他从未停止过捉弄别人，这有时会让我很担心。"关于恶作剧者的心理已经有过很多讨论。这是一种间接的报复的形式，出于征服和控制的需求。它还代表了内心深处的一种对于人类的鄙夷，爱伦·坡同样著名的恶意"骗局"（hoax）[①]便是例证。爱伦·坡也喜欢绞刑架下的幽默[②]，这是希区柯克的专长，他日后还就此拍出了一部电视剧。

1927 年的 12 月初，希区柯克夫妇在结婚一周年纪念日回到了圣莫里茨的皇宫大酒店。他们喜欢老地方，就像他们喜欢老熟人。年底，希区柯克发出了一组自己的漫画拼图。

新年伊始，阿尔玛告诉大家她怀孕了。"我是靠钢笔让她怀孕的。"这就是不少媒体报道中希区柯克对此事的说法。

差不多同一时间，他的下一部影片也定下了名字——《香槟》（*Champagne*，1928）。新式的英国电影现在已经非常受欢迎了。

---

① 爱伦·坡曾杜撰过一篇热气球飞越大西洋的文章，把它当成新闻投递给《纽约太阳报》（*The New York Sun*）并得到发表。这篇文章后来以《气球骗局》（"The Balloon-Hoax"）的名字收录在爱伦·坡的短篇小说集里。
② 针对自身的糟糕处境表达的一种幽默。

1927 年底，新的《电影制片法案》（Cinematograph Films Act）出炉，旨在终结美国电影对英国银幕的垄断。该法案规定，到 1935 年，在英国制作的电影应该达到上映电影总数的五分之一。实际上，这一指标在 1932 年就得以完成，当时甚至还有了"英国好莱坞"的说法。

《香槟》其实不是这场运动中打头阵的电影。就像这个名字暗示的那样，它只是讲述了一件轻盈、浅薄的风流韵事。本片的女主角贝蒂·鲍尔弗（Betty Balfour）已经够热情奔放的了，但还是没有达到希区柯克的要求。他向片场的年轻摄影师迈克尔·鲍威尔形容她是"一个城郊荡妇"。他本来想找一个更加机敏的女演员来饰演这个家道中落的富家女。他希望这个故事是一个更严肃的讲利用这个主题的故事。但是就像他之后说的："我们一边拍一边写，最后得到了这么一个大杂烩的故事，我认为这个故事糟透了。"贝蒂·鲍尔弗作为终极"新潮女郎"（flapper），在不太可信的剧情里"泛起泡沫、闪耀光芒"，最终没能讨得大众的欢心。这部电影被形容为"被雨淋了一整夜的香槟"。希区柯克在拍摄的时候并没有达到最好的状态，他竭尽所能阻止鲍威尔拍摄鲍尔弗的剧照。

鲍威尔是这样形容这位心怀不满的导演的："他真的是我见过的最胖的年轻人了。他面色红润、清新，黑发向后梳着，穿着得体的西装，马甲上挂着一根表链。他戴一顶软帽。他看我的时候用的是眼角的余光，猪一般的眼睛挤陷在他那肥厚的脸颊里。这样一双眼睛不会漏看一分一毫。"

　　就在《香槟》即将杀青之前，阿尔玛开始分娩。这真是让希区柯克惊慌失措。巨大的焦虑促使他离开公寓，在伦敦漫步了很长一段时间。途中，他在邦德街买了一只镶了蓝宝石的金手镯，想以此向妻子弥补缺席的过错。日后关于此事的谈话似乎成了他们家的重要传统，他们的女儿将这些对话写进了关于母亲的回忆录里。

　　"但你真的没必要出门，"阿尔玛说，"我当时的感觉其实还好。"

　　"亲爱的，我知道。但是拜托你体谅体谅我，我当时紧张得快死过去了。"

　　在他的想象中，他承担了这个女人的分娩之痛。阿尔玛后来说："他可能确实跟我互换位置了。"

　　在此之前，希区夫妇已经决定，为了他们自己和未出生的孩子，在伦敦郊外的谢姆雷格林（Shamley Green）买一幢房子。这里位于萨里郡吉尔福德镇向南八千米处。谢姆雷格林现在被公认为一个风景非常优美的地方，但在20世纪初，这里还只是被农田和远山环绕的英国乡村。他们买了一幢都铎式别墅，名叫"冬日恩典"（Winter's Grace），里面有舒适但有些破旧的房间和一座大花园。这处房子30年代被修缮过一次，显得更加气派。按照英国的传统，希区柯克一家工作日住在伦敦，周末则在乡下度过。希区柯克在谢姆雷格林时会显得很放松。他们还雇了一个管家——玛丽·康登（Mary Condon），她是这样形容自己的雇主先生的："我从来没有见过比他更有教养的绅士，他是一个非常善良的天主教徒。"宗教仪式对希区柯克来说或许是他向女儿和母亲尽责任的一种方式。他的母亲不时会前来探访。

他们在克伦威尔路和谢姆雷格林的生活井然有序。阿尔玛对此形容说："我们的家必须像希区的片场一样有序、整洁。"一切都安置妥当：水龙头闪闪发亮，木器完好抛光，饭菜（基本是阿尔玛在做）永远准时到达餐桌。草坪和花圃由很少露面的园丁负责打理。希区夫妇在两处住宅都会工作，有时是在克伦威尔路的餐桌上，有时是在谢姆雷格林的花园里。希区柯克依然有着强大的事业心和野心。他还会在聚会上光起膀子表演娱乐节目：在自己的肚子上画一个水手的脸，让大家看到这个水手的"表情"在动。他至少有一次装扮成"阿加莎夫人"（Lady Agatha），现存的一张照片显示了他扮的这位受人尊敬的中年女士。

然后他又出发了，去康沃尔郡海岸拍摄《孟克斯人》（The Manxman，1929），改编自霍尔·凯恩（Hall Caine）的小说，故事本身带点情节剧倾向。故事背景设置在马恩岛，实际上在波尔佩罗港拍摄，希区柯克在以往电影中拍摄过的三角恋剧情经过改动又被放进了这部电影里。此片比他的前作《香槟》要严肃多了。康沃尔郡的怒海与峭壁给影片提供了充满激情、内疚和失落的背景，这一切情绪并没有被片尾的大团圆结局所驱散。从某种角度来说，这部电影并不复杂，但绝对是一部高明之作。它简单直接却令人信服。这部影片将焦点集中在演员的面部表情，发挥了默片最优秀的品质。加上任何声音和对话，都无法获得更好的效果。默片可以用一种特殊的方式激发观众的幻想和恐惧。希区柯克后来评论说"这是一部非常无聊的电影"，但是他错了，《孟克斯人》是英国最好的默片之一。

《孟克斯人》也是最后的一批默片之一。变革已经在酝酿中了。1927 年的秋天，《爵士歌手》（*The Jazz Singer*，1927）证明了声音是可以被同步到电影中的。第二年，《纽约之光》（*Lights of New York*，1928）成了第一部真正的有声片。希区柯克比大多数人更适应电影技术的发展，到 1928 年底《孟克斯人》完成之后，他已经准备好应对新形势。他做出了一个改变，解雇了他的默片编剧埃利奥特·斯坦纳德。

希区柯克已经答应执导《讹诈》（*Blackmail*，1929），一部改编自伦敦西区成功话剧的有潜力的惊悚片。我们不了解具体的时间顺序，但看起来这部电影是先计划拍成默片，开拍之后才决定拍个有声版的。事实上，希区柯克对制片厂的这些安排早有预感。《讹诈》的一位助理摄影师，罗纳德·尼姆（Ronald Neame），证实希区柯克"很喜欢有声电影这个主意"。虽然查理·卓别林认为有声电影的出现是对"纯电影"的打击，但希区柯克却立马发现了有声电影的各种可能性。他甚至在摄制默片的时候就开始计划有声电影了。在第一句有声对白说出之前，他就已经开始构想对话了。在《新闻纪事报》（*News Chronicle*）的一篇文章中，他透露："我当时拍摄了大量无声的片段，这些片段可以后期加入声音，也拍了很多剧本里没有的有声片段，当所有这些内容剪接在一起时，影片就成了有声电影。"影片的第一盘基本上没有声音的参与，但是剩余部分利用了一系列音效。在拍摄小偷被抓的最早几场戏时，导演主要运用了情节剧默片的传统拍法。把小偷安置好之后，两个探长走上了苏格兰场的一处走廊，随着他们的声音缓慢而微妙地响起，观众正式进入有声电影的新世界。这一刻无疑既令人不安，又让人兴奋。

他首先得试一下自己的演员。在一段幸存下来的电影花絮中，他与来自捷克斯洛伐克的女主演安妮·翁德拉（Anny Ondra）有一段对话，有助于我们了解他与演员的关系。

希区柯克：翁德拉小姐，现在我们要开始声音测试了。你不是一直很想做这个吗？快点到我这里来。

翁 德 拉：我不知道说什么啊。我好紧张。

希区柯克：你是个乖女孩吗？

翁 德 拉：哦，别闹！（笑）

希区柯克：不是？你跟男人睡过觉吗？

翁 德 拉：没有！

希区柯克：没有？

翁 德 拉：哦，希区，你让我很难堪！（她咯咯地笑）

希区柯克：那现在就过来，翁德拉小姐，站好别动，要不然就会像姑娘对士兵说的那样——出不来了。

也许需要补充的是，希区柯克应该确切知道翁德拉小姐在和谁睡觉。他对于床帏之事有说不完的闲言碎语。他着迷于探听那些被隐藏的事物和那些可以被称为隐秘生活的东西。他的一个编剧，阿瑟·劳伦茨（Arthur Laurents）评论说："他以为每扇门后的每一个人都在做一些污秽下流的事，除了他自己。"那个小胖子依旧在孤单地注视着正在玩耍的其他人。

《讹诈》的故事情节本身就非常引人入胜。伦敦的一个售货员小姐用刀刺死了一个试图强奸她的男子，她的警探男朋友想方设法将这件事推到一个轻罪罪犯的头上。女孩在整个过程中充满了内疚和困惑。后来，这个罪犯也在追捕过程中倒地身亡，她得以从任何实质后果中解脱。然而，她仍然受着内疚的折磨，最终的结局并不算典型的大团圆结局。

声音方面出现了一些麻烦。饰演售货员小姐的安妮·翁德拉有很重的口音。当时使用配音完全不成问题。翁德拉小姐只需动一动嘴唇，而另一位英国演员则会拿着麦克风说出她要说的那些台词。那个时候的声音设备笨重至极，为片场带来了很多棚子、箱子、电线、电灯之类的障碍物。摄影机必须放在一个专门的隔音棚里，以此来阻隔其运转的噪声。演员们说话的时候要立刻移动到悬挂着的麦克风底下。专门设计的新式灯具尽管不会发出嗡嗡声，却会产生非常高的热量。戴着巨型耳机的导演坐在狭小的录音棚里，几乎要窒息而死。

然而，希区柯克证明了自己是一位声音大师。最早的证据之一，出现在女主角刺死猥亵者后逃回自家商店的一场戏中。一个喋喋不休的邻居已经听说了这个可怕的谋杀案新闻："这是一种多么可怕的杀人方式！用刀啊！如果是我的话我可能会用砖头，但是我绝不会用刀。刀是一件很可怕的东西！刀是糟糕的！刀是恐怖的！"这一段声音被调整过后如号角一般响亮，加重了此时女主角正经历的恐惧。

影片最后的追逐段落同样重要，但仅体现在战胜了行将就木的默片上。被冤枉的杀人犯从警探手中一路逃跑到大英博物馆的图书室中，博物馆的大穹顶本身被拍成了一件神秘的作品。在一个高潮时刻，可以看到这个逃跑的男人悬挂在一根细绳上，旁边是拉姆西斯大帝（Rameses the Great）的巨大面孔——一种在将死之人面前的镇定自若、漠不关心的可怕形象。希区柯克在之后的电影中也频频使用这种效果，比如《海角擒凶》（*Saboteur*，1942）的自由女神像和《西北偏北》（*North by Northwest*，1959）中的拉什莫尔山（Mount Rushmore）①总统雕像。此一面孔形象还让人想起希区柯克自己过去常常表现出的狮身人面像般的神秘举止，这掩盖了他永久的焦虑状态。此外，它也可以被认为是死亡的一种象征。

《讹诈》通常被视为英国的第一部有声片，但这一荣誉应该属于《新针的线索》（*The Clue of the New Pin*，1929），尽管后者已经遗失于历史长河中了。然而，《讹诈》的海报在这点上可一点也没谦虚："英国制作的第一部全长有声片……原汁原味感受我们的语言……其他都别看，等你看完这一部再说！……"这部电影在英国大获成功或许是无可避免的。《新闻纪事报》赞美说，与之前鼻音浓重的美式口音比起来，"《讹诈》这部电影听起来就像音乐一样"。

根据《今日电影》（*To-day's Cinema*）的报道，1929年的夏天，

---

① 又名总统山，山上有四位著名的美国前总统的大型头部雕像，分别是华盛顿、杰斐逊、罗斯福和林肯。

当这部电影在皇家电影院（Regal Cinema）放映时，"不时响起观众几乎是连绵不绝的掌声"，其中有一处长达七分钟之久。它提供了一种全新的理解世界的方法。希区柯克精彩再现了伦敦的环境——交通、街道、广告牌、室内设计、里昂茶室、后巷，用它们组成了一幅这座城市的独特图景。电影上映时，《晚间新闻》采访了希区柯克，他说道："它创造了观众对于现实主义的需求，他们在普通的剧院里不会有这样的需求。"而私下里他还有另一种反应，据他女儿说："我爸妈简直如在天堂一般。"

he child
who never cried
ll do it
ound, please
was grey
t home
ake it
h dear
am typed
ood evening
irds and beasts
ack to basics

IV

我是灰色的

《讹诈》在外国市场反响平平，美国观众声称听不太懂英国口音。所以即便这部电影有利润，利润也相当微薄。埃尔斯特里制片厂需要更坚实、持久的影片来维持生存。虽然希区柯克的名声日益壮大，但他依旧还是埃尔斯特里的雇员，一样不能对经理的要求置若罔闻。

1929 年夏天，他去见了肖恩·奥凯西（Sean O'Casey），讨论如何改编这位作家的剧作《朱诺与孔雀》（*Juno and the Paycock*），该剧在五年前首演，大获好评。这将是希区柯克第一部从一开始就决定拍成有声片且经过缜密构思的电影，预计肯定会充满对话。正如都柏林阿比剧院（Abbey Theatre）的演员们所演的那样，《朱诺与孔雀》混合了肖恩·奥凯西独特的慷慨的朗诵、忘我的祈祷和粗俗的盖尔语幽默，而且还拥有属于它自己的音乐。

希区柯克夫妇到奥凯西位于圣约翰伍德的家中拜访了这位作家，讨论该项目和其他几个未来的项目。奥凯西回忆说，希区柯克是"一个笨拙的人，步态沉重，每一次移动时似乎都得把自己整个儿抬起来，像一只夸张的海豹”，阿尔玛则“静静地坐在那里，全神贯注，在场者的一言一行都逃不过她的眼睛”。奥凯西很快明白，阿尔玛才是那个最后拍板的人。实际上，阿尔玛与她的丈夫一起完成了剧本。电影版本的《朱诺与孔雀》（*Juno and the Paycock*，1929）与戏剧版本没有多大区别，只是多了两三个用以提升逼真度的室外场景。

　　声音永远是那个关键难题。在一场戏中，家人朋友们在一起唱歌，为他们伴奏的是一张正在一台新的留声机上播放的唱片，此时一支路过的送葬队伍的声音加入了他们的合唱，随后这一切又被一阵机枪射击声打断。希区柯克此时需要临场发挥了。一位道具师捏着鼻子模仿留声机“尖细”的歌声；而在镜头前，演员们跟着这位道具师一起唱歌；摄影棚的另一边，合唱团开始唱葬礼挽歌；同时另一位工作人员用藤条抽打皮革模仿枪响。没有一种声音可以预先录制。这次拍摄像一场先锋音乐会的表演一样令人惊讶。

　　在此之外，希区柯克保持了原剧的华丽词藻和浮夸情节。演员班底大多数原本就来自阿比剧院，所以导演让他们照原样发挥。在这个过程中，他陷入了童年时的信仰，这也是为什么他对待这个故事的慎重态度近乎多愁善感。对圣母祈祷持讽刺态度是不明智的。这部电影讲述的是一个发生在爱尔兰内战时期耸人听闻的关于背叛与复仇的故事。博伊尔斯夫妇，一个都柏林下层家庭，父亲永远酩酊大醉，而母亲总是感到沮丧。他们的世界是一个又可笑又可悲的世界。制片公司可能希望，比起英国口音，美国观众能更容易听懂爱尔兰口音。

这部电影取得了成功，主要是因为编剧和演员，跟希区柯克自己的贡献关系并不大。詹姆斯·阿加特（James Agate）在《闲谈者》（Tatler）中写道："在我看来这部作品几乎是一部杰作。干得漂亮，希区柯克先生！"然而导演本人却承认，他对于"这部电影获得如此大的关注感到有点羞愧"。他并不觉得自己是这部影片所获品质的功臣。不过他也不会公然否认，正如他对待其任何一部早期电影。这部电影唤醒了他从先祖那里继承而来的爱尔兰本性，片中普遍的虔诚和祷告的调子与他本人非常契合。当他被问及是否觉得这部影片无聊时，他说："不会，因为角色们都实在太有意思了。"

《朱诺与孔雀》的成功帮助希区柯克定下了他接下来几部电影的调子。他与阿尔玛将成为接连四部电影的主要编剧，这四部影片都将根据成功的小说或舞台剧改编。这个做法可能与希区柯克当年的"纯电影"概念相去甚远，但是他非常清楚，生意就是生意。比如说，他导演了《埃尔斯特里呼声》（Elstree Calling）的一部分，而它本质上是一个音乐综艺节目。希区柯克告诉采访者，这部片子"一点意思也没有"，事实也是如此。

在这之后他立马投入《谋杀》的工作中，顾名思义，这部电影在一定程度上是一部侦探惊悚片。后来，他贬低过这种过分依靠于解谜而非真实的悬疑和惊悚元素的类型。尽管如此，他还是将一定的智慧和创造力赋予了这一叙事。一位女演员被定罪谋杀了自己的女同事，但陪审员之一，正好是知名演艺经纪人的约翰·梅尼耶爵士却认为凶手另有其人，他不同意判决，决意找到真凶。

犯罪实质上是在剧院里发生的，至少大家能感知到这种戏剧氛围。希区柯克用一圈舞台之火围住了演员们。这是一个由舞台门和后台化妆间构成的世界，舞台拱门自始至终就在上方。当观众们知道凶手是一个异装癖的马戏团杂耍演员，试图遮盖他的"混血"（我们当然可以将之理解为"同性恋"）身份这一事实的时候，舞台的大幕几乎已准备好落下。然后，在闭幕场景中，我们得知整个故事是一出在伦敦舞台上上演的戏剧。

孰真孰假？表演是人类状况的内在方面吗？伦敦对于我们来说真的只是个舞台？谁知道？谁在乎？希区柯克反正不在乎。这部电影从某种程度上说只是为了娱乐大众，就像为电影提供了背景的剧院和马戏团一样。但还是有几处可以看出导演的功力。电影开始不久，业余侦探在剃须镜前沉思，这是英国电影史上第一个内心独白的例子。这场戏被设计为他随着无线电里的音乐《特里斯坦和伊索尔德》（*Tristan and Isolde*）① 做内心独白，希区柯克发现，他有必要请一个三十人的交响乐团在现场演奏，并同时播放演员预先录制的声音。这是对声音的一种非常巧妙的运用，虽然在当时被认为太过高雅。

1930 年的秋天，在完成了《谋杀》的拍摄之后，希区柯克看上了另一部成熟的戏剧作品。他开始与作者约翰·高尔斯沃西（John Galsworthy）谈判，他的这部戏剧《面子游戏》（*The Skin Game*）曾在十年前大获成功。这部作品戏剧化地描述了两个阶级之间的冲突：暴发户实业家想要整块买下一片土地，而这片土地与一位传统农业秩序成员——当时被称为"老钱阶层"（old money）——的地

---

① 德国作曲家理查德·瓦格纳（Richard Wagner）创作的三幕歌剧。

产相邻。在开拍之前，希区柯克跟演员们讲解了他想要的动作、语言和语气。这部电影不像《谋杀》，是不可以即兴发挥的。

《面子游戏》(*The Skin Game*，1931)是一部真正扣人心弦、引人入胜的电影。其中有一场拍卖场景拍得非常精彩。当角色们竞争这块有争议的土地时，镜头跟着他们穿行游移，展现了希区柯克最重要的优势——强大的控场能力。电影花了三个月时间完成拍摄，1931年1月上映后，得到了影评人和观众的一致好评。希区柯克依旧是英国电影界的那个"神童"。

拍摄完《面子游戏》之后，希区夫妇开始了游轮之旅。希区柯克还是个小学生的时候，就曾绘制过横渡大西洋的轮船的航程。他喜欢的是那种没有不便和复杂状况的旅行——所以他不喜欢下船。他们沿着西非海岸线航行，然后穿越西印度群岛，接着又经过冈比亚返回英格兰。可能因为希区柯克太伦敦了，他并未过多留意那些异域风光。他说这次旅行教会他最重要的一课是，船上的乘客"在同一条船上关上一段时间之后就会开始互相厌恶"。

旅行虽然不一定拓宽视野，但可能会激发想象力。希区柯克似乎是在这趟旅行途中构思出了下一部电影。《奇怪的富翁》(*Rich and Strange*，1931)讲述的正是一对伦敦的中产阶级夫妇在旅行中的危险遭遇。希尔斯夫妇在旅途中感悟到，旅行除了会带来麻烦之外什么也不是。这部作品可以被视为希区柯克自己旅行体验的另类改编，不过它的表演基调却截然不同。片中的这对夫妇得到了一大笔意外的财富，于是他们离开单调的伦敦，奔往欢乐的东方。他们在旅行途中闹翻了，然后一系列似乎从天而降的威胁和危险又让他们重归于好。

他们的财产没了。他们只得乘坐次等班轮。班轮遭遇海难。他们被一搜海盗船上的中国船员捞了起来。他们不经意间吃了大杂烩里的猫肉，而猫皮被人伸展开来等待晾干。他们进入的这个世界充满威胁，简直是他们之前所有恐惧的总和。丈夫笨拙暴躁，相比之下妻子更为和善，至少不那么容易激动。我们可以由他们联想到希区柯克夫妇，不过这种联想可能并不合适。磨难并没有让希尔斯夫妇变得更睿智，他们回到自己郊外的家里后又开始斗嘴，像从前那样。大概就是这么一回事。

影片的一大部分内容是无声的，因为对于在有异国情调的地方拍摄这些镜头的第二摄制组来说，声音设备太笨重了。这次尝试的重点（如果有的话）是什么我们尚不清楚。《奇怪的富翁》应该没有什么重点。它可以被归类为通俗喜剧，不过并不是特别好笑。在片尾客串（后来被剪掉了）中，两个倒霉的旅人和希区柯克本人谈论了他们的痛苦。"不行，"希区柯克告诉他们，"我不认为它足以拍成电影。"这一段大概因为陈述了太过明显的事实而被丢弃了。老牌电影人约翰·格里尔逊写道："尝试新内容的希区柯克发现他与自己的经验和想象力格格不入……他在内心深处并不十分欣赏他正尝试利用的这些世界奇观。"他的这段话实际上是在批评希区柯克眼界狭隘。导演自己为这部电影辩护说，这部电影"很有想法……我喜欢这部电影。它本应该取得更大的成功"。英国观众们却不认同他的看法。无论如何，他与英国国际影业的关系开始紧张起来了。

他采取了预防措施，自己安排了宣传活动。他不能也没有依赖英国国际影业。他成立了自己的小公司，希区柯克贝克制作有限公司（Hitchcock Baker Productions Limited），唯一的目的是让自己的名字和成就为大众所知晓。换句话说，他走上了一条无休无止的自我宣传之路。他早就向艾弗·蒙塔古和毒舌俱乐部的其他成员解释过，为了创造一个有市场的"名字"，评论家和媒体一般来说有多么重要。现在他要用一种非常专业的方式来实施这件事了。他渴望把自己展现到公众面前，这其中有某种自我欣赏，但却不一定就是出于虚荣。比如说，他意识到，自己的体重可以成为树立形象的一个优势，所以他有时会穿睡衣或者睡袍接受采访，从而让他的肥胖身材显得更为触目。在他的职业生涯中，他从未停止过使用这样的伎俩。他还考虑了自己职位的财务可能性，于是雇了一个税务顾问来管理他的收入和投资。

甚至当他还在剪辑《奇怪的富翁》时，他就又被埃尔斯特里制片厂要求去执导一部"额定影片"。这是一部匆忙推出的电影，目的是完成 1927 年电影法案规定的本土影片数量。给他安排的电影是《十七号》（*Number Seventeen*，1932），并不符合希区柯克的口味。关于珠宝大盗、神秘侦探和悬尸的杂乱无章的叙事令人费解。希区柯克没办法把这个当回事，事实上他还确保别的人也不把这部电影当回事。它变成了一部戏仿的冒险惊悚片，在一个近似闹鬼豪宅的地方上演。阴森森的室内环境成为那些最廉价的惊悚桥段的背景，伴随着突然出现的影子、紧锁的房门、消失的躯体和看不到脚的脚步声。"像电影一样，不是吗？"一个角色说道。另一位的回复则是："过于像了，我不喜欢。"

基本上希区柯克是在跟观众闹着玩儿，或许也是在跟他的老板们闹着玩儿。他的大多数电影都有展示电影是幻觉的瞬间，令观众知道——如他所言——"这只是一部电影"。《十七号》就是建立在这句话的基础上的。比如说，高潮部分的追逐场面，显然是由汽车和火车的玩具模型组成，增加了闹剧的气氛。他事后承认整个制作是一场"灾难"，然而他只能怪他自己。

还有最后一次喘息机会。1932 年的夏天，《泰晤士报》报道称，希区柯克"近期被英国国际影业任命，负责监督埃尔斯特里制片厂的所有影片"。"监督"什么并不清楚，唯一清楚的是他将成为另一部额定电影《康贝老爷的情人们》(Lord Camber's Ladies，1932) 的制片人，而非导演。他形容这部电影为"一剂毒药，我把它交给本·利维（Benn Levy）执导了"。该片演员阵容强大，包括了杰拉尔德·杜穆里埃和格特鲁德·劳伦斯，但唯一值得注意的似乎还是希区柯克作为制片人对主演们开的玩笑。杜穆里埃的女儿达芙妮·杜穆里埃（Daphne du Maurier）回忆道："几乎每时每刻，要么是有不祥的电报抵达，要么是有虚假的信息传来，再要么是有骗人的电话铃声响起，直到这些玩恶作剧的人自己筋疲力尽为止。"这大抵可以视为希区柯克蔑视英国国际影业的标志。他的合同不久之后就被终止了。

他那个时候已经开始梦想美国了。他意识到自己困在了电影发展的死水中。英国太闭塞了。除了极个别人，没有人欣赏苏联或德国电影。他还认为，美国的电影在技术上要好得多，资源更丰富，拍片的目的性也更强。他有一次在一篇新闻报道里抱怨道："英国电影制作的主要缺点之一是缺少有电影天分的人——事实上,他们可以用画面思考。"于是他把目光投向了大西洋彼岸。他授权一家美国的经纪公司把自己推荐给各大制片厂,不过时机不太对——好莱坞电影工业即将进入衰退期。他的机会晚一些才会到。

不管怎么说,他现在需要找个新东家。他与企业家兼独立制片人汤姆·沃森(Tom Watson)签订了合约,准备执导《维也纳的华尔兹》(*Waltzes from Vienna*,1934)。这是一部普通的音乐喜剧,讲的是音乐家父子老施特劳斯和小施特劳斯在职业上的关系。这部电影精心再现了《蓝色多瑙河》("The Blue Danube")的创作背景。他为何接受这份工作至今仍是一个谜,可能是为了钱,也可能是为了让自己在从埃尔斯特里制片厂离职后依旧保持忙碌。就一部音乐剧而言,这不能说是一部不成功的作品。希区柯克尽力将歌曲和故事情节结合起来,以便实现形式上的统一。这是一部勉强还算迷人、有趣的轻喜剧。

但是他对于这家企业却不是很满意,并且把他的挫败感发泄在了主演身上。主演杰茜·马修斯(Jessie Matthews)抱怨说:"他当时只是个专横的年轻人,对音乐剧一无所知。他试图让我采用装模作样的小歌剧风格,这让我感到身心交瘁。他应付不了拍摄,试图通过对我指手画脚来掩盖这一事实……我认为这部电影实在是不能再糟糕了。"她还说:"他毫不留情地打发我"去做"配额电影女王",她"得时刻提防一些可怕的恶作剧"。而希区柯克最好地总结了这段经历,他在片场宣称:"我憎恨这种东西。情节剧是我唯一会拍的片子。"

电影是在英国高蒙电影公司（Gaumont）的摄影棚拍摄的，这家公司位于牧人丛莱姆园，迈克尔·鲍尔肯现在是该公司制片部门的头儿。鲍尔肯在伊斯灵顿时就与希区柯克合作过，这是一段希区柯克越来越怀念的时期。毕竟，正是鲍尔肯给了希区柯克第一次执掌导筒的机会。这也许是希区柯克愿意接受《维也纳的华尔兹》的原因之一。现在鲍尔肯准备再次拯救希区柯克的事业。他们早就开始商量未来可能的项目了。希区柯克说起自己断断续续在筹备的一个关于"斗牛犬德拉蒙德"（Bulldog Drummond）的本子。斗牛犬德拉蒙德是一位冒险的绅士，可以被理解为二十世纪二三十年代的詹姆斯·邦德（James Bond）。鲍尔肯对这个创意非常感兴趣。这段重建的合作关系持续了四年。

另一位合作者是查尔斯·本内特（Charles Bennett）。本内特原先是个编剧，《讹诈》就是出自他的手笔。他后来又写了一个叫《斗牛犬德拉蒙德的宝贝》（*Bulldog Drummond's Baby*）的剧本，这就是希区柯克跟鲍尔肯提起的那个剧本。时机刚刚好，本内特也离开了英国国际影业，正在找新工作。于是，在鲍尔肯的良性管理下，希区柯克和本内特又再次开始合作。

本内特回忆道："希区柯克和我常去当地的一个离公司不远的酒馆，我们经常一整个下午都在聊天。有时候我们也不怎么谈我们正在写的剧本。"这就是希区柯克喜欢的工作方式，让画面和灵感自行出现，而不是在办公室强迫自己苦思冥想。本内特补充道："希区柯克把我视为他的释法者，认为我是最棒的。他也会带着其他人一起参与对话，但是没有人能像我一样写故事。"希区柯克总是需要一个有力的故事来支撑他的想法。他仿佛已经在头脑里构想出了一些独立的场景或画面，但是并不知道如何将它们连接成一个生动的整体，而这正好是本内特的强项。

希区柯克为自己的新电影想象出了两个截然不同的背景设定。一个是阿尔卑斯山的严寒，另一个是伦敦街道的黑暗。他是一个用电影画面写诗的诗人。某日，他对自己的编剧说："我们不要拍德拉蒙德了。"于是《擒凶记》（*The Man Who Knew Too Much*，1934）的剧本应运而生。希区柯克和本内特会四处步行或者乘着公交车去寻找可以使用在影片里的场景，希区柯克尤其喜欢皇家阿尔伯特音乐厅（Royal Albert Hall）的氛围。

最终本内特与希区柯克合作了四部电影，而鲍尔肯担任了这些影片的制片人。希区柯克拍英国惊悚片的第一个伟大时期与这些人的功劳是分不开的。然而，尤其是本内特，他从未因为与这位导演的密切合作获得过赞誉。通过与摄影师伯纳德·诺尔斯（Bernard Knowles）、美术指导奥托·温多夫（Otto Werndorff）与艾伯特·朱利昂（Albert Jullion）以及剪辑师查尔斯·弗伦德（Charles Frend）合作，希区柯克作品的一致性得到了进一步保持。所有这些如今几乎已被遗忘的名字也都在一定程度上为"轻惊悚片"和"惊悚片六部曲"①的诞生做出了实质贡献，他们将喜剧和悬疑结合在一起，挽救了希区柯克在 20 世纪 30 年代初的声誉。

----

① 希区柯克惊悚片六部曲是指 1934 年版的《擒凶记》、《39 级台阶》（*The 39 Steps*，1935）、《间谍》（*Secret Agent*，1936）、《阴谋破坏》（*Sabotage*，1936）、《年轻姑娘》（*Young and Innocent*，1937）和《贵妇失踪记》。

查尔斯·本内特和希区柯克夫妇在克伦威尔路的公寓中开始了剧本的最后工作。希区柯克对影片开始部分的瑞士有多少了解？"他们有牛奶巧克力，"他说，"他们还有阿尔卑斯山、乡村舞蹈和各种湖泊。所有这些国家元素都被糅合到电影里了。"他甚至在完全理解一个场景之前，脑袋中就已经想好这些场景的画面了。同时黑暗机制也开始发挥作用。一个生活在自己熟悉世界里的普通人，突然就被拖到了一个"混乱的世界"，在那里没有一个人是安全的。这就是所有悬疑与恐惧开始的地方。1934年5月29日，开拍第一天，希区柯克走入片场，把写好的剧本放在桌上，宣布："这片子又十拿九稳了！"

刚刚在弗里茨·朗（Fritz Lang）的电影《M就是凶手》（M，1931）中成功饰演了弑童犯的彼得·洛（Peter Lorre），此时已经到达伦敦，准备扮演一个核心角色。希区柯克喜欢洛身上那种混合了威胁、讽刺和礼貌的气质。洛后来回忆道："英文当中我只会说'是'和'不'，但是我又不能说'不'，因为这样一来我就不得不解释为什么要说'不'。悉尼·伯恩斯坦让我明智地认识到，希区是个喜欢讲故事的人，于是我学着像鹰一样盯着他，每当我觉得故事要到结尾的时候——这里是重点——我就会哈哈大笑起来，可能是因为这样，他误以为我会说英文，然后就给了我这个角色。"

希区柯克的判断是正确的，洛身上那种迷人的气质，就像毒蛇催眠猎物一般，让他成了《擒凶记》里的主导。他的面孔占据了电影海报最突出的位置。他饰演一个暗杀团体的头目，他们企图谋杀一个国外领导人。不幸的是，他们的秘密被一对正在阿尔卑斯度假的普通的英国夫妇发现了。于是洛和他的同伙绑架了这对夫妇的女儿。洛之前扮演的弑童犯的角色显然让这次冒险变得更为可怕。围绕着女儿的你追我赶就此展开，从一座太阳神崇拜者庙宇，到东区的一个牙医诊所，再到皇家阿尔伯特音乐厅，几经转折，最后在沃平黑暗街道的一次包围中达到高潮。

希区柯克二十二年后重拍此片，主演是多丽丝·戴（Doris Day）和詹姆斯·斯图尔特（James Stewart）。两个版本的不同之处比相同之处有趣得多。美国版本技术上更扎实，拍摄执行的时候也更为精细，而英国版本则更好笑，节奏更快，更加轻松。

他自己创造并精心制作的这部惊悚片，深刻影响了他日后作品的本质。他一直认为文明就像一层薄冰，冰下是深不见底的黑暗。他还相信，日常生活总是伴随着出人意料的危机。所以他才会把幽默与恐惧结合，把威胁寓于滑稽，把最内敛的现实主义和最夸张的戏剧风格联系在一起。这是一种曾被狄更斯和卓别林描绘过的伦敦景象。希区柯克在《下坡路》和《奇怪的富翁》等电影里就对这些内容进行过探索，而到了《擒凶记》里，他的探索结下了圆满的果实。当然你可以把这部电影解释为一种天主教想象，它具有情感和无意识的力量，而非理性或理智的力量。希区柯克不想让他的观众思考。他更愿意挠他们痒痒，恫吓他们，用一个个引人入胜的悬念使他们兴奋。不可见的法则主宰着宇宙，个体命运被非人力量所主宰，这就是你知道和需要知道的全部东西。

《擒凶记》里首揭面纱的还有另一技巧，这一技巧后来被人们称为"麦高芬"（MacGuffin）。它可以被描述为希区柯克电影中的一种荒诞不经的设定，那些难以置信和不大可能的事情正是通过这一设定被联系起来的。用人们更熟悉的话来说，这是一种转移注意力的工具，一种让故事和人物运转起来的方法——就像本片中刺杀国外领导人的这一企图——观众对它本身兴趣不大，或压根没有兴趣，它仅仅是银幕上所有活动的一个借口而已。

鲍尔肯当时暂时离开伦敦去了美国，高蒙英国公司的负责人和影院买家们都对这部电影持谨慎态度，更没有人对它表示赞赏。他们以前从未见过这样的电影，这种集体疑虑险些让他们将这部电影束之高阁。幸亏鲍尔肯及时赶了回来，用一份符合他们利益的财务协议说了怀疑者。当这部电影 1934 年 12 月上映时，出乎所有人的意料（也许除了导演），它取得了巨大的成功。《每日快报》的评论写道："希区柯克再次跃居英国导演的前列。"希区柯克对此表示同意，他在一次谈话中说："我想你会发现，《擒凶记》是我职业生涯的真正开始。"他后来还说，这部电影的成功"重新确立了我的创作威望"。1935 年初，他获得了业余摄影师协会（Institute of Amateur Cinematographers）颁发的近十二个月最佳英国电影金奖。

"希区柯克惊悚片"就这样诞生了。它定义了他，这有时候会让他感到无奈。他有一次说，如果他把《灰姑娘》（Cinderella）拍成电影，那也得从金马车上滚下来一具尸体才行。但这也是他自己选择的类型。受《擒凶记》大获成功的鼓舞，他几乎立马开始筹拍下一部惊悚片。这一次他选择了约翰·巴肯（John Buchan）的小说《三十九级台阶》（The Thirty-Nine Steps）。他再一次与查尔斯·本内特合写剧本。他们一开始先写了半页纸的梗概，并最终把它扩展成了一个七十页长，一个场景接一个场景的提纲。希区柯克画了一些图纸和故事板，以帮助摄影师和布景设计师，而这进一步深化了他对视觉的强调。对白则在这之后交由其他受雇编剧完成。希区柯克和巴肯对故事有着相似的理解。他们都拿这部惊悚片与童话故事比较，二者都是在有关善恶的叙事基础上，融入一种梦幻和愿望实现的氛围。希区柯克记得他在青少年时期第一次读《三十九级台阶》时的情景，说这部小说再一次加重了他"对于警察的恐惧"。他还说，"巴肯的作品吸引人的地方是他对高度戏剧化情节的轻描淡写。"

他想利用上一部电影的优势，创造出一种快节奏的幽默和悬念，描绘出秩序崩溃时世界的危险。整部电影环环相扣，高潮迭起，没有留给角色和观众任何喘息的机会。就像他自己在一次采访中说的："你一个接一个地抛出你的点子，消除所有会干扰这种飞快节奏的东西。"逻辑性和合理性这时候就都不重要了，观众又不是买票来看纪录片的。故事讲的是主角理查德·汉内无意中卷入了一个陌生女人的谋杀案和一起外国间谍盗取国家机密的事件中。他必须一边证明自己没杀人，一边设法阻挠间谍作案。故事从伦敦转移到北方——那个被谋杀的女人被抛诸脑后；从福斯桥上的纵身一跃发展到一个农民的村舍；从间谍首领的大宅子发展到一个小村落。为了逃跑，汉内两次更名改姓。手铐把他和帕梅拉连在一起，两人虽不情愿，但只能同行。他们一起越过荒野，落脚在一个无人问津的小旅馆。最终，汉内得以返回伦敦，而阴谋也得到了揭穿。

这样的情节在纸上读起来可能会让人觉得费解，但在银幕上，它们就成了纯粹的逃亡和追逐，快速的变化，飞逝的瞬间。如果这部电影需要一位作曲家，那将是有着高昂精神和非凡技艺的莫扎特。故事的"开关"被接二连三地开启，速度如此之快，以至于观众能感受到的只有兴奋和害怕。一个无辜的好人被追杀，这就是他们唯一需要知道的东西。希区柯克学会了一种技巧，当第一个人还在讲话的时候，就把镜头切到第二个人了。他解释说，这是"一种能让有声电影比无声电影以更快的速度讲述故事的武器"。一旦故事开始，不到最后绝不停止，这就是希区柯克真正的音乐。

然而他又总是说，观众在看他的电影时，应该至少把电影看两遍。这仅仅是因为，第一遍看的时候，他们会被一种错乱所吞噬，迷失于画面和场景、奇观与灾难之中。他希望观众仔细观看投射在银幕上的东西。如果电影放慢速度，比如说，一个场景渐渐溶入另一个场景，此时，他们就会注意到每一帧画面使用了怎样的技巧，耗费了多少的心思。一个从高处向下拍的镜头预示着命数或厄运；快速蒙太奇暗示了主观视角；火车过道的画面是焦虑或恐慌的信号。镜头本身也是动作的一部分，是演员们或好或坏的伙伴，他们一起表达着被困在希区柯克电影中的感觉是什么样的。

《39级台阶》——希区柯克故意使用了阿拉伯数字，可能是为了与小说区别开来——的开场和结尾设置在伦敦的同一个音乐厅里，这个音乐厅就像西克特画里的任何东西一样既华丽又破旧。整部电影从始至终贯穿着一种既严肃又活泼的基调，为取悦观众，还穿插了一系列多种多样的表演形式。汉内因为落入陷阱，为了逃脱，所以带头跳起了这场舞蹈。他扮演了很多角色，依次包括送奶人、汽车修理工、基督救世军（Salvation Army）成员、政客、杀人犯和忠诚的丈夫。在小说的第五章里，汉内被告知："扮演好一个角色的诀窍在于把你自己当成他。你永远无法持续下去……除非你能让自己相信你就是那个人。"希区柯克喜欢为演员朗读，他可能也朗读过这一段。

这部电影的两个主演，罗伯特·多纳特（Robert Donat）和马德琳·卡罗尔（Madeleine Carroll），都是著名演员，但是希区柯克并不在乎他们著名与否。第一天拍摄，他们俩就因为场景需要被手铐铐在一起，在所有可能的联盟中，这是最亲密的一种，其间不乏对性爱与痛苦的轻微暗示。拍摄进行到某一阶段，希区柯克又恶作剧了一回，佯称他把钥匙弄丢了。一些夸张报道散布消息称，他们俩因此被迫锁在一起长达数小时。不过希区柯克不会允许拍摄进度被推迟这么长的时间。中断可能持续了十几分钟，足够让他们俩熟悉彼此的陪伴。在另一场中，罗伯特·多纳特和佩姬·阿什克罗夫特（Peggy Ashcroft）因为某件事嘻嘻哈哈笑得停不下来，希区柯克走到舞台的一侧，一拳打碎了一盏灯，演员因此恢复正常，并贡献出精彩的表演。

有一次他被问及是否愿意拍泰坦尼克号海难，他回答说："哦，当然，我对冰山可有经验了，别忘了，我曾经给马德琳·卡罗尔导过戏。"看起来他当时决定要破坏，或至少要弱化她一贯的冰山形象。手铐风波就是这么一个例子。他还跟多纳特解释说，他必须真拖着自己的搭档，一起穿越荒野中的荆棘、石楠、岩石。卡罗尔的父亲是伯明翰大学（Birmingham University）的教授，她也从那所大学毕业，所以希区柯克经常会喊："让伯明翰小婊子过来！"但这并不是出于个人动机的一种戏谑，而是想保证这位女演员跟角色尽可能地融为一体。他说："没有什么东西比把她身上的淑女气质清除干净更让我感到快乐的了。"她坦然接受了她的遭遇，随着拍摄的继续，她的角色得到了越来越充分的发展。

1935 年 6 月，《39 级台阶》上映，立即获得了巨大成功——建造电影院仿佛就是为了这一目的。《星期日泰晤士报》（*The Sunday Times*）的评论指出："在《39 级台阶》中可以持续辨别出希区柯克的风格和思想，实际上它们是至高无上的。毫无疑问，希区柯克是个天才。他是这部电影真正的明星。"

电影公映后希区柯克带着妻子和幼女去度假了，或者更确切地说："我们确实去我们的避暑别墅里度过了一段时间。"这时他为自己的电影大家庭又吸纳了一名新成员。他登了招聘秘书的广告，然后，可能他自己也没想到，一位名叫琼·哈里森（Joan Harrison）的时髦金发毕业生敲响了他的门。他好像就对她进行了考察幽默感和处变不惊能力的惯常测试——比如他在她面前朗诵了詹姆斯·乔伊斯（James Joyce）写的《尤利西斯》（*Ulysses*）里最淫秽的一些段落——而她通过了面试。

《39 级台阶》之后，希区柯克想要拍一部在规模上更宏大也更具冒险精神的电影。而鲍尔肯却给了他另外一个间谍故事——《间谍》。他觉得有必要接受这个工作。也没有什么大不了的。影片改编自威廉·萨默塞特·毛姆（W. Somerset Maugham）的两篇"英国间谍阿兴登（Ashenden）"故事。故事背景设定在"一战"时期的瑞士阿尔卑斯山脉。阿兴登是一名英国特工，奉命去刺杀德国间谍，但却不幸追错了人，还将这个错的人推下了阿尔卑斯的悬崖。在希区柯克的电影中，总是会出现错了的人。阿兴登必须戴罪立功，找到正确的受害者，直到发生了一场省事的火车大碰撞，帮他解决了问题。

约翰·吉尔古德（John Gielgud）被选中饰演阿兴登，虽然他怎么看都不适合这个角色。希区柯克给他造成的印象是，他会被塑造成一个现代版哈姆雷特，受困于他的两难处境，不过这只是说服他出演角色的说辞罢了，吉尔古德自己不久后也发现了。

希区柯克可能料想到了这个事实：吉尔古德相信自己是自降身段，把自己卖给了电影。毕竟对于吉尔古德来说，在他职业生涯的这个阶段，电影实在是不入流的媒介。他在自己的回忆录里说，希区柯克让他觉得自己"像个果冻……差点要因为过度紧张而反胃"。而希区柯克在谈到吉尔古德时则说："他的舞台经验在这里丝毫没有用武之地，我必须让他忘掉一切技巧，从一张白纸开始。"这些可能是很中肯的意见，但是吉尔古德没有办法忘掉自己已经学会的东西，于是希区柯克开始对他冷淡。"我的表演被认为是理所当然的，"吉尔古德回忆道，"但是我不习惯理所当然地做什么事情！"

另一件让吉尔古德不满的事情是希区柯克对于他的搭档马德琳·卡罗尔和彼得·洛的偏爱。他们挺享受希区柯克的恶作剧，而吉尔古德却笑不出来。希区柯克好像很喜欢卡罗尔，虽然有时候并不是很尊重她。洛的角色锦上添花，他是阿兴登狡猾、阴暗的助手，性感又好色，每日需要让哈利街的医生给他注射吗啡。洛被允许偶尔做些即兴发挥，这样的举动让照本宣科惯了的吉尔古德大感惊讶。剧院里的剧本都是神圣不可侵犯的，这一切对于吉尔古德来说就像一出继承了《小丑杰克·弗罗斯特》(*Harlequin Jack Frost*)传统的疯狂哑剧。

《间谍》唯一让人印象深刻的是它出色的声音，比如死人头撞击风琴发出的一种漫长而奇异的音符，又比如一只狗在其主人被推下悬崖的一瞬发出的嚎叫。这些细节展现了希区柯克对于声音出于直觉的超凡运用。但是电影本身却有点笨拙和不协调。所谓的英雄阿兴登很不讨喜，倒是洛的光芒令人惊叹——即便他离观众很远。唯一令人信服的角色是片中真正的反派角色，罗伯特·扬(Robert Young)扮演的英俊的美国大学生，他后来被发现是真正的德国间谍。

相比于轻盈和谐的《39级台阶》，这部作品太做作，太笨重。演员们似乎是在一个看不见的戏剧舞台上演出，仿佛他们只是一堆引人注目的人物特征，或者一套形象。他们无法协调一致。有上一部电影的成功，不管是评论家还是观众，都对这部电影感到失望。希区柯克自己则承认："我很抱歉这部电影没有成功。"

经过这次相对的失败，1936年夏天，他决定跟着自己的感觉再走一次。他把美丽的瑞士和阿尔卑斯山留在身后，启程回到伦敦的穷人街市中。他对《电影灯周报》说，英国的电影人"忽视了那些跳上公车的人，那些在地铁里挤在一起的女人，那些四处旅行的销售员……打字员和她的男朋友。还有电影院外的长队、音乐厅里的女孩、医生、汽车销售、交警和老师。而英国的精神正是存在于这些人的身上"。这番话一方面表现出他对于纪录片的野心，也蕴含着他对早年生活的回忆。

《阴谋破坏》改编自约瑟夫·康拉德（Joseph Conrad）的小说《秘密特工》（*The Secret Agent*），讲的是敌方间谍阿道夫·维罗克密谋一起爆炸的故事。在电影里，他是一家电影院的老板，和妻子温妮与内弟史蒂维住在一个小公寓里。小说里他是一家商店的店主，但是希区柯克想要给电影里的伦敦注入生机——在他还是小孩子的时候，他常常出没于这里的影院。他还将电影院安排在一家蔬菜水果店旁边，以便传达他生命关键时期里伦敦街道的氛围。他自己坦白说："我喜欢在我的电影中加入伦敦街区的场景。"为什么不呢？这是他想象中的景观。迈克尔·鲍尔肯提前宣布，这部电影将"比迄今为止的任何一部电影都更多地展现真实的伦敦"。这句话实际上可能是对本片魅力的一种精确描述。它展现了人群的运动，展现了为他们赋予活力的恐惧和热情巨浪的奔涌。它描绘了金钱和权力的阴影，像维罗克这样的间谍决心利用的正是这一阴影。而在电影之外，20世纪30年代末弥漫的对战争的恐惧，也将阴影笼罩在了这个迫在眉睫的伦敦灾难的故事之上。

从露天市场到电影院门前的长队，从市长大人游行的盛大场面到伊斯灵顿发霉的鸟类店铺，希区柯克骨子里的所有怀旧和异想都渗透在了他对于这一城市景观的重塑上。它是喧闹神秘的伦敦的缩影，充满了黑暗和阴影。康拉德在小说的注释中将伦敦描述为"世界之光的残酷吞噬者"，希区柯克非常明白他在说什么。影片中有一段展示了英国观众对华特·迪士尼（Walt Disney）动画短片《谁杀害了知更鸟先生？》（*Who Killed Cock Robin?*，1935）的兴奋反应，重点在于，年轻的希区柯克可能也是当时的观众之一。

他与另一位伦敦梦想家查尔斯·狄更斯不无相似之处。尽管他们生活的外在环境相差很多，但两人有着相像的想象世界。两人都是幻想家，执着于情节铺展过程中的那些微小的细节。他们都在艺术与商业之间游刃有余，对赚钱有着敏锐的嗅觉。在各自的观众面前，他们都是伟大的表演家。他们都不喜欢与别人详细讨论自己的工作。希区柯克对一个采访者说："我根本不是个现实主义者，我被神奇的事物吸引，我眼里的东西'高于生活'。"

"关乎世界的本质？"

"谢谢。那也是我热爱情节剧的原因。"

这是希区柯克最接近传达艺术信条的一次发言。他与狄更斯同是诗人与梦想家，而他们自诩为实用主义者。

基于这些，他仿佛把《阴谋破坏》设想成了一部行之有效的惊悚片，为达目的，他给小说做了一个开膛手术，突出了悬疑和娱乐。他公开表示要放弃之前影片里那些实验性的电影技巧，比如用剪接、叠化和划像来争取银幕上的卓越表现。"现在这些我都不用了，"他写道，"我没有电影时间浪费在这些花里胡哨的东西上。"他又在另一个采访中补充说："我变得更具商业意识，生怕任何细微之处会被遗漏。"但是我们还是得相信电影本身，而不是他的话。

《阴谋破坏》充斥着他所说的"花里胡哨的东西"，足够让它登上一家实验艺术电影院，尤其是它还传递了这样的潜台词：电影院本身就是对幻觉与骗术的掩护。

希区柯克开始为这部电影布置场景。"哈罗镇附近的一片田野上矗立着'伦敦'，"他在给《纽约时报》（New York Times）的文章中写道，"我在这里完全复制了伦敦的街景，是为了我的新英国高蒙惊悚片《阴谋破坏》搭建的。这里有设备齐全的商店、电车、公交车、交通灯、灯塔、高架铁路，以及数以百计的行人，然而什么也没有发生。摄影机被藏了起来，话筒也被遮住了，群演挤在商店门口。"实际上那里下了三晚冰冷的瓢泼大雨。

天气还不是最主要的问题，在钱的方面也存在争论，因为过度支出，蒙塔古直接把项目扔下走人了。此外，希区柯克还和扮演温妮的女主演西尔维娅·悉尼（Sylvia Sidney）就她所扮演角色的本质展开了争论。在一场高潮戏中，温妮要杀害丈夫，西尔维娅希望在此时说些什么来给这一行为以合理的动机，而希区柯克却驳回了她的主张。她必须在沉默中杀掉自己的丈夫。希区柯克只告诉她："看向你的右边，不要那么多，少一点，现在看向别处。"这让她非常委屈。不过，当她后来看到拍出来的效果时，她承认希区柯克的判断确实很天才。"好莱坞需要知道这个。"她应该说过这句话。

内弟史蒂维的命运颇受争议。他由德斯蒙德·特斯特（Desmond Tester）饰演，戏外，希区柯克总是叫他"特斯特睾"（Testicles）[①]，让

---

① "testicle"的原意为睾丸。——译注

这个年轻演员非常难堪。这个角色是希区柯克的职业生涯中对观众犯下的最大错误之一。影片将近结尾时，维罗克让史蒂维带着炸药包裹和的胶片盒去伦敦市中心。男孩同意了，以为自己不过是在完成一个简单的差事。他万万没想到炸药的倒计时已经开始，用不了多久就会有毁灭性的爆炸发生。他在伦敦街上游荡、闲逛，炸药的倒计时仍在继续。最终他跳上一辆电车，开始和车上的小狗玩，而那一刻到来了。炸弹爆炸，炸掉了孩子、小狗和所有其他东西。

　　一位身为人母的评论家痛斥了希区柯克，责问他怎么能容忍这样的事情发生。她没有说错。希区柯克错判了悬疑的性质。他在那年写过这样的话："我想要给公众带来有益、健康的精神震撼。文明进行了过多的筛选和保护，这导致我们无法亲身体验真正的刺激。"但是这次他可能失算了。把小男孩炸成碎片很难算得上是一件惊悚的事，未来几年发生的事①可以证明这一观点。

　　这大概也是这部作品并没有让英国评论家和观众留下什么深刻印象的原因。尽管如此，《阴谋破坏》已经足够危险和大胆，足以让它在美国找到欣赏它的观众。美国《民族》(*The Nation*)杂志的一个评论家敏锐地指出："从他的任何一部电影到人们记忆中的所有最好的电影之间，似乎有一条向后的延长线。"可以说希区柯克吸收了电影艺术的所有精华。就像 T. S. 艾略特(T. S. Eliot)评论对希区柯克产生了很大影响的威尔基·柯林斯(Wilkie Collins)的作品时所说的那样："它没有任何超越情节剧的长处，不过却具备

---

① 指第二次世界大战。

情节剧所能拥有的一切优点。"

《阴谋破坏》的相对失败增加了高蒙的财政困难，在这部电影拍摄后不久，其位于莱姆园的制片厂就关门大吉了。希区柯克曾经的亲密伙伴迈克尔·鲍尔肯和艾弗·蒙塔古转到了其他地方，这位导演自己则回到了原来与鲍尔肯共事过的盖恩斯伯勒。希区柯克在盖恩斯伯勒的制片人特德·布莱克（Ted Black）在娱乐行业有丰富的经验，他也很快证明了自己的能耐。

与此同时，希区柯克的下一部签约影片《年轻姑娘》已经箭在弦上。这次又是一个改编剧本，改编自约瑟芬·铁伊（Josephine Tey）的小说《一先令蜡烛》（*A Shilling for Candles*），讲述的是一个逃犯因为他并未犯下的谋杀罪行被警察追捕的故事。他必须找到真凶来证明自己的清白，一个年轻姑娘愿意帮助他，而这个年轻姑娘正好是当地警长的女儿。这样的剧情也许听上去非常熟悉。没错，确实是。查尔斯·本内特简直就是编剧的最佳人选。希区柯克回忆道："我们聚在一起，慢慢地，从讨论、争执，到随便的意见、偶尔的漫无目的的交谈，再到面红耳赤的理智争论，我们讨论诸如哪个角色在什么场景会不会做这样那样的事情，而剧情就在这个过程中逐渐明朗了起来。"但是这次探讨并没有持续很长时间。就在本内特准备剧本的时候，他收到了一封来自好莱坞的电报，让他去写《马可波罗东游记》（*The Adventures of Marco Polo*，1938）。他的编剧名声和精湛技艺先他一步到了美国。好像没有什么理由去拒绝这个邀请，反正英国国内的电影行业已经岌岌可危了，本内特决定远渡重洋。

本内特的离开让希区柯克的工作也暂停下来了。现在可能已经到了跟随他的编剧漂洋过海的时刻，这样他就可以将他那相当高的声誉部署到美国去。对于英国电影行业来说，他可能已经变得太庞大了。他觉得自己在技术上受到了限制，并且无法得到足够的重视。但是，他已经在伦敦为自己建立了舒适、愉悦的生活。这里有他喜欢的餐厅和剧院，直系亲属也都在身边，他的母亲也被他接到了肯辛顿的一个公寓里。他甚至都开始收藏艺术品了。另一方面，他又是一个高度焦虑和恐惧的人，害怕改变和新奇的事物。这些都是让他留下来的理由。

然而他又极其雄心勃勃，像是受到了电影天命的驱使。美国的机会多，报酬又高得多，从任何意义上来说，这里都会让他更靠近"太阳"。他有一次跟一个同事说，在英国，"天空总是灰色的，雨是灰色的，泥土是灰色的，我也是灰色的"。很快他便不得不做出决定了。

虽然《电影周报》（*Film Weekly*）评价《年轻姑娘》为"典型的英国电影"，但是它在英国和美国都取得了成功。这部电影确实有了不起的创新之处。希区柯克设计了一种"移动镜头"或"升降镜头"，在此镜头中，摄影机在一种不间断的运动中穿过一个宽大的舞池，停止在一个鼓手的脸上，突出鼓手颤抖的眼睛。他的眼睛泄露了他就是凶手的信息。镜头走了145英尺，最后停在了离鼓手的眼睛4英寸①的地方。拍摄一共进行了两天。这个镜头是

---

① 1英寸等于2.54厘米。

整部电影里最有意思的地方，淋漓尽致地展现了希区柯克镜头调度的天赋。不过，既然他已经能取得这样的成就，好莱坞的资源还能给他带来什么呢？

希区柯克变得越来越焦躁不安。1937 年夏天，就在他剪辑这部电影之前，他与家人去了纽约，就当这只是一次简短的假期。然而他实际上是在探查新领土。人们注意到了希区柯克当时的出现，虽然部分原因是他臃肿的身材和显然无穷无尽的胃口。据报道，他在一家餐厅点了三份牛排和冰激凌。但是工作对他也具有同样的吸引力。美国制片人大卫・O. 塞尔兹尼克，新成立的塞尔兹尼克国际影业公司（Selznick International Pictures）负责人，给他在纽约的经纪人发了一封电报，说："我对与希区柯克导演会面非常感兴趣，我建议你也跟他见面聊一聊。"这位女经纪人圆满完成了此次任务，到希区柯克离开纽约的时候，他已经与塞尔兹尼克建立起了联系。此外他还接触了其他一些制片厂。《年轻姑娘》在英国上映八个月后，也就是在美国上映五个月后，希区柯克再次回到纽约，来寻找一份确定的合同。1938 年的春天，他说："这件事儿还没有敲定，但是如果我真的要去好莱坞，我只为塞尔兹尼克工作。"

意愿乃行动之父。作为一种以防万一的措施，他雇了塞尔兹尼克的哥哥迈伦（Myron Selznick）为他的经纪人。6 月初，他带着家人登上玛丽女王号（Queen Mary），很快抵达好莱坞，做最后一轮谈判。希区柯克和塞尔兹尼克似乎以一种最热情友善的方式互相评价着彼此。他们两个都是专业人士，对于电影艺术都有着莫大的热忱。但同时两个人又都十分固执，执着于让事情按照自己的意思来。希区柯克很快就会发现他无法扭转塞尔兹尼克的支配意志。两人之间也有不同之处。塞尔兹尼克性格外向，甚至易怒，喜欢给团队成员发很长的备忘录，写满复杂的指示。而希区柯克则沉默寡言，不露声色，更喜欢用迂回而非直接的方式得到他想要的东西。

　　那么现在他在塞尔兹尼克和世界面前又是什么形象了呢？他的腰围是陌生人对他的第一印象。他对记者说，他属于"肾上腺型"，明显的意思是他"整个儿都是身子，只有一双退化了的腿"。他的自我诊断也许被误解了，但是他确实看起来与众不同。他曾经悲叹过他那"怪异、畸形的肉身存在"。他对自己的肥胖有着敏锐的认识，这在好莱坞尤其明显，甚过在英国。在这座梦幻之都，肥胖也许是不合时宜的。他对变瘦没有任何幻想。希区柯克曾一度跟一位美术指导罗伯特·博伊尔（Robert Boyle）说："我能完全体验到每一个全身上下裹在脂肪盔甲里的人的感受。"他也宣称自己一生禁欲。他对他的女主角们的吸引力不比调整摄影照明对她们的吸引力更大，起码他是这样说的。他有一个巨大的头颅，身高5英尺7英寸①，一定会让他的一些熟人想起"蛋头先生"（Humpty Dumpty）②。实际上，他的脚步十分敏捷，带着胖人有时会有的那种优雅，就像"大胖"阿巴克尔（"Fatty" Arbuckle）③那样。

---

① 约1.7米。

② 英国同名童谣中的人物，形象为一个长着细胳膊细腿的鸡蛋。这个词也被用作俚语，形容那些又矮又胖、笨手笨脚的人。

③ 全名为罗斯科·阿巴克尔（Roscoe Arbuckle，1887—1933），美国默片时期演员。

　　他向传记作家夏洛特·钱德勒（Charlotte Chandler）详细解释了这件事。"我的外表一直都非常难看。更糟糕的是，我一直都知道这件事。这种感觉跟着我太久了，我无法想象没有这种感觉是什么样的。"这指明了通向充满愤怒、愁苦、沮丧、绝望、焦虑、孤独的人生道路。这些情感在他年轻的时候一定感受得最强烈，而且此后它们的阴影还会伴随他到任何地方。这也是为什么他需要脂肪的"盔甲"来抵抗生活对他的掠夺。他穿西装像穿军装那样精确无误。他的衣橱里有六套深色的西装，都是一样的剪裁，只不过尺寸上略有不同，以适应他不断变化的体型。所有的衣服都被标了号码，从而方便在上衣和裤子之间进行配对。大家一般以为他的衣服都是黑色的，但是希区柯克和他太太都证实过它们是深蓝色的。他还有六双一模一样的鞋子，十条一模一样的领带，十五双一模一样的袜子和十五件一模一样的内裤。正是它们给了希区柯克一种正式的、精心设计的形象。他喜欢它们强加给他的克制，以及一种外部的秩序和纪律。不过，有一些照片却显示他经常让自己的一只袖子卷起来，或许这是为了表达对自由的向往吧。

　　对于一个充满恐惧的人来说，一丝不苟的着装代表的是人为与伪装的成功，而在严谨着装之下的则是"可怜又赤裸的叉子形头重脚轻的动物"。他在片场能做到看上去一动不动，保持一种超乎寻常的冷静和沉默。在 1938 年的一个采访中，他说道："如果现在进来一个人，说：'希区柯克先生，外面有个警察在等你。'我的表情这时会发生轻微的变化，我在一瞬间几乎要变成一个死人。"这就仿佛他是在用装死来迷惑捕食者一样。

　　他不喜欢冲突和分歧，他只会压抑住自己的怒气和怨愤，然后一走了之。一句刺耳或不友善的话就会让他烦躁甚至抑郁一整天。早年间还有人说他会苛责演技不好的演员，但是这种传言也很快就消失了。他谈话的时候总是很冷静，甚至可以说是轻言细语，带着催眠师会使用的那种坚定但又有节制的声音。他非常礼貌，具备绅士风度，拥有精致的措辞和完美清晰的发音。他有的时候会轻微地拖长调子说话，下嘴唇伸出来表示失望和反对，他的手势很有表现力，他借助它们来讲故事或者与人争论。"准确，"他可能会说，"完全正确。"他很喜欢凡事有所保留，而这也成了他电影中的一种美学手段。"没什么能够比含蓄更让我感到有趣的了。"他有一次这样说。他有一大堆奇闻逸事和格言警句，任意场合张嘴就来。他会在不同的电视采访中无休无止地重复同样的台词和故事，这是他的伪装的一部分。他从不说任何不合时宜、让人出乎意料或者具有启发性的话，他的秘密就是他永远不会说出自己的秘密。他与其他人打交道时经常狡猾又机巧。他太精于计算，对自己和他人都总是充满警惕。

he child
who never cried
ll do it
ound, please
was grey
t home
ake it
h dear
am typed
ood evening
irds and beasts
ack to basics

V

在家里

1937 年 9 月初，希区柯克夫妇回到了英国，一些未完成的事务等着他们立即处理。在他们考虑搬到美国之前，按照合约，希区柯克还要再为盖恩斯伯勒拍一部电影。制片人特德·布莱克提供给他一个曾经被放弃的项目，《失踪的贵妇》(The Lost Lady)。这个项目的首要优势在于，它的剧本几乎完全由悉尼·吉列特（Sidney Gilliat）和弗兰克·劳恩德（Frank Launder）操刀。希区柯克觉得这件事可以做。这部电影符合他的调性。在一列穿越中欧的列车上，一个年轻漂亮的英国女人与一位邂逅邂逅的老妇人结上了伴。旅途刚开始，老妇人就消失了。其他旅客似乎都没有注意到她，甚至还有一些执意说车上根本就没这样一位妇人。这时候浪漫男主出场了，他从年轻女士的手中接过了寻找老妇人的任务。

希区柯克热爱火车，火车上的走廊代表了惊慌、紧急以及速度。车厢里的安全和隐私完全是一种错觉。当火车在陌生的风景中飞驰时，一切都处于悬念之中。很快观众便都知道，这件事之中藏着阴谋，英国旅客和外国人分成了两派。这部电影最终定名为《贵妇失踪记》，也就只能在战前几年里人心惶惶的时候拍摄了。

这部电影在伊斯灵顿制片厂拍摄，希区柯克得以与他最喜欢的摄影师杰克·科克斯再度合作。伊斯灵顿对他来说是个福地，他第一次跨入电影行业是在这里，然后又在这里遇见了他的妻子。同样，与迈克·鲍尔肯的合作也是从这里开始的。每样东西都在这里为他准备好了。梅·惠蒂（Dame May Whitty）出演失踪的老妇人，玛格丽特·洛克伍德（Margaret Lockwood）和迈克尔·雷德格雷夫（Michael Redgrave）共同出演浪漫的一对。洛克伍德后来透露，希区柯克"根本不怎么导戏，他像一位昏昏欲睡的佛陀一样，脸上带着高深莫测的微笑"。她倒是确实注意到了希区柯克的一点癖好，即每天下午茶之后，希区柯克都要把杯子向身后一丢，等着它撞成碎片。这成了他一生的习惯，他的说法是，这样做"对神经有好处，有助于缓解紧张，比骂演员好多了"。这可能也是一种象征世界秩序的方式，表明它就像瓷器一样易碎。

不过他或许有理由"责骂"男主角，因为迈克尔·雷德格雷夫跟很多其他演员一样，觉得电影某种程度上不如戏剧。这种态度让希区柯克大为光火，因此他用尽一切办法来改变这种态度，或者像雷德格雷夫说的那样，"他决定把我压到比较低的档次"。雷德格雷夫跟希区柯克说，他在剧院的时候经常一场戏准备三个礼拜。希区柯克则说，在镜头前只给他不多不少三分钟。希区柯克应该是当着雷德格雷夫的面说出了"演员是牲口"这句话的。他从来没有完全否认自己说过这句话，只是补充说，他说的其实是"应该待演员像对待牲口一样"。综上所述，雷德格雷夫说希区柯克"不是一个懂表演的导演"也就不奇怪了。这位演员补充道:"他知道在哪里放置摄影机,用哪种情绪去渲染场景。他在开拍前就想象好了一切,所以等我们一到片场,事情都可以快速地、毫无痛苦地完成。"他看上去好像是有点无聊,就让演员们自我放松一下。特德·布莱克回忆说,片场"没有打闹嬉戏、浪费时间和愚蠢行为,他信奉严格的纪律,但是他从来不会强调纪律,他本人就是纪律"。《贵妇失踪记》在伊斯灵顿那个狭小拥挤的摄影棚里不到五周就完成了。

这部电影长久以来被认为是希区柯克的最佳电影之一。它吸收了不少他前几部电影的长处,着重表现了一对情侣历经千难万险后终成眷属,这实际上也是希区柯克在英国的最后一部电影的伟大主题。不过,作为一部有着大团圆结局的英国轻惊悚片,《贵妇失踪记》又突破了这一类型的界限,而这仅仅得益于它对那位神秘消失的女士讨巧般地运用。这个角色是一个洞,整部电影都围绕着这个洞建构起来。现实主义的背景和令人眩晕的失踪之谜混合在了一起,情节的不自然处也被赋予了神秘的含义,比如火车车窗上一个用蒸汽勾勒出的名字突然被抹掉,以及一个散落的茶叶包装标签被风吹得贴在过道窗上。

主导世界的不是偶然,而是命运。《贵妇失踪记》里的角色三三两两地出现,从完全不同的角落慢慢向这个悬疑的领地聚拢,最终所有人都来到了这里。旅途中的惊奇、反转以及与日常生活的脱节,火车引发的幽闭恐惧症,女主角对老妇人近乎歇斯底里的找寻,敌军间谍藏于英国平民之间,将近结尾的死亡暴力威胁……这些都是独特的希区柯克效应的组成部分。

在影片拍摄之际，希区柯克收到一封迈伦·塞尔兹尼克的电报，电报中暗示，他在好莱坞的第一部电影可能会是根据泰坦尼克号的厄运改编的。这是希区柯克梦寐以求的一个机会，可能性非常大，他甚至在脑海里提前构想出了几个场景，比如玻璃杯里的威士忌开始颤抖。他前往美国的朝圣之旅越近，他的野心就越大。他想为最激动人心的场景专门建造一艘完整的远洋轮船。1938 年 5 月，制作完《贵妇失踪记》，他和阿尔玛一同回到了好莱坞。

到 7 月中旬，他和大卫·塞尔兹尼克签了一份为期四年的合同，一年一部电影，一共四部。第一部电影他可以拿到 5 万美元，之后三年逐年递增。这在好莱坞不算金饭碗，不过对比他在英国的薪水是真的高出了一大截。合同被改了又改，第一年从一部电影改为两部电影，不过好在最后双方都很满意。

但他现在不得不回到英国去拍最后一部电影。由于某种只有他知道的原因——可能是为了钱，也可能是因为害怕在美国的生涯开始之前无所事事——他签了一份合同，执导一部根据达芙妮·杜穆里埃的小说改编的电影《牙买加旅店》（*Jamaica Inn*，1939）。他与五月花公司（Mayflower Company）达成了协议，该公司的主要业务是制作和发行查尔斯·劳顿（Charles Laughton）主演的电影。事实上，这一次希区柯克是为这位著名演员工作并且同他共事。影片讲述了一个一帮海盗引诱船只上岸住店的家常故事。故事中有一位看似邪恶实则更邪恶的海盗头子，这个角色由劳顿饰演，他的傲慢自负赶跑了银幕上的所有其他角色。说这个演员难相处还算客气了，希区柯克开玩笑说，他不是被雇来当导演的，而是来当裁判的——评判劳顿在自己跟自己的摔跤比赛中孰胜孰负。希区柯克习惯演员准时到场并背好台词，但是劳顿却会迟疑、拖延，甚至会在他认为必要的时候即兴发挥。有一场走路的戏，他花了好几天才过关。这应该是劳顿的电影，而不是希区柯克的。这是一部彻头彻尾的烂片。格雷厄姆·格林（Graham Greene）评论道："整个凶险的旅店场景就像它自己的招牌一样嘎吱作响。"

现在终于是离开英国的时候了。他把自己克伦威尔路的公寓租了出去，并锁上了谢姆雷格林的别墅。1939 年 3 月 1 日，希区柯克一家从南安普顿登上了玛丽女王号。这家人还包括一个厨子、一个女佣、希区柯克的秘书琼·哈里森和两只狗。他们一起抵达美国。在英国工作的十三年间，希区柯克制作了 24 部电影，在某种意义上，他渴望离开。一个后来与他合作的编剧塞缪尔·泰勒（Samuel Taylor）说："他感觉自己在英国没有受到真正的尊重"，"英国的影评人把他当成跳梁小丑"。阿尔玛对此次离开甚是高兴，而对他们的女儿来说这是一次大冒险。

对她爸爸来说也是如此。希区柯克说他期待"在新的环境下和一帮全新的人一起工作"，并且没有因为要面对新的挑战而感到不安。"在好莱坞，几乎每个明星，我都想试着调整或开发下他们的银幕魅力。"他在接受记者 J. 丹弗斯·威廉斯（J. Danvers Williams）采访时如是说道。在此次采访中，他还更直截了当地表示："我迫不及待地想要得到这些美国明星。"对他而言好莱坞就是一个巨大的实验室，摆满了各种最新的设备。他还被纽约评论家评为 1938 年最佳导演，这一消息也让他备受鼓舞。

他面对的将是一个以不同的方式发展起来的电影体系。在好莱坞占主导地位的是制片人，而不是导演，它对于明星模式的依赖也与英国完全不同。他现在成了一个更庞大、更精细的帝国的一部分，他再也不能像在埃尔斯特里那样主导一切了。

他答应塞尔兹尼克把达芙妮·杜穆里埃的另一部小说《蝴蝶梦》（Rebecca）改编成电影。故事的两个女主人公分别是天真烂漫的德温特夫人和精于算计的丹弗斯夫人。希区柯克此前就对改编这个故事十分感兴趣，所以他并不需要别人去说服他。杜穆里埃倒有可能不是很乐意，因为她一点也不喜欢希区柯克对于《牙买加旅店》的改编。希区柯克从来没有给过杜穆里埃什么很高的评价，尽管他改编了她的这两部小说以及另一个短篇——《群鸟》。反过来，她对他的作品也没有多少欣赏，而只在乎它们给她带来的经济回报。他们俩之间是非常务实的生意关系。

希区柯克和阿尔玛刚到达纽约就受到宣传部门的安排。希区柯克在耶鲁大学做了一个关于英国戏剧的讲座，在哥伦比亚大学做了一个关于电影的讲座。他还被邀请主持了一个报刊晚宴。3 月 16 日，希区柯克一行前往佛罗里达州和加勒比海度假。月底返回纽约的时候，他们坐火车去了帕萨迪纳。他们的新家就在眼前。迈伦·塞尔兹尼克 4 月 5 日在火车站接到了他们，并立即带他们前往位于威尔夏大道上的威尔夏棕榈树（Wilshire Palms）居住区，里面有为他们新租来的一套公寓。不可或缺的秘书琼·哈里森也在附近分得了一间自己的公寓。

这个公寓的所有东西都是白色的，像阳光和空气一样明亮。小区有一个游泳池和一个网球场，阿尔玛对新环境和它们传递的自由氛围十分满意。她几乎立马就爱上了美国，这里简直就是英国沉闷阴郁的完美解药。希区柯克对这些变化几乎视而不见，他说他来好莱坞只是为了工作，除此之外他没有任何别的兴趣。女佣不久离开了，不过可能并不是因为她反感美国的生活方式。她留在了美国，成了一个脊椎按摩师。无论如何，她之前的职位被一个德国厨师顶替了，这位厨师的专长是做点心。五天后，希区柯克向制片厂报到，准备——和他的秘书琼·哈里森——开始写《蝴蝶梦》的剧本了。这个制片厂工作环境的舒适标准相比伊斯灵顿有了显著的提高，他们被安排在了一个套房里，有厨房和卫生间。

希区柯克和他的团队为《蝴蝶梦》写了一个大纲。他知道制片厂会对这个大纲做一番改动，但是，当他在6月初把一份剧本草稿交给大卫·塞尔兹尼克的时候，他还是感到惶恐不安。这位制片人称他自己"震惊和失望到无法用语言形容"。他不喜欢希区柯克试图把幽默注入一部本质上是严肃情节剧的做法。《贵妇失踪记》特有的轻盈触感被认为并不适用于《蝴蝶梦》。"我们买下版权并准备翻拍这部小说，"塞尔兹尼克写道，"这样一部已经非常成功的小说，我们要的不是一个被扭曲了的粗俗版本。"他这么说可能是有道理的，影片的最终版本的确也更忠实于原著，不过，这件事肯定是两个人关系的一次严重挫折。如果说这两个人从现在起都开始怀疑当初是否该签下这份合同，应该是合情合理的。

希区柯克后来说："大卫坚持让我们严格忠于原著，他认为，对于本书，很多读者都有他们各自最喜欢的场景，如果不让他们在电影里看到这些场景，他们会失望的。"塞尔兹尼克还想要一种银幕上的华丽感，那种在彼一时期的浪漫情节剧中常见的厚重天鹅绒般的质感。明星应该在他们的位置上闪闪发光，摄影应该光彩夺目，音乐应该席卷观众，让其屏住呼吸。同一时期，塞尔兹尼克还制作了《乱世佳人》(*Gone With the Wind*, 1939)，这部电影就无与伦比地具备他所要求的这些品质。他以制作"给女人看的电影"闻名。

希区柯克极其专业地选择向不可避免的事情低头。他与哈里森以及各种职能的美国编剧合作，在7月底完成了一个与原著十分贴近的复合剧本。塞尔兹尼克给出了很详细的回复，说这将是他的电影——他的剪接、他的角色和他的方法。一个《纽约时报》的记者注意到，一次采访中，希区柯克"在谈论制片人的时候笑得有点儿讽刺"，不过，这位导演拒绝被这样引述。

9月初的时候剧本终于弄好了，电影随即准备开拍。这是个紧张的年轻女孩忽然嫁给有钱人的故事。婚后不久，她开始被一种错觉所困扰，认为自己的丈夫还爱着他的亡妻——丽贝卡 [①]。这是一个致命的错误，在管家丹弗斯夫人迂回狡猾的暗示和处理下，错误变得越来越无法挽回。

选角的时候发生了一些困难。劳伦斯·奥利弗（Laurence

---

① Rebecca，电影英文片名和原著小说书名即此人名。

Olivier）饰演男主角马克西姆·德温特，并希望他的伴侣费雯·丽
（Vivien Leigh）来演女主角——第二位德温特夫人。费雯·丽勇敢
而又美丽，而《蝴蝶梦》的这位未命名女主角则胆小懦弱、内心充
满恐惧。最终琼·芳登（Joan Fontaine）获得了这个角色。奥利弗
从一开始就对芳登抱有敌意，并到处宣扬自己对她的厌恶，到拍摄
的时候，他似乎还抓住一切机会在她耳边说些猥亵的话。

　　芳登本人此时正经历着极为焦虑的时刻。希区柯克认为她应该
像她的银幕形象一样恐惧不安，所以他不断地跟她说，剧组其他人
都不喜欢或不欣赏她，并且只有他才能给她想要的安全感。"他想
要完全控制我，"芳登回忆道，"到拍摄结束的时候，他好像很高兴
看到演员之间互相厌恶。"这一招奏效了。当芳登扮演着那位不受
宠爱的第二位夫人走在曼德利庄园时，她脸上的害怕非常真实。芳
登承认，在好几场哭戏的其中一场里，她的眼泪几乎都要流光了。
"我问她如何才能让她继续哭，"希区柯克后来说，"她说，'呃……
要不然你打我一巴掌。'我真打了，然后她就立马嚎啕大哭。"

　　由于国际形势的变化，片场气氛变得很紧张。1939 年 9 月开
拍第一周，英国向德国宣战，让很多英国来的演职人员，包括希区
柯克自己，都有点心神不宁。奥利弗说："我们的工作、生活和希
望都受到了打击。"希区柯克不断往伦敦发电报，询问母亲和其他
家人的情况，一块大陆与一片海洋横亘在他们之间。

　　不过，他并没想过要回到英国，在接下来的一个月里，他搬出
了威尔夏棕榈树，搬到了他可能会称之为在美国的第一个真正的家

里。他们从卡罗尔·隆巴德（Carole Lombard）手里租下了贝莱尔的圣克劳德路 609 号，一座又大又舒服的房子，坐落在一条看起来护理得很好的乡间公路上。这是一种房屋中介会描述为法国诺曼风格的房子，大门恰到好处地将它与外界隔绝开来。他们立马用克伦威尔路和谢姆雷格林的家具把这所房子改成英式风格。他们除去了在加州普遍使用的白色油漆，并拆掉瓷砖地板，装上了英式的镶木地板。这处地方后来被叫作"农场"，但或许把它称为"小屋"会更贴切。希区柯克曾说："我真正想要的是一个家，而不是一个加了供热设备的电影布景。我想要的只是一个温暖舒服的小房子，里面有个不错的厨房，再搞上一个游泳池。"1940 年的人口普查显示，他们与英国女佣格拉迪斯·福克纳（Gladys Faulkner）和德国厨师埃尔纳·格拉夫（Erna Graff）住在一起。

希区柯克无形中扮演着一个身处异国的英国人角色，他很快给自己创造了一套他可以躲藏于其中的日常惯例。他穿深蓝色西装，准时程度堪比一位办公室的经理。他吃进口的英国培根和多佛比目鱼，还尽量读英国的报纸。礼拜天的时候阿尔玛或者他会带着帕特里夏去当地的天主教教堂——善牧会（Good Shepherd），因为众多教区居民都十分有钱，所以这个教堂还有一个别名，叫"凯迪拉克太太会"。另一个每周必做的事情是周四晚上去贝弗利大道的蔡森餐厅（Chasen's）吃饭。在那里他会点牛排，喝一杯按照他的喜好调制的香槟鸡尾酒。他们的女儿在加州上一所由修女监管的私立学校，叫玛丽蒙特（Marymount）。一切都慢慢上了轨道，一切都变得熟悉了起来。

　　有一件事情令其他人觉得有些奇怪。他会在一些不合时宜的时候闭上眼睛养神或干脆打个瞌睡。如果他不是餐桌上的谈话中心或者被关注的焦点，他往往就会睡着。在他自己家里，他开始打瞌睡的时候就是客人差不多该离开的时候。在一次给托马斯·曼（Thomas Mann）接风的私人宴会上，希区柯克与这位作家聊电影与小说，聊着聊着就睡着了。他邀请卡罗尔·隆巴德和她的先生克拉克·盖博去蔡森餐厅吃饭，阿尔玛回忆说："沙拉还没上呢，他就睡着了。"当他的太太在另一个派对上叫醒熟睡已久的他时，他问她："这么快就离开是不是太不礼貌了？"

　　这一定程度上可以归因于他不断增加的体重，但也可能是另一个原因的结果。他对这个世界有一种持续的焦虑，我们有理由怀疑他通过吃药来减轻自己的这种痛苦。在 20 世纪 50 年代抗抑郁药被研制出来之前，类鸦片和鸦片制剂是用来治疗焦虑的便捷有效的方式。在药品泛滥的好莱坞，希区柯克想要找到它们不是一件难事。比如大卫·塞尔兹尼克就对苯丙胺[①]上瘾。如果希区柯克真的在使用鸦片，那么鸦片遇到酒精——他同时还在大量饮酒——就会产生让人犯困的副作用。这些只是猜想，没有真凭实据，但它是一种自然而然的猜想，有可能确实是他总是昏昏欲睡的原因。

　　但希区柯克的世界里充满恐惧是没有疑问的。按他自己的说法，他什么都怕，他总是想象最糟糕的情况，做最坏的打算。他还是不喜欢穿过制片厂的食堂，担心遇到陌生人。在一系列详尽的采

————————

① Benzedrine，一种兴奋剂。——译注

访之后，弗朗索瓦·特吕弗这样形容希区柯克——他是一个"神经质"，一个"充满恐惧的人"，他"非常容易受伤"，但这些正是他成为"焦虑艺术家"的理由。这就是希区柯克的秘诀。他把自己的焦虑投射到银幕上，在他的电影里，恐惧变成了日常生活固有的一面。他很清楚，突然之间一个人会遭遇不可避免、无法控制的错误而备受折磨，在那一瞬间，整个外部世界都变得不真实了。这也是他对自己电影的一种自觉。

对于一个天生胆小的人来说，拍电影这件事本身就是令人生畏和害怕的事。他要如何控制一个不知不觉在威胁着他的、令人不安的片场生活呢？这就是为什么他始终坚持片场要安静、整洁，有规程，完全可控，来使自己变得无坚不摧。他的女儿证明，如果事情没有按照计划进行，他的偏头痛就会发作。《惊魂记》（*Psycho*，1960）的编剧约瑟夫·斯特凡诺（Joseph Stefano）曾经说过一个小故事。有一次，他同意把希区柯克载到一家酒店前面的出租车停靠站。当这位编剧离开时，上一辆出租车刚开走，他看见希区柯克孤零零地站在那里，一脸极度恐惧的神情，仿佛被遗弃。

希区柯克患有眩晕症，很害怕从高处跌落。他的很多电影里都有令人眩晕的跌下深渊的场景。悬在半空中的男人是他的一个核心母题，这与爱伦·坡的假设心照不宣："我的整个灵魂弥漫着对坠落的渴望，那是一种欲望，一种切盼，一种完全不受我控制的激情。"① 希区柯克是出色的恐惧幻想家，他像一个调音师那样用音叉

———————

① 出自爱伦·坡《亚瑟·戈登·皮姆的故事》（*The Narrative of Arthur Gordon Pym of Nantucket*），第 24 章。

找寻着观众隐藏的恐惧和焦虑。作为一个艺术家，他知道如何通往集体无意识。正因为他与自己的焦虑有着如此亲密的联系，他才能本能地激起大众的焦虑。

希区柯克和塞尔兹尼克好像仍然不是合作伙伴的关系。在美国，所有重大的决定都是制片人做出的，这是一种惯例。制片人可以拿到长长的胶片，其中包括动作"主镜头"和特写镜头，以及各种从不同角度拍摄的其他镜头，他可以对这些镜头进行不同的组接，直到找到他最喜欢的版本。但是希区柯克不愿意按照这种方式工作。他都是事先在脑子里构想出整部电影，精确设计每一个镜头的拍摄方式，最后完成的镜头可以像拼图构件一样互相匹配。在他的世界里，他不会给任何人留下有所质疑和横加干涉的机会。他很快就遭遇了第一次打击。在一次排练结束之后，他说："好，开始拍吧！"这时场记女孩突然介入："哦，等一下——塞尔兹尼克先生还没过目呢。"

尽管导演不开心，制片人还是坚持如此。他下令重拍某些镜头，要求改写剧本。他一如既往地监管着主演的服装，并观看每日样片。可能对于希区柯克来说幸运的是，塞尔兹尼克后来越来越全神贯注于《乱世佳人》，几周之后他对《蝴蝶梦》的干预就没有之前那么频繁了。现在很难看出来，《蝴蝶梦》里哪些部分出自导演之手，又有哪些部分受控于制片人的命令，不过这也不重要了。

导演自己后来说："这不是一部希区柯克电影。"但是他只说对了一半。灯光效果仍然依赖于他对黑暗和阴影的表现主义运用；女主人公孤独且脆弱，而笼罩着她的那个巨大而又昏暗的房屋也呈现出哥特式监狱的所有特点；房子是有生命的东西，且最后一定要被烧掉；恐惧再次成为关键。然而，《蝴蝶梦》有一种此前他从未企及的纯粹的电影化深度。即使希区柯克内心反抗着塞尔兹尼克，他还是从后者身上学到了不少东西。在后期制作的最后几周，塞尔兹尼克监督电影的剪辑，直到影片的节奏和气氛与他想要的一致。

制作成本超出了预算，制作周期也超出了原定的时间，但是影片完成了它的使命：获得了巨大的收益。它不仅受到了观众的喜爱，还赢得了 1940 年的奥斯卡最佳影片奖。这对于一位外国导演在好莱坞的第一部电影来说，是一个不可否认的成就，即使最后领走小金人的是制片人塞尔兹尼克。

希区柯克算是有了一个良好的起步，尽管不完全是以他预期的方式。到 1939 年秋天，塞尔兹尼克已经决定把他的英国导演"借给"一个独立制片人了。塞尔兹尼克从这笔交易中获利颇丰，他每周凭希区柯克的服务向那个独立制片商收取 5 000 美元，然而只用按照规定向这位导演支付 2 500 美元。希区柯克虽然假装不懂，但实际上一向对这些利益和交易心知肚明，并因此感到非常生气。制片人在他身上赚了 100% 的利润，最终他什么也做不了。好在这次他至少摆脱了塞尔兹尼克的直接控制。希区柯克在一次采访中说道："只要我不是在合同制约下给某个人干活儿，就不会有那么多监督。"这次的任务是《海外特派员》（*Foreign Correspondent*，1940），比起好莱坞的情节剧，这部电影更接近希区柯克的英式惊悚片。

制片人沃尔特·万格（Walter Wanger）买下了文森特·希恩

（Vincent Sheean）——一个美国驻海外记者——的个人回忆录的版权。这一自传讲述了作者在 20 世纪 20 年代末到 30 年代为《芝加哥论坛报》（*Chicago Tribune*）工作时在欧洲和亚洲的新闻冒险经历。但是万格想要把这部传记改编成一部关于最近才开始的第二次世界大战的电影。希区柯克看上去真的对这个机会非常感兴趣，不过他想到的是按《39 级台阶》那样处理这个故事，再次拍出一个混合了国际间谍、暗杀和追捕元素的电影，而战争只是作为一个方便的背景使用。

希区柯克说服万格让查尔斯·本内特来当主要编剧。令他颇为高兴的是，他的这位老搭档此时正好居住在好莱坞并且手头有时间。1940 年的整个 2 月，他、本内特以及阿尔玛、琼·哈里森都在写剧本。故事的主要发生地是已经受到德国军队威胁的荷兰。"我们会让我们的主人公看到风车逆风旋转，"希区柯克说道，"他将弄明白这是一种敌方信号。"这就是纯粹的希区柯克——一种视觉上的自负。这样的视觉创造本身就是很了不起的，而它们又能不知不觉地同情节融合在一起。故事讲的是一个美国记者被派往伦敦，在那里他很快与女主角陷入爱河。这位令人充满疑问的姑娘的父亲是一位著名的和平活动家，而他后来被证明是一个敌方间谍组织的头目。这样一个故事像是出自约翰·巴肯的手笔。万格形容希区柯克时说他"大腹便便、不惑之年，豪情万千火燎原"[①]。一个在片场的观察者指出："希区柯克饱满的嘴唇会跟着演员说台词而蠕

---

① 原文为 "fat, forty and full of fire"，其中四个单词押头韵。

动，他的一张圆脸会因为戏里的各种情绪扮怪相，他还会随着演员的动作而摇摆。他轮流扮演着所有的角色，默默演绎着每一个台词和动作，虽然没有离开导演椅。他像是周六下午去看惊悚片的孩子一般。"

这种能量和创造力驱迫着电影的节奏，伴随以希区柯克想象和设计的壮观布景，从而让电影保持了强劲的叙事势头。在一场戏中，一个杰出的政治家要在阿姆斯特丹的大型公共广场被刺杀，为此，希区柯克安排搭建了一个占地10英亩①的精心制作的广场复制品；剧组还不得不将科罗拉多河改道，并修建下水道系统，以便进行大量人工造雨和雨水排放。另一场戏里，希区柯克设想广场上要撑满一百把雨伞。由乔尔·麦克雷（Joel McCrea）饰演的男主角要追赶刺客，一直追到城郊田野的一座大风车下面。这是一个类哥特式建筑，有梯子、房梁和木帆，这样的设计可以让希区柯克再一次沉迷于他对影子、台阶和剪影的热爱之中。在之后的一个场景里，一架完整的飞机撞上了一个巨大的水箱，产生了非常真实又震撼的效果。

150万美元的投资让《海外特派员》成为希区柯克到目前为止最贵的一部电影，但这也是他最成功的作品之一，很多人认为它比《蝴蝶梦》还要好。《新共和周刊》（*New Republic*）的评论家认为影片提供了"一个优秀的范例，展现了一部影片如何以一种最轻、最快的方式呈现电影自身独有的优美"。

---

① 约4万平方米。

　　他用 3 月到 5 月的时间完成了这部电影，尽管欧洲的战事让他越来越担心。挪威和丹麦在 4 月相继失守，比利时和荷兰紧随其后，巴黎即将沦陷。再过几天或者几周伦敦可能也保不住了。在电影的最后他追加了一个"尾巴"，当片中那位海外记者通过英国广播公司（BBC）的演播室向美国发表一个广播演说的时候，他说："所有你们听到的噪声都不是静止不动的东西，而是死亡，死亡要降临在伦敦了。是的，它们正呼啸而来！你们可以听到炸弹被丢到街上和居民家中的声音！"

　　电影拍摄一结束，他和琼·哈里森就决定返回英国，把各自的父母给接过来。（阿尔玛已经回去接她的妈妈和妹妹了。）旅途并不舒适，他们乘坐的船十分拥挤，还没有足够的厕所。这不符合希区柯克对旅行的预期。那是一次徒劳的旅程。希区柯克的母亲断然拒绝跟着她成名的儿子前往美国。她毫发无损地挺过了第一次世界大战，现在不想再寻求庇护了。但是她被说服搬到希区柯克的乡间别墅——谢姆雷格林的"冬日恩典"去长期居住，那里可能稍微安全一点。希区柯克的哥哥威廉后来也陪她住到"冬日恩典"去了，还有他们的姐姐内莉。希区柯克也没有空手而归，他给女儿带回来一个燃烧弹的空壳，她一直放在床头。

　　在此期间，他受到了一些英国同事的持续攻击，他们指责希区柯克在危难时刻抛弃了英国。他不应该在好莱坞心安理得地赚钱，而是应该回到英国和大家并肩战斗。当然这不是说他应该被征入伍，他年龄已经这么大了，而且身材又胖，"一战"的时候就已经被认为不适合上前线了。但是还是有很多人坚信他应该参与到拍摄英国的战时宣传片中。他的前同事兼老友迈克尔·鲍尔肯，就对他进行了明确的斥责："我曾在片场遇到了一个胖胖的技术雇员，我发掘了他，把他从这个部门提拔到那个部门，现在他成为我们最著名的导演之一了，人在好莱坞，在我们上下一心用电影报效祖国却人手短缺的时候，把我们所有人抛在身后……我不会说出这个人的名字，事实上我已决定不说出任何一个叛逃者的名字。"但是大家全都心知肚明他在说谁。一个讽刺作家甚至编造了一部希区柯克的电影，名叫《乱世渣人》①。

希区柯克被这些批评刺伤了，尤其是"叛逃者"这个字眼，以至于他甚至打破了一直以来的习惯，公开对鲍尔肯的批评进行了尖锐的回应。他把这些话归因于对他成功的嫉妒，他写道："鲍尔肯的观点受到了他在好莱坞的个人遭遇的影响，那一直都是一些不幸的经历。他是一个真正的唐老鸭……我对于祖国的救助方式与鲍尔肯先生无关，也与任何爱国理想无关。鲍尔肯先生显然是仇恨好莱坞的。我只能把他的言论归结为他个人的嫉妒，要不然他怎么会这么笨呢？"他还可以补充说，他实际上已经同意与伦敦的情报处合作拍摄电影，并且已经为英国的抗战努力做出了未公开的贡献，比如说，他剪辑了两个英国战争纪录片的美国版本。

这段小插曲也在另一种意义上伤害了他，因为它意味着某些英国评论家和学者转变了对他的态度。他们认为，希区柯克在好莱坞的电影低于他的最佳水平，自从他离开伦敦到好莱坞去之后，他的

---

① "Gone With the Wind Up"，戏仿《乱世佳人》的英文片名"Gone With the Wind"。

电影就失去了想象力。他再也不是那个拍出《39 级台阶》和《贵妇失踪记》的希区柯克了。他现在只是好莱坞机器的一部分，为了获得利润，大量生产着表面上闪闪发亮，实际上庸俗不堪的人工制品。这些夹带私仇、不甚公允的观点直到二十世纪六七十年代才被推翻。

希区柯克返回美国后，塞尔兹尼克又一次把他借了出去，他为 RKO 连着拍了两部非常卖座的电影。RKO——雷电华影业公司（Radio-Keith-Orpheum），彼时已经在歌舞片和轻喜剧两种类型上备受好评。就当时来说，希区柯克对这两种类型也不一定反感。两部影片中的第一部是《史密斯夫妇》（*Mr. & Mrs. Smith*，1941），他总是把他接手此片归因于一种责任感。演员卡罗尔·隆巴德把自己的房子租给了希区柯克，他们俩都觉得对方是不错的伙伴，正因如此，希区柯克同意帮 RKO 为这位明星拍一部喜剧。不过事情恐怕没有这么简单。事实上他此前表达过想和她一起工作的想法，他很高兴能与他所说的"典型的美国人"合作，执导一部具有美国风情的喜剧片。

隆巴德本人其实算不上典型。当希区柯克在片场跟她对流程的时候，她却说："老娘根本不在乎，你看我新做的胸部好不好看？"她早就听说过希区柯克对迈克尔·雷德格雷夫说的话："演员是牲口"，所以开拍第一天希区柯克不无惊讶地在片场看到了三个牲口栏，里面分别关着三只小牛犊，脖子挂着名牌：卡罗尔·隆巴德，罗伯特·蒙哥马利（Robert Montgomery），吉恩·雷蒙德（Gene Raymond），这便是本片三个主要演员的名字。

作为一个电影团队，他们合作得很愉快，希区柯克六周就拍完了全片。总而言之，这部电影继承了《一夜风流》（*It Happened One Night*，1934）和《我的高德弗里》（*My Man Godfrey*，1936）的传统，是一部成功的好莱坞喜剧。隆巴德堪称神经喜剧（screwball comedy）女王，不费吹灰之力就可以在一出恋爱和婚姻闹剧当中成为绝对主角。这部电影轻松、搞笑、令人无法忘怀。它在当时获得的巨大成功，证明了希区柯克作为一位美国题材电影的导演，声誉正在与日俱增。

他给 RKO 拍的第二部电影则非常不同。这好像看上去也是个喜剧，不过却是个黑暗的喜剧。1941 年 2 月，他开始拍摄《深闺疑云》（*Suspicion*，1941）。这是一部心理惊悚片，片中女主角深信她的丈夫要谋杀自己。在原著《事实之前》（*Before the Fact*）中，女主角心甘情愿地喝下了丈夫递过来的毒药，她当时正怀着丈夫的孩子，她不愿生下凶手的孩子。这本书确实有点做作，但是这个一心向死的主题却吸引了希区柯克。琼·芳登和加里·格兰特（Cary Grant）担任影片主演，希区柯克有点在意两位演员的薪酬比自己高多少这件事。

开拍的时候剧本还没有整合好，连片名都还没有。剧本被要求在不同颜色的纸上一遍遍重写。希区柯克因为过度紧张和举棋不定而生病，他的女主演还跟他抱怨自己的表演没有得到足够的关注。芳登在《蝴蝶梦》中受到了希区柯克的悉心指导，现在她以为希区柯克对她没兴趣了。其实是希区柯克对她的表演更有信心了。她和格兰特也有点小摩擦，两人互相不满意对方小小的抢戏行为。这种演员间的竞争不是什么新鲜事，希区柯克会尽其所能激化这种竞争，这样在银幕上就会产生一种必要的张力。

希区柯克很欣赏格兰特的表演。格兰特最终与希区柯克合作了四次，并有机会参与另外六部电影，只不过因为时机不合适，最终没有实现。有一种说法是格兰特就是希区柯克幻想中想要成为的样子。这倒是有可能，不过可能性不大。"加里·格兰特"只是一个虚构出来的公众形象而已。他其实是一个名叫阿奇·利奇（Archie Leach）的英国马戏团演员，尝试了各种方法从马戏团的空中飞人一跃而成为明星。他的成功秘诀就是什么也不做，他的脸好像是一张空白，毫无表情，而观众却可以从这张脸上读出任何一种情感。有的时候他的眼睛会轻微地移动一下，就好像他看到了什么，但是连他自己也不知道看到的是什么。一句简单的话，一个简单的动作，就足够了。这就是他的风格。在一个著名的场景中，他给他的病妻送去一杯牛奶，可能还带着安眠药或什么别的毒药。希区柯克特意在杯子里放了电灯泡来提高亮度，为场景伴奏的则是施特劳斯的华尔兹舞曲《维也纳的鲜血》（"Vienna Blood"）。格兰特此时的动作和表情，完全符合希区柯克经常对演员进行的忠告："什么都别做。"这句话可不像它听上去那么容易做到。

格兰特在另一部希区柯克电影《西北偏北》中的对手戏演员詹姆斯·梅森（James Mason）回忆说："加里是一个很严肃的人，不像他演的角色那样。他一般会站在那儿等待，手里攥着他的剧本，好像他的一切都依赖于它，直到生命的最后一秒。然后他便会进入自己的角色，自信、轻佻、随意，仿佛他是一边走一边把角色创造出来的。"他可以同时让你觉得既亲近又有距离，在他创造的"加里·格兰特"这个形象中，始终伴随着一种陌生感。

这部电影准备了三个结局，从这点可以看出纠缠着整个电影拍摄过程的混乱。其中一种结局中，格兰特的角色实际上就是凶手。制片厂驳回了这个结局，主要是因为不想让这位偶像明星成为坏人。第二种结局是妻子喝下了牛奶，但是无事发生，而且还让她的丈夫免于被自己的毒药毒死。这个结局受到了试映观众的嘲笑。希区柯克最终不得不选择了一个模棱两可的结局：当妻子意识到恐惧左右了她的判断之后，这对不幸的夫妇在一种表面融洽的氛围中驾车离开了。这个带有惊悚暗示的结尾似乎让希区柯克感到满意。

在另一种意义上，这部电影还有一个皆大欢喜的结局，而这令人感到惊讶。影片在 1941 年 11 月上映，迅速取得成功。一个评论家认为它比《蝴蝶梦》"好得多"。观众看来也是同意这个观点的，《深闺疑云》成为 RKO 当年最受欢迎、最赚钱的作品。RKO 总裁乔治·谢弗（George Schaefer）发电报给希区柯克，说："再一次恭喜你电影叫好又叫座大家都很开心相信你一定也是。"1942 年，琼·芳登获得奥斯卡金像奖最佳女主角奖，至此，公众对本片的认可成为定论。

这部电影其实展现了一些导演自己的个性主题。状似平静的表面下暗潮汹涌，熟悉甚至家常的环境中隐藏着黑暗。浓重的横直阴影掠过无辜参与者，就像该隐的记号。阴影无处不在，助长着无休止的悬念和无来由的怀疑，紧张感几乎是可触及的。

这是一部探讨图像的可识别性和可读性的电影。其中一个场景中，你可以看到一个侦探短暂地看了会儿一幅抽象画作，但是他这一瞥却什么信息都没有透露。他究竟看到了什么？看懂了什么？镜头会用同样的方式在加里·格兰特的脸上暂停一会儿。他是一个倒霉的花花公子还是个精神病？我们无从得知。一切都捉摸不透、模棱两可。或许正因如此，影片最终开放式的结局完美契合了它整体上的基调和形式。与此同时，这部电影又有一种魔力，能够吊起观众的胃口，让他们不断期盼接下来发生的事情。

甚至当希区柯克还在拍摄《深闺疑云》的时候，他就已经开始筹拍他的下一部电影了。《海角擒凶》主要是由他自己筹划的。在阿尔玛和琼·哈里森的帮助下，希区柯克构建了这部电影的主剧情。一个军需品工人被冤枉为破坏分子，在一位年轻女郎的帮助下，他必须找出真凶。这听上去好像是把《39级台阶》移植到了美国本土，事实上也的确是这样的。从某种意义上来说，他是很喜欢重温往事。他也模模糊糊考虑过要重拍《房客》和《擒凶记》，后来他搁置了这些想法。

他把这部电影的提案交给了塞尔兹尼克，塞尔兹尼克感兴趣，但并不信服这个故事。他回复希区柯克道："想想看什么是可以替代那个被炸掉的大坝的，大坝对于灾难片来说不算是新奇的东西了。"他还小心翼翼地给希区柯克派去了一个自己的亲信，约翰·豪斯曼（John Houseman），去监督将提案转化为可行性方案的整个过程。项目尚处在早期阶段，塞尔兹尼克却盘算着把影片和希区柯克打包出售给别的制片厂，为的是减少投资的风险。他希望同样作为英国人的豪斯曼能够跟希区柯克更好地合作。豪斯曼前几年曾跟奥逊·威尔斯合作，可能因此获得了擅长与难相处的角色打交道的名声。

豪斯曼一下子就被他的同胞征服了。"我从前只听说他是一个喜欢讲粗俗笑话的胖子，一个美食家，一个爱炫耀的红酒鉴赏家，但是我没想到的是他竟然是一个极度敏感的人。他身上带着严苛的天主教教育的印记，以及这个他一直在反抗的社会留给他的伤痕，这让他变得多疑、脆弱，时而温顺，时而又试图去挑衅。"这可能说得有些过头了，我们也弄不清楚这话究竟是豪斯曼说的，还是希区柯克自己说的。

他接着说："他的热情都在工作上，通过一种智慧和近似科学的精准度来达成他的目标，这让我有点不太习惯。"他与希区柯克的合作方式是长谈，讨论"故事、情景、人物、真相的揭露和反转，他在夜晚想出这些东西，白天在我们身上进行检验"。希区柯克的头脑里有画面和场景，彼此之间还没有联系在一起，但是，正像豪斯曼说的那样，"留下来的想法最后会以精确计算和精心策划的节奏组合在一起，连成一个故事。"这就是《海角擒凶》的起源，一些引人注目的场景和冲突被最细的线索串联在一起。

在策划和撰写电影剧本的时候，他的一个主要团队成员离开了。琼·哈里森决定在好莱坞独自闯一闯，以便进一步发展她的职业生涯。希区柯克让塞尔兹尼克给她加薪，但是塞尔兹尼克拒绝了，希区柯克怒气冲冲地离开了办公室。他与哈里森一直设法保持着友好的关系，并在后来重新开始合作。

当时接替她的是年轻的彼得·菲特尔（Peter Viertel），他此前从未写过剧本。希区柯克跟他承诺二十分钟内就教会他，但是当菲特尔就剧本里一个有问题的情节向希区柯克提问时，希区柯克的回答是："他们反正不会问的。"——"他们"指的就是他对菲特尔形容的"大众"或者"百万蠢众"。他需要卖票给他们，以此来维持生计，但是他没必要赞赏他们。这就是他的立场自相矛盾的地方。他需要考虑观众的意见和审美，一定程度上还要迁就他们，但是另一方面他又觉得自己是一个艺术家，而不仅仅是一个娱乐人士。这些都会鼓励他做出一些扭曲的事。然而，他又会贬低自己的成就，这可能是一种自我憎恨的表现。

1941 年 12 月 7 日早晨，日本偷袭珍珠港，进一步推动了《海角擒凶》的拍摄。在更大规模的战争中，美国再也不能保持中立的地位了。这也让彼得·菲特尔 [以及他的共同编剧多罗西·帕克（Dorothy Parker）] 在剧本中将矛头指向美国那些富有的上流人士和工业大亨，批判他们对于法西斯的同情。

塞尔兹尼克把电影和导演卖给了一个独立制片人弗兰克·劳埃德（Frank Lloyd），后者为环球影业监制了这部电影。当时环球公司并不像现在这样强大，希区柯克得到的预算也不高。不过，他很高兴制片人只对他进行最小限度的干预，这弥补了一切。他意志坚定地开始了工作。电影的美术指导罗伯特·博伊尔说："我们在做一切时都得找捷径。"仓库变成了飞机制造厂，绘景和模型构成了背景。当任何人对他提出疑问时，希区柯克会说："我知道这能做成。"利用这些有时候的权宜之计，希区柯克重现了当代美国的气质和氛围——法西斯间谍的辽阔牧场、荒无人烟的小镇、曼哈顿的豪宅、博尔德水坝、布鲁克林海军造船厂（Brooklyn Navy Yard）、无线电城音乐厅（Radio City Music Hall），以及最令人惊讶的，自由女神像的上半部分，真正的破坏者就是从那里掉下来摔死的。有一些是实景，有一些则是绘景，还有一些是搭景。当一艘法国邮轮在布鲁克林海军造船厂失火的时候，希区柯克派了一个摄制组去拍摄镜头，并将其用在了电影里。

希区柯克拍摄电影的进度很快，似乎是外面世界的事件催着他跑一样。影片在 1941 年的 10 月开拍，1942 年的 1 月就完成了，拍摄速度可见一斑。这部电影有一些令人印象深刻的片段，比如自由女神像上的坠落，但是整部影片的结构实际上并不稳固。电影节奏确实很快，甚至带点怒气。它拥有原生戏剧的感染力，展现出一种出奇的张力和兴奋。希区柯克依赖于剧情中突如其来的惊奇、不太可能的关联，以及讽刺性的转折。就像一个评论家说的那样："这是最希区柯克的希区柯克电影，但这并不意味着是他的最佳水平。"希区柯克自己好像后来也很同意这句话，说剧本和演员离完美还差得远。更重要的是，这个电影里是坏人而不是好人陷于坠落濒死的危难。这是美学上的失误。不过，虽然影片没有获得评论界的一致认可，但却赢得了观众的喜欢。希区柯克最终成功地创作出了一部完全以美国为背景的惊悚片，观众反响热烈。也是在这部电影中，希区柯克的名字第一次出现在了所有演职人员的前面，同时海报上也写着"阿尔弗雷德·希区柯克的《海角擒凶》"，此后他再也没有失去过这个位置。

他现在终于决定在异国他乡落脚了。卡罗尔·隆巴德在一次飞机失事中丧生，同月，电影拍摄完毕，希区柯克夫妇被要求搬离从隆巴德那里租的房子。两个人（主要是阿尔玛）开始寻找他们在好莱坞真正的家。他们在贝莱尔的同一个社区找到了房子，百乐吉路（Bellagio Road）10957 号，他们就在那里度过了余生。这里离圣克劳德路也只有几千米远，不过是新建的，有着所谓的"殖民风格"。希区柯克可能是第一个业主。房子空间很大，有七个卧室和五个卫生间，整个隐藏在树木之下，非常舒服。他对于家的品味十分简单朴素，尽管花费却越来越贵。他们家对面就是贝莱尔乡村俱乐部高尔夫球场的第 15 球洞，阿尔玛会在他们的草坪上捡到高尔夫球。还有两条小猎犬会帮助他们捡球。他们总算有家了。

实际上，早在 1940 年夏天，当他们在加利福尼亚的红杉林中购置了一处周末度假地时，他们基本上已经扎下了根。这个叫"山之心"的地方位于圣克鲁斯山斯科茨山谷（Scotts Valley）的高处，占地 85 英亩①，有着漫山遍野的甜橙树和葡萄柚树。房子是一座以 20 世纪 30 年代"加州 – 西班牙"风格建造的大宅，红瓦白墙，拱门木梁。它的优势是可以看到蒙特雷湾的全景，希区柯克夫妇用玻璃建造了一个带有加热地板的室外餐厅。前门是用红酒木桶做的。阿尔玛在花园里种满了她最喜欢的白玫瑰，在一面刷成白色的石墙上，挂着乔治·布拉克（Georges Braque）的一幅马赛克作品《鸟》（*Les oiseaux*）。橱柜上摆放着希区柯克的留声机和古典音乐唱片。

---

① 约 0.34 平方千米。

这处地方很快也有了自己的名字——"牧场"，穿行在花草丛中，很容易让人联想到谢姆雷格林和英格兰。罗伯特·博伊尔说："我认为北加州总是让希区想起英国。比如天气，总是难以预测。一会儿雾雨蒙蒙一会儿又阳光灿烂。这种喜怒无常、神鬼莫测的天气可能正是吸引他的地方吧。这里有一种诡谲的气质。"不过，此处倒是有一个不怎么神秘的大葡萄园，希区柯克的园丁们用自产的葡萄来酿酒。希区柯克用这些酒款待过各种贵客，其中就有英格丽·褒曼（Ingrid Bergman）和詹姆斯·斯图尔特，更别提兰尼埃亲王（Prince Rainier）和格蕾丝王妃夫妇① 了。为了这些场合，希区柯克会专门让他喜欢的伦敦供货商空运来一些多佛比目鱼、牛排和腰子派。他合作过的一个演员休姆·克罗宁（Hume Cronyn）曾说，希区柯克看着"他的宾客们被这些陈年佳酿和烈酒搞得东倒西歪，心里会有种不怀好意的巨大快感"。

---

① 兰尼埃亲王指摩纳哥亲王兰尼埃三世，格蕾丝王妃即格蕾丝·凯利（Grace Kelly）。

he child
who never cried
ll do it
ound, please
was grey
t home
ake it
h dear
am typed
ood evening
irds and beasts
ack to basics

VI

去假装吧

他那时已经在考虑他的下一部电影了。希区柯克很享受环球影业给予他的自由，因此非常高兴能与其继续合作。更令他满意的是，大卫·塞尔兹尼克因为《海角擒凶》的大获成功全面提高了资金方面的投入。光是希区柯克本人的收入就达到了 5 万美元，这也稍微平息了他对制片人剥削的不满。下一部电影的灵感出现于 1942 年 5 月初的一顿午餐，戈登·麦克唐奈（Gordon McDonell）——当时一位剧本编审人员的丈夫——列出了一个真实事件的故事梗概。这就是《辣手摧花》（Shadow of a Doubt，1943）的故事雏形。麦克唐奈给希区柯克送去了这个他设想出的故事，希区柯克接受了他的创意，随后他整理出一个剧本大纲，并把它带到了制片厂。这是个诱人的故事。邪恶降临小城，一个反社会人格的凶手假借探亲之名躲开了警察的注意，来到了这个闭塞的小镇，亲人们热情地欢迎他，但是他的外甥女很快怀疑起这个"查理舅舅"来探亲的动机，甚至发现他的神志有问题。

电影一开始打算就叫《查理舅舅》。希区柯克想要桑顿·怀尔德（Thornton Wilder）来写这个剧本，因为怀尔德已经写了戏剧作品《我们的小镇》（ *Our Town* ），讲的是在新罕布什尔州虚构背景"格罗弗角"所发生的普通人的故事。怀尔德接受了这项任务，这可能让希区柯克吃了一惊。这位导演早已习惯了杰出作家拒绝他时毫不掩饰的轻蔑。

这两个人一心想让电影忠实地呈现美国的本土风貌，于是选定了加州的小城圣罗莎进行考察。他们找到了合适的公共广场，找到了合适的图书馆，找到了合适的街道，找到了合适的房子（同时也在摄影棚里重建了一部分）。他们跟当地的居民聊天，找寻他们说话时某些特定的特征和习语。当他们回到好莱坞时，受这次调研成果的鼓舞，他们立即开始了工作。他们在早上讨论第二天要做的工作。怀尔德在给朋友的信中写道："我们在漫长的故事讨论会上想各种剧情转折，在一种使人背脊发寒的沉默中凝视对方，好像在说：'你觉得观众能忍受这个吗？'"之后怀尔德会花一下午时间在笔记本上写下这些场景，这正是受到了他称之为"老怀尔德对家庭生活之辛酸感受"的驱动。他们俩对于这个故事的概念是如此清晰，以至于他们根本不用按故事发展的顺序来着手工作。这个电影本身就有着不需要过多雕琢的有机构造。

没什么能比查理舅舅这个角色更让希区柯克感同身受的了。他表面上是幽默、可爱的同伴，但内心却对传统社会有着狂热的不满。构建一个正统小城家庭，然后让这位纯美国"诺斯费拉图"（Nosferatu）[①]潜

————————

① 出自茂瑙电影《诺斯费拉图》（ *Nosferatu, a Symphony of Horror* ，1922）的吸血鬼。

入其中，这使希区柯克得到了巨大的快感。他全神贯注于把恐惧和颤抖从波澜不惊的生活背后带到幕前。饰演查理舅舅的约瑟夫·科顿（Joseph Cotten）公开承认自己对于这个角色感到焦虑。"做你自己就好。"希区柯克这样告诉他。这解释了这部电影为什么能取得现实主义的成功。在一个看似真实的环境中，每个人都只是"他们自己"——头脑迟钝但善良的母亲，迟缓而沉着的父亲，目光敏锐的外甥女。继《海角擒凶》之后，这是希区柯克第二次尝试再现美国。

电影的片名后来被提议改为《辣手摧花》[①]，大约是为了吻合影片的黑暗基调，不过希区柯克仍然非常忠于桑顿·怀尔德的原作。那位发现舅舅真实面目的外甥女是由特雷莎·赖特（Teresa Wright）饰演的，据她回忆说，希区柯克"在我们开拍之前就已经在脑海里有了全片——就好像他的头脑里有一个小放映室"。他会坐在他的桌子旁，双臂交叉，大拇指微微露出，跟他的首席摄影师以及其他同事一场戏一场戏地展开讨论。在包括约瑟夫·科顿和休姆·克罗宁在内的演员阵容完全确定以后，这部电影于 1942 年 8 月开机了。

《辣手摧花》本来应该是实景拍摄的，但是希区柯克又总是喜欢布景的把戏。他的美术指导解释道："我们会拍一些实景的镜头，不过数量控制在最低限度，他一向喜欢在摄影棚那种受控区域内工作……他会为了自己对于电影的把控而放弃很多东西。"但偶尔他也会即兴一下。有一张照片是在《辣手摧花》的实景拍摄现场拍下

———————
① 英文片名 "Shadow of a Doubt" 可直译为 "怀疑的阴影"。

的，照片中希区柯克正在透过摄影机的镜头往外看。希区柯克说他从不会沉迷于此事，不过照相机应该不会撒谎？尽管如此，他的招牌姿势仍是坐在摄影机右下方的椅子上。

　　节奏就是一切。特雷莎·赖特说："如果一个演员在电影中漫不经心地用手指敲桌子，那么这肯定不仅仅是为了表现一种懒散。敲击会形成自己的节奏、一种音乐节拍——就像是一个副歌。无论是走路发出的声音、纸张的沙沙作响，还是撕开信封或者吹口哨的声音，无论是鸟儿拍打翅膀的声音还是由外面传进来的声音，这些都是他精心安排过的。他对音效的态度就像作曲家谱曲时一样严格。"有一些效果却不是故意的，比如查理舅舅到达圣罗莎的车站时，太阳正好慢慢地躲到了云彩后面。

　　配乐由于他坚持使用双重结构而大大加强了——外甥女查莉和查理舅舅，两个侦探，两个孩子，两场餐桌戏，在"两点"（Till Two）酒吧里的两杯双份白兰地，一对情侣小雕像伴着《风流寡妇》（"The Merry Widow"）跳华尔兹，等等。这些都被认为是精心设计的，是为了强调主角的双重性，甚至是为了让充满整部影片的那种喜剧和悬疑之间的模棱两可变得更为突出。但这些也可能只是出自本能，是影片音乐样式所带来的。有很多关于导演使用象征主义的证据，对此，希区柯克至少私下里嘲笑过。这些东西可能起初不过是偶然或者巧合，往往是被过度解读出来的。他对自己电影的解读总是稀松平常，仿佛不愿意过多审视自己的拍摄意图。他很高兴那些更有学问的评论家和学者们能提供他们自己的分析，因为他很清楚这些评价将会使他在知识分子和大学老师中的声望更高，但他对这些观点是持怀疑态度的。

《辣手摧花》是伴随着他的第 43 个生日开机的。生日会上，带着一贯的令人毛骨悚然的幽默感，他把一把切蛋糕的长刀架在了自己的喉咙上。他笑得咧开了嘴，当然，大家也都跟着大笑了起来。但是，不久就有坏消息传来。他的母亲患上急性肾炎和肠道感染已有多时，那年秋天，她在谢姆雷格林的房子里去世了。五个月之后，他的哥哥威廉也死了，死因似乎是服用了一定剂量的三聚乙醛[①]。他可能是因为他母亲的死而自杀的，但这很难说。他是个酒鬼，药物和酒精的致命混合也有可能要了他的命。长年累月的战争带来的压力当然也构成一部分的原因。

希区柯克对于两个亲人的逝去是什么反应我们无从得知，但是他确实在那之后的几个月掉了很多体重。死亡在向他召唤。1943 年底，他已经瘦了 90 斤，瘦到让大卫·塞尔兹尼克感到担心。他写道："我真的很担心希区柯克这么一直瘦下去，我希望他能去看看医生，否则我们某天早上可能会收到他因为心脏病发作而休克的消息。"在一次因为申请保险而参加的体检中，希区柯克发现他的心脏过于肥大，同时他还患有疝气。他不愿意做腹腔手术，因此不得不戴上疝带。保险公司拒绝了他的保险申请。

母亲的病逝有可能在另一种意义上影响了他。自从他开始筹拍《辣手摧花》，母亲的健康就每况愈下。碰巧这个电影里的母亲也叫埃玛，由帕特里夏·科林奇（Patricia Collinge）饰演，是一位可

---

① 一种安眠药，与乙醇（酒精）合用易导致代谢性酸中毒，故接受本品治疗的患者应避免饮酒。

爱、善良的母亲。她似乎跟埃玛·希区柯克有点像，比如总是对着电话大喊大叫，好像要用她的声音来弥补距离。希区柯克回忆道："当时战事纷繁，她的健康状况又不好，我总是在想着她。我想，如果我们想在电影里创造一位母亲的角色，我们自然而然就会想到自己的母亲。你可以说，《辣手摧花》里的母亲，是我从自己的记忆里虚构的。"这可能就是他分享的最私人的事情了，他不想与任何人过多亲近。

　　他对于这部电影本身也一样保持沉默。把这个故事带给他的戈登·麦克唐奈是最先向影片表示欣赏的人之一。他写信给希区柯克说道："你是真的把你整个自己放到这部电影里去了。"希区柯克有可能会拒绝这样的褒奖。在一些场合中，他说这是他的"最爱"；在另一些场合中，他说这是"我最喜欢的电影之一"；还有一些场合中，他说这是"最令人满意的一部电影"。对大多数影评人来说，这仍然是他拍过的最好的电影之一。这是后人对他的评价。不过在当时，它只被视为一部引人入胜的犯罪惊悚片，仅此而已。有一个说法是这个世界上只有两种故事，一种是关于一段旅程，另一种就是讲述一个陌生人来到一个小城。希区柯克把第二种故事的怀疑和焦躁，甚至恐惧，展现得很好。我们已经知道他爱把茶杯摔过肩的小癖好了：一切都是脆弱的，一切都可能碎掉。

　　这部电影在 1943 年初公映。两个月前，希区柯克被塞尔兹尼克卖给了出价最高的买家。这样说可能有点过分，但起码这是希区柯克自己的理解。约瑟夫·科顿想起希区柯克对于演员的一番评论，反过来评论道："我看这些导演也像牲口一样被到处贩卖。"1942 年的 11 月，他来到了制片人达里尔·F. 扎纳克（Darryl F. Zanuck）的地盘，搬进二十世纪福斯（Twentieth Century Fox）的办公室。

希区柯克已经为他的新主顾想好了一个策划。他构思了一部"救生艇电影"，这部电影可能会揭示战争环境的复杂性。他还对在狭小空间里进行摄影的技术挑战充满兴趣。当他们的船被鱼雷击沉之后，一群各持己见的幸存者滞留在险恶的大海中央，这个创意让他着迷。这好像是生命的比喻，也是战争的比喻。

他一加入二十世纪福斯就开始准备这部电影了。扎纳克当时正在陆军通信兵部队担任上校，所以他就被安排到了制片人肯尼思·麦高恩（Kenneth Macgowan）的麾下。他和麦高恩，还有阿尔玛，一起开始准备这部电影的初步提案。不过他们还需要一位知名编剧或一位著名作家（如果可能的话），来为这部电影增加筹码。

希区柯克首先想到让欧内斯特·海明威（Ernest Hemingway）来写剧本，但是这位小说家拒绝了。麦高恩和希区柯克随后就转向了约翰·斯坦贝克（John Steinbeck），他的小说《愤怒的葡萄》（The Grapes of Wrath）三年前刚被二十世纪福斯改编成电影。斯坦贝克此时正处于几个项目的间歇期，而且在好莱坞租了一套房子。这应该是个完美的机会。斯坦贝克似乎也这么认为，甚至在他的合同签署之前，他就完成了一份一百页的文稿，他称之为"中篇小说"（novelette）。那更像是一份煎蛋（omelette）。

斯坦贝克随后便飞往纽约，准备作为《纽约先驱论坛报》

（*New York Herald Tribune*）的战地记者前往欧洲剧院。希区柯克
夫妇也随他来到纽约，参加一个他们认为很重要的剧本讨论会。斯
坦贝克有一种错觉，以为他的工作快要结束了，但是希区柯克自然
想要再对剧本做一些改变或修改。小说家写的故事是从一个幸存者
的角度出发的，但这被认为不适合进行电影化。斯坦贝克后来说希
区柯克"是一个难以置信的英国中产阶级势利眼，非常鄙视劳动人
民"。这样的评论揭示了斯坦贝克根本没理解或者没有费心去理解
这位导演的动机。他可能因为希区柯克的举止或者口音（或两者皆
有）误会他了。他们的合作并不成功。

　　剧本过了好几个编剧的手，最后一个是乔·斯沃林（Jo
Swerling）。他并不是很喜欢斯坦贝克最初的版本。他说："拿到斯
坦贝克的故事读了一遍之后，我就再也没读过它了，为这部电影工
作的人也都没有去读它。"不论如何，斯坦贝克的名字还是留在了
编剧那一栏里，可能是合同上规定的，也可能是为了让观众相信电
影本质上是严肃的。剧本的主导者还是希区柯克自己，他与斯沃林
合作设计了很多场景和事件。1943 年的夏天，扎纳克出人意料地从
军队里回来了，他对于撰写这个剧本所花的时间大为光火。当希区
柯克已经在拍摄第一场戏时，扎纳克用秒表对剧本进行了计时，惊
讶地发现成片可能会超过两个小时。他向导演发了一份备忘录，要
求他"在整体上去掉一些内容"。

　　希区柯克总是对他的时间控制能力很有把握。电影的画面早已
在他的脑海里了。他回复扎纳克道："我不知道您雇了谁来为剧本
做计时，但是不管是谁做的，他一定严重误导了您。我甚至要说这

有点'可耻'。"他信尾的署名也非常讽刺："您顺从的奴仆，阿尔弗雷德·希区柯克。"他没有错，在进行了另一次更为准确的计时之后，事情就不了了之了。

　　制作这部电影的过程并不比准备这部电影来得简单。技术上的难关也许会让他的征服欲变强，但是对于演员来说可不是这样的。好比说，他们要爬下一个梯子，落到一个巨大水池里的小船上。有时候他们会落水，然后不得不被捞起来；有时候他们会被剧组成员浇湿；有时候他们会被猛烈摇晃，让他们觉得晕船，或者说"晕池"。绝大多数的演员最后都感冒或者发烧了。扮演社会名流记者的塔卢拉·班克黑德（Tallulah Bankhead）记得自己"被倾盆暴雨和船只颠簸弄得遍体鳞伤。由于高温、灯光、假雾的影响，还有全身浸没水中以及随后的快速干燥，我在11月初得上了肺炎"。

　　有趣的是，她在这里用了"得上"而不是"犯了"。^①她总是看到事物光明的一面。她从不穿内衣的习惯甚至在片场造成了小小的丑闻。当她爬上梯子进救生艇时，船员们抽签决定谁能抬头看她。希区柯克在知道这个情况之后，说这是理发师要考虑的问题，不是留给导演的问题。但是他还是和这位女演员保持着最好的关系。她是个酒鬼，舌头刁钻，喜欢恶作剧，脑子里多是不干不净的东西。希区柯克似乎经常迷恋金发美女，但他喜欢的女人都是些好斗、机智，甚至满嘴脏话的角色，比如卡罗尔·隆巴德和塔卢拉·班克黑德。

---

① 在英语习惯中，表达患病一般用"come down with"（向下），引语中班克黑德使用了"come up with"（向上），有"赶上""获得""提出（某个想法）"之意。

《怒海孤舟》（*Lifeboat*，1944）的反响一般。电影摄制加后期一共花了一年的时间，实际上应该半年就够了。发行公司的发行工作也进展得马马虎虎。这部电影被看作是正在进行的战争的一个寓言，但战争只是背景，它本质上表现的是戏剧性冒险和个人危机。一群截然不同、组织混乱的美国人，他们救了一个德国军官，结果却受到这个德国军官的蒙骗。这个军官实际上正是击沉他们轮船的潜艇的指挥官。他不动声色地驾驶着救生艇，带他们向敌方驶去。有一些桥段还是相当震撼的，比如截肢，比如一位妇人带着自己死去的婴孩自杀。但是当时的评论家认为，这部电影在隐隐约约颂扬纳粹毫不畏惧的品质，还对美国人的软弱和分裂进行了谴责。希区柯克很快对此做出了回应，说影片是在号召全美国人民团结起来，不过没人买账。他回忆说，一个评论家称这部电影"十天就得从电影院滚蛋"。

当这些负面评价出现的时候，希区柯克自己也正打算"滚蛋"。他其实早已准备回英国，此番回去，他是要去跟自己当年在伦敦电影社的老朋友悉尼·伯恩斯坦商量关于为英国情报处拍两部电影的事，伯恩斯坦正好在那里工作。这两部电影是战时宣传短片，可以用来弥补希区柯克之前没有对抗战做出明确或突出贡献的遗憾和愧疚。他后来跟记者说："我知道如果自己什么都不做，我会在以后的日子里后悔不已。"他还想要跟伯恩斯坦商量商量战后合作的事情，他觉得战后新形式的英美合拍片公司可能会取得丰厚的回报。

1943 年 12 月初，他在战时条件下飞越了大西洋。这是一次不舒服的经历。他回忆道："我们乘坐的是一架轰炸机，大家都坐在地上，当飞到大西洋一半的时候，飞机被迫返回。两天后我们乘坐了另一架轰炸机。"对于神经紧张的希区柯克来说，这无异于酷刑。

抵达伦敦后，他住进了克拉里奇（Claridge's）酒店。但是如此奢华的酒店也没办法掩盖这个城市在战争中的匮乏和恐怖。他设法见到了朋友，以及他的姐姐，她还住在谢姆雷格林。但是他的主要记忆是炸弹、探照灯和防空炮火。"我基本上一个人在克拉里奇待着，屋外枪林弹雨，我一个人，不知道该怎么办。"

然而他手头上的确还有工作要做。他与悉尼·伯恩斯坦达成协议，将制作两部短片，在法国刚刚从德国占领下解放出来的地区放映。1944 年的前两个月，他便把心思花在了制作《一路顺风》（Bon Voyage，1944）和《马达加斯加历险记》（Aventure Malgache，1944）上面，演员都是法国人。电影在当时没有掀起任何波澜，关于这两部电影是否真的被发行了也有不同的说法。但是《一路顺风》让他获得了拍另一部片子的机会。它讲的是一个德国特工利用一名英国逃犯潜入一个法国抵抗组织的故事。这与《怒海孤舟》和《海角擒凶》相比更加贴近真实的战争。这个片子有成为一部黑色电影（film noir）大制作的潜力，他甚至想要将它发展成一部长片。

他和伯恩斯坦还就继续合作的问题进行了讨论，大卫·塞尔兹尼克也知道了此事。"我希望，"塞尔兹尼克给他在英国的经纪人去信道，"希区柯克先生去英国的原因之一并不是就他的未来与别人进行私下的协商。"他并不想失去自己这笔最宝贵的投资。实际上，甚至在动身前往伦敦之前，希区柯克就买好了一个他认为不错的故事版权。《爱德华大夫的家》(*The House of Dr. Edwardes*)这本小说讲述了一个在瑞士的疯人院的怪异事件，因此非常符合希区柯克的口味。他认为他已经在英国找到了改编这个故事的最佳人选。安格斯·麦克费尔(Angus MacPhail)和希区柯克是在伦敦电影社的时候认识的。在希区柯克拍摄《擒凶记》和《39级台阶》的时候，麦克费尔就已经是莱姆园迈克尔·鲍尔肯故事部门的负责人了。他们之间有着长久的联系，而且在幽默感和对恶作剧的喜好方面也完全一致。对两部法国战时宣传片的撰写，麦克费尔也出了力。

但是，麦克费尔已经不想坚持写下去，也没法连续写下去了。他的同事悉尼·吉列特说："他疯狂地重写自己已经写完的东西，全天候不停地重写，甚至有时毫无理由。"他似乎也是个酒鬼。不管怎样他还是写了一个十七页的东西，然后一遍遍反复修改。如果说这有什么帮助的话，可能就是为下面这部电影做了点铺垫吧。

正在接受心理治疗的塞尔兹尼克对这个提案很感兴趣。"我想要强调，"在他写给剧本编辑的信中，他说道，"我迫切希望跟希区一起创作这个心理或精神方面的电影。"希区柯克也做好了准备。3月初他从伦敦返回好莱坞，然后开始第二次直接与塞尔兹尼克合作。他们上一次合作的《蝴蝶梦》对两人来说都是复杂的回忆。

前方可能还会有更多的麻烦。不像希区柯克，塞尔兹尼克对精神病学问题有着强烈的兴趣和热情。在一场严重的抑郁症期间，他开始了精神分析治疗。精神分析在那个时候的美国蔚然成风，那些能付得起治疗费的有钱人把这项活动看成天主教忏悔和告解的俗世等价物。弗洛伊德主义可说是一种新的正统宗教信仰了。这可能也是希区柯克想要赶个时髦，买下了《爱德华大夫的家》的原因吧。这个诱惑很奏效。

麦克费尔指望不上了，希区柯克要求跟令人敬畏的本·赫克特（Ben Hecht）合作。在成为小说家和戏剧家之前，赫克特曾是《芝加哥日报》（Chicago Daily News）的罪案记者和战地记者。但是他真正擅长的是写剧本，后来还被称为"好莱坞的莎士比亚"。他的工作特点是速度快，有一种街头式的简朴。希区柯克后来说，赫克特告诉他："好吧，小希区，你写你想写的对话，我来改。"赫克特对希区柯克百般称赞："绅士般的希区柯克想出了很多情节转折，灵感喷涌如烟花一般。"他们走访了不少精神病院和心理医生的办公室，感受这类空间的氛围；他们采访了医生和护士，寻找相关的信息。他们俩是最佳拍档，最后，他们每天都会写二十页剧本。赫克特评论说："希区柯克在噩梦中活得熠熠生辉。"塞尔兹尼克让自己的分析师梅·罗姆（May Romm）审阅剧本，她带着决心开始工作，设法改正了这两个男人自然而然犯下的很多错误，给很多精神疾病校对了名字和出处。

一家精神病院的院长将他认定的接班人谋害身亡，后来又被为他工作的一位精神病医生揭穿，这个剧情本身其实并不重要。唯一重要的是这部戏的男女主角是格利高里·派克（Gregory Peck）和英格丽·褒曼。派克算是新演员，对于自己饰演一个失忆症患者也不是那么手到擒来。他犯了一个错误，那就是问希区柯克自己的角

色是怎么想的。他的动机是什么？导演对于这个问题的答案一般是
"你的酬劳"。这一回，他稍微帮了派克一点忙，说："亲爱的，我
完全不在乎你在想什么，你做到面无表情就好。"派克自己所说的
"寻找角色的灵魂"和"缺少相关的技巧"的问题，并没有受到任
何启发和帮助，因为希区柯克对他的表演没有反应，对此派克的解
读为，希区柯克对他没什么兴趣。他的一些犹疑和紧张被胶片永久
地记录了下来。

　　英格丽·褒曼就是另外一副样子了。五年前，她在大卫·塞
尔兹尼克的引荐和保护下从瑞典来到美国。塞尔兹尼克称她是"我
共事过的人当中最认真负责的女演员"。她彼时已经演完了《卡萨
布兰卡》（*Casablanca*，1942）、《战地钟声》（*For Whom the Bell
Tolls*，1943）和《煤气灯下》（*Gaslight*，1944），所以她已经不是
新人了。希区柯克似乎被她迷住了，他们之间产生了深厚的友谊，
只不过并没有触及性。他们只是好朋友而已。后来，希区柯克常说
褒曼一直爱着他，还曾与他调情，但这听起来就像是一个老人的幻
想。在他们的初次合作中，希区柯克对于褒曼格外有耐心，剧组其
他成员好像也发现希区柯克在接近褒曼的时候有一种出奇的害羞和
紧张。派克回忆道："每当他俩在一起的时候，我都有种感觉，好
像有什么东西在折磨着他，很难明白他痛苦的确切原因，当然我们
有我们的猜想。"

　　希区柯克自己则形容她"忧心忡忡、痛苦、神经质、浪漫、
理想主义、敏感、易激动"。很难想到还有哪个演员会让他如此感
同身受的了。也许正是褒曼让他更加用心地思考如何在银幕上塑

造一个女性。以前也有过令人惊艳的女性角色，琼·芳登在《蝴蝶梦》中的表现就很出色。但是没有一次表演能像他在与褒曼合作的三部曲 [1] 中从褒曼身上激发出的那样诱人和强烈。他好像经历了情感巨变一般。

片场里，希区柯克对褒曼也是百依百顺。褒曼回忆道，"他总是耐心地坐在那里"，当她对某一场戏、一句台词或一个手势产生疑问的时候，"他就会非常亲切地说，'去假装吧！'"。她承认这是她听到过最有用的电影方面的建议。后来，当她和罗伯托·罗西里尼（Roberto Rossellini）私奔之后，希区柯克似乎感到被背叛了，他对她的情感于是冷静了不少。他曾经对同事们说："啊，英格丽，真是美，也真是蠢。"

1944 年的夏天，希区柯克开始了他的拍摄。他每天坐着豪华轿车九点钟准时到达片场，然后不疾不徐地开始一天的拍摄。四十八天之后，电影如期完成。派克记得他鲜少给出指令。他冷静沉着。但是派克也同样感觉"希区柯克需要演员的一举一动如灯光、摄影或布景一般完全在他的掌控之下"。偶尔，他看上去像是在打瞌睡，眼睛闭着，派克坚信有那么几次他进入了"酣睡"，直到助手把他叫醒。他有可能的确是在睡觉，也有可能是为了接下来的工作"闭目养神"。他甚至可能是在脑子里播放整个场景，派克也承认，当他醒来时，他好像知道"现在到底在干什么"。

他还学会了怎么跟大卫·塞尔兹尼克打交道，塞尔兹尼克对

---

[1] 指《爱德华大夫》（*Spellbound*，1945）、《美人计》（*Notorious*，1946）和《风流夜合花》。

于这部电影的关心和参与度可一点也不比希区柯克少。当制片人在片场晃悠的时候，摄影机会突然因为一个技术故障而停止工作，直到制片人离场才能修好。他到最后肯定知道他们在赶他走，不过此时他对于希区柯克的工作方法已经变得非常尊重了，所以他不会生气。他跟自己的制片经理说："我很少看到哪个剧组的运作能像《爱德华大夫》剧组这样顺畅，也没有哪个公司能像它一样高效。"他可能也谋划过，到后期制作阶段再来用自己的方式完成这部电影。

但是这部电影也走了一些弯路。希区柯克让塞尔兹尼克雇用萨尔瓦多·达利（Salvador Dali）来创作一系列可怕的梦境场景。达利秋天到达好莱坞，创作了一些油画和素描，表达迷乱的梦的本质。但是他的梦境有点太可怕了，在塞尔兹尼克的要求之下，这些画面的大部分被剪掉了。达利当然被激怒了，但是希区柯克自己接受了这些删减。有的时候，当他拍完电影之后，他好像就不怎么在乎影片本身了。他更在乎的是它们的商业成功。

塞尔兹尼克确实掌控了后期制作事宜。他修改了开场，调整了几场戏，变换了一些台词，让电影在整体上变得更短、更快。他把这个过程称为"mogo on the gogo"，这令人困惑，因为这句话通常用来形容某种形式的相思病。格利高里·派克在这部最终定名为《爱德华大夫》的电影中也用到了这句话，塞尔兹尼克可能就是从电影里学到的。当这部电影公映的时候，大家都认为这会是另一部希区柯克悬疑片，只不过没有以往成功的影片那么紧张激烈。

　　但是这部电影却大获成功。塞尔兹尼克在一篇报道中说："当他（格利高里·派克）的名字刚出现在银幕上的时候，我们没办法阻止观众窃窃窣窣的交谈，不过在三四场戏之后，他们就安静下来了，女士们也不再发出'哦''啊'和咯咯的笑声。"《爱德华大夫》凭借出色的配乐拿到了一座奥斯卡奖杯，并提名了其他六个奖项。但是希区柯克说他对这样的虚名并不关心。可能当影片在伦敦蒂沃利（Tivoli）首映时海滩上人头攒动的状况会让他更快乐一些。

　　希区柯克后来评价说："这不过是又一部用伪精神分析包装的追捕故事。"一些评论家也是这么想的。英格丽·褒曼对于成片略感失望。但是，任何对于这部电影的阐释也都会像精神分析一样充满了模棱两可的东西。紧锁的门、垂直的线条、监视的眼睛（当然也包括观众的眼睛）以及复杂的视觉扭曲，这一切让电影里的这个世界成了一个监狱，令人无处可逃。又一次，眼睛，无处不在。

　　特效师克拉伦斯·斯里弗（Clarence Slifer）在谈到达利的片段时写道："希区柯克想要一些充血的眼球在镜头里穿梭。我平安夜的时候去贫民区（洛杉矶）拍摄那些睡眼惺忪的家伙。我们拍了好多种眼睛，从充血的到流泪的再到毫无生气的。"然而褒曼的出现保证了这部电影的温存气质和柔和氛围。希区柯克生平第一次在自己的电影中塑造了一位治愈剂一样的女性。她是尘埃中开出的花。《爱德华大夫》创造了一个亲密而又幽闭的世界，希区柯克便栖身于这一模棱两可的地带。

　　《爱德华大夫》拍摄完毕两天后，希区柯克就飞回了英国，与悉尼·伯恩斯坦重新商讨接下来的合作事宜。他们想要成立跨大西洋电影公司（Transatlantic Pictures），雇用两国最好的电影制作人才，包括编剧和演员。他们需要投资人，然而彼时的投资人对于新公司都非常保守。希区柯克在伦敦待了差不多十周，但却没能在融资上取得很大进展。他准备好要回到安全的好莱坞了，在那里还有另一部塞尔兹尼克的电影等着他拍。

　　当他在伦敦的时候，他就听塞尔兹尼克的经纪人说，塞尔兹尼克已经准备好要开拍希区柯克最喜欢的一个项目了。《爱德华大夫》的口碑票房双爆棚让塞尔兹尼克决定部分起用相同的班底：本·赫克特担任编剧，主演还是用英格丽·褒曼。塞尔兹尼克在一本二十多年前的杂志上发现了这个完美的故事，《龙谣》（"The Song of the Dragon"）。这个故事说的是一个女演员奉命去勾引一个疑似双面间谍的男人，然后发现了他的秘密。

　　他一回美国就跟赫克特在纽约见了面，共商新电影，这部新电影已经有了名字——《美人计》。1944 年 12 月，他们频繁见面，每天从早 9 点谈到晚 6 点。当他们不在一起的时候，赫克特就会在打字机前写剧本。一个《纽约时报》的记者这样描述："赫克特先生会来回踱步，或者瘫在一张椅子或沙发上，或者优雅地舒展四肢躺在地上。希区柯克先生，一位约 174 斤重的佛爷（也是从 268 斤减下来的），会端正地坐在一张直椅背的椅子上，手指在肚子上交叉，两个纽扣一般的眼睛闪闪发亮。"

　　剧本的第二稿和第三稿不久也出来了，塞尔兹尼克在上面草草写下评论。1945 年春天，希区柯克和赫克特回到洛杉矶，开始最后的一些合作。故事这时已经变了。德国的双面间谍有一个女儿（英格丽·褒曼饰），她被一个美国间谍（加里·格兰特饰）说服去引诱并嫁给另一个著名的德国人［克劳德·雷恩斯（Claude Rains）饰］，以便渗透到他的团体中。她的真实身份被自己的丈夫发现了，她成为秘密的受害者，被悄悄下了毒。在最后的关键时刻，美国人赶来救她。在故事的某个时刻，赫克特或希区柯克，或他们两人一起，决定让这个德国人与铀发生一些关联。这个想法可比真实的广岛原子弹早了好几个月。铀被藏在一个红酒瓶里。

写作和重写《美人计》剧本的几个月花了不少钱。希区柯克和赫克特的周薪非常高，所以塞尔兹尼克对于工期延误感到越来越头疼。希区柯克也在犹豫是否要向塞尔兹尼克作出任何新的承诺。他还在等着和伯恩斯坦那边就跨大西洋公司签合同。就像约翰·豪斯曼说的那样，希区柯克"终生痴迷于金钱"。

塞尔兹尼克决定将项目打包卖给雷电华来减少现在和将来的损失。希区柯克对这笔买卖很满意，这样就意味着他有更多的自由了。他四年前在这家制片厂制作《史密斯夫妇》和《深闺疑云》的时候有过一段很快乐的时光。雷电华提供工作的空间并负责影片的发行，其他的活儿一概甩给导演和制片人。但是这次，希区柯克设法把塞尔兹尼克排除在项目之外。合同里的一项条款规定，制片人不能"在电影制作和监督过程中有任何发言权"。希区柯克可以掌控一切了。

他还有一个并不是很有趣的项目等着他完成。他同意悉尼·伯恩斯坦的请求，担任一部关于纳粹集中营的纪录片的顾问。1945
年 6 月他飞回伦敦，仔细看了贝尔森（Belsen）集中营和达豪
（Dachau）集中营等地的一些影片素材。他被这些素材吓坏了，好
几天后才能正常工作。后来的采访中伯恩斯坦说："我希望能有人
帮我把这些素材整合起来……我同样希望有人，比如希区柯克，能
为我提供一些有想象力的建议。"希区柯克到底在里面起了多大作
用现在没人知道了，不过他好像坚持让影片囊括一些较长的运动镜
头，从而告诉观众场景不是伪造出来的。重要的是在真实情境中展
示尽可能多的人。

　　在伦敦待了一个月之后他回到了好莱坞，并立刻回到了《美
人计》的工作中。这部电影原定于 10 月开拍，克利福德·奥德茨
（Clifford Odets）对赫克特的最后一版剧本进行了修改。奥德茨是
一位很有名的剧作家，尤其擅长写对话。赫克特本人不同意这一
说法，他在一页纸的空白处写下了"这真是一堆垃圾"，但最终他
还是被说服在开拍前重写了一版。到开拍之后他还在持续地修改剧
本，有时候会在拍摄某场戏的前一天才给出这场戏的剧本。尽管希
区柯克喜欢对事情进行仔细地规划，但是他对此事却并不在意，因
为他相信赫克特。无论如何，这已经足以打破希区柯克的原则或
幻想了，即认为他电影的每一个制作要素都应该在第一台摄影机
开拍之前准备就绪。

　　这部电影在精心准备一年之后制作得非常顺利。电影里的三位
明星——褒曼、格兰特和雷恩斯——彼此交好，与导演的关系也
不错。帕特里夏·希区柯克回忆起她父亲在片场仍然保持着威严，

但同时也变得非常亲切。他会对演员说："我想可能应该这样……"或者，"你为什么不试试这样？"

希区柯克主要关心的是格兰特和褒曼之间的关系。格兰特所饰演的角色暗恋着褒曼饰演的女主人公，但他即将放弃她，令其委身于德国人，而这位女主人公也因为格兰特对她的处境漠不关心而感到难过。希区柯克的镜头稳稳地停留在他们的脸上，景别是特写和近景。他在日后说道：这部电影"从演员的一张脸开始，这张脸的特征会引导观众的眼睛，导演的功课就是要学会如何在长方形的银幕上将这些椭圆形组织起来，去达到他的目的"。这是希区柯克作为形式艺术和美学大师的解读，不过他的这番言论也是特意针对英格丽·褒曼说的，她的脸经常出现在特写镜头中，仿佛那是一种纯电影的形式，亲密，本能。

由于希区柯克全权掌控了《美人计》的拍摄和制作，所以这部电影和其前作《爱德华大夫》有明显不同。这是他第一次拿到了最终剪辑权，完全不用受制于制片人的想法。或许正因如此，这部电影有一种更加凶险的质感，悬念的加剧如同不断加快的脉搏一样。它也非常具有时代性，德国纳粹集中营的揭露、原子弹的爆炸，为这部电影赋予了一种惊人的、超越了任何一部惊悚片的现实意义。好奇心所引起的紧张感弥散在银幕上，就像放射性元素一样，持续传递着一种危险和不祥的信号，牢牢吸引着观众。这部电影在评论界大获好评。《纽约客》（New Yorker）评论说，这部电影是"一个令人愉快的例子，说明当阿尔弗雷德·希区柯克在全力以赴的时候，可以做到什么程度"。

但接下来的一部电影他却没法继续"全力以赴"了，塞尔兹尼克又回到了他的身边。《凄艳断肠花》（*The Paradine Case*，1947）是他们合作的最后一部电影。打从1933年这部电影的同名小说出版以来，塞尔兹尼克就爱上了这个故事。这个故事讲的是，一个漂亮的女人雇了一个成功的律师来为她辩护，帮助她摆脱谋杀盲夫的罪名；不可免俗的，这个律师（格利高里·派克饰）爱上了自己的客户，在帮她辩护的过程中，他渐渐疏远了自己的妻子，也失去了以前的声望。

希区柯克起初并不反对这个提案。他从小就对伦敦老贝利和法庭上发生的对抗交锋那么着迷，甚至怀有在这样的法庭当法官的抱负。他现在终于可以在好莱坞片场重现自己当年的兴趣和激情了。1946年5月，他回到伦敦，在这座城市为影片寻找合适的背景。他和美术指导弗雷德·埃亨（Fred Ahern）一起去了警察局、霍洛韦监狱（Holloway Prison）和老贝利法院。这些都是电影的主要场景，会在之后强化做出希区柯克所说的"狄更斯式背景"的感觉。

而别处的另一场戏也拉开了大幕。上个月，希区柯克和伯恩斯坦的跨大西洋电影公司正式宣布成立，并宣称第一部电影将由英格丽·褒曼主演。塞尔兹尼克对这个消息并不感到意外，自从这次合作开始萌芽，他就一直观察着事态的发展。他没什么可以抱怨的，《凄艳断肠花》拍摄完后，希区柯克就履行完了与他的合同。但是他还是觉得伤心又焦虑，而这只会增加他和这位导演在合作最后一部电影时的困难。

希区柯克说服了塞尔兹尼克起用来自苏格兰的詹姆斯·布赖

迪（James Bridie）来当编剧。但是与此同时，他又让布赖迪开始创作《风流夜合花》，这部电影将由跨大西洋公司制作，这就让塞尔兹尼克很生气了。秋天的时候布赖迪就完成了《凄艳断肠花》的剧本，塞尔兹尼克想要一个更短小精悍的版本。结果出来之后他仍不满意，于是这位制片人决定自己来写剧本。希区柯克此时对这个新项目充满了沮丧和不安。塞尔兹尼克选择了一个意大利演员阿莉达·瓦利（Alida Valli）来饰演神秘的帕拉丁夫人。她25岁，并且在意大利电影中已经相当出色。塞尔兹尼克希望她能成为第二个褒曼。格利高里·派克饰演害了单相思的律师，就像是《爱德华大夫》一样，他这次也很少从导演那里得到什么真正的指导或表扬。希区柯克已经跟瓦利说了"什么都别做"，这点对于派克也同样适用。

但是派克不是受这样不做表演的训练出身的，他受过正经的表演训练，因此他的不自在在大银幕上显而易见。格利高里·派克是位经验丰富的演员，舞台表演生涯早在1941年就开始了，而加里·格兰特则来自马戏团。这种不同让希区柯克更偏爱格兰特，因为他自己的风格中就有不只一点的马戏团气质。他对派克没有同样的好感，他永远都无法信任纯粹的演员。

在这段令人不安的时期希区柯克似乎病了，或者至少他认为自己病了。疑病症一直是他的众多神经症之一，他告诉身边最亲近的人说他觉得"有些不对劲，很不对劲"。这种情况下的身体疾病多半是心理上的后果。焦虑是真正的原因。他为自己正在拍的电影焦虑，他为离开塞尔兹尼克和好莱坞后自己的未来焦虑，他为跨大西洋影业焦虑，他为所有东西焦虑。派克说："很明显他在拍摄《凄艳断肠花》的时候被什么东西折磨着。"

他决定复制老贝利的中央刑事法院一号庭。建造工程花了80天，据说每个细节都一模一样，包括那些无聊或焦躁的律师留在桌子上的划痕。建造成本之外还得加上摄制成本。考虑到法庭上的场景必然是静态的，希区柯克用了四台摄影机同时拍摄，以便捕捉表情、手势和现场反应，从而呈现法庭的全貌。

即便已经到了拍摄阶段，塞尔兹尼克还是会时不时送来几页他刚刚写好的剧本。这些剧本不得不在最后一分钟被安排进拍摄日程，给导演带来了巨大的麻烦。派克的回忆是："塞尔兹尼克是个做事完全没有条理的人，但是还算亲切，希区柯克倒是很有条理，可又完全令人爱不起来。这样的不同使他们两人之间的冲突无法避免，也在很大程度上影响了希区柯克的状态。"有时候希区柯克会觉得无聊，有时候他又在睡觉或者假装睡觉。为了拍一场戏，他计划和构想了一个五分钟的长镜头，但是塞尔兹尼克一来片场就否决了这个方案。塞尔兹尼克跟他说："我们不是在表演戏剧。"所以拍摄过程从头到尾充满了愤怒和沮丧。最后的成果也不是很理想。

安·托德（Ann Todd）在片中饰演大律师日益绝望的妻子，这个人物是一个典型的希区柯克角色。她说："希区是个非常复杂的男人——一个长不大的小孩。他真的从未长大，只是沉浸在他自己独特的幻想世界里。他像所有青春期的学生一样对性有着一种非常奇特的痴迷。他有着无穷无尽的故事和玩笑，污秽、粗俗、下流。他自己乐在其中，但我觉得他并不快乐。"托德把这种不快乐归因于希区柯克对自己身材的不自信上。

电影的拍摄还在不断延期，塞尔兹尼克跟自己的下属抱怨希区柯克"莫名其妙变慢了"，还说他已经"控制不了局面了"。每当导演听到这样的抱怨时，他就说现场使用的设备已经过时20年了。电影直到1947年的春季才拍完。希区柯克创下了职业生涯的新纪录，拍摄一共用时92天，影片时长3小时，耗资425万美元，这是他迄今拍过最贵的电影。然后他就把这部电影丢给了塞尔兹尼克，塞尔兹尼克在后期制作中剪掉了50分钟的戏份，还进行了补拍和重新配音。这位制片人担心希区柯克"在故事节点上处理草率"，并且尽其所能地去补救。

这部电影片还称不上是灾难，但是确实令人失望。它没有流畅灵动的感觉，主要是因为大多数演员木头般的表演。《纽约时报》的影评人评论这部电影为"一件虚有其表的静态娱乐品"。票房并不成功，还赔了钱。当别人问派克他最想烧掉哪部电影的时候，他毫不犹豫地回答《凄艳断肠花》。希区柯克此生再也没有跟塞尔兹尼克合作过。

但是回过头看，这部电影还是有很多当时没有被发现的闪光点。流畅华丽的摄影在整部影片中随处可见，构成了一篇用摄影机写就的精美散文诗。希区柯克再一次探索了他对阴影、铁窗、条状暗影、走廊、楼梯和镜子的迷恋，所有角色都被困在他的人造世界里。在那里，所有激情和迷乱的力量像渗透在厚厚软垫上的污渍一样肆意弥散。这也许就是安·托德所说的"他自己独特的幻想世界"吧。

是时候继续往前了。希区柯克和悉尼·伯恩斯坦在跨大西洋影业合作的第一个成果对很多人来说确实是个惊喜。这部电影并没有像之前宣传的那样起用英格丽·褒曼。它从23年前一起耸人听闻的谋杀案中获得灵感。两个有钱的同性恋法律系学生南森·利奥波德（Nathan Leopold）和理查德·洛布（Richard Loeb）绑架并杀害了一名14岁的男孩，以此证明他们可以犯下完美的罪行。五年之后，也就是1929年，这出臭名昭著的案子被帕特里克·汉密尔顿（Patrick Hamilton）改编成了戏剧，命名为《夺魂索》（Rope）。1947年底和1948年初的几个月，希区柯克在他的同名电影中重建了这场罪案。

电影的重点的确是"重建"。场景从未离开过两位年轻人的曼哈顿顶层公寓，这里仿佛就是一个舞台，为了达成效果，他们租来了位于伯班克的华纳兄弟摄影棚，从头到尾的所有镜头都是在那里精心编排成的。在这样的拍摄条件下，可以说，技术激发了希区柯克的灵感。他要求把整个动作分成若干个10分钟长的连贯镜头，让摄影机在布景中自由穿梭。家具和道具的底下都装上了滑轮，所以可以轻松移开。希区柯克后来写道："摄影机运动和演员走位都事先在黑板上演练过了……甚至地板也做上记号，标上了编号圆圈，让每拍10分钟就会有的25到30次摄影机运动有迹可循。整个公寓的墙也可以自由移动，以保证摄影机能够随时跟随演员穿越窄门，然后镜头一转，又可以展现完整的公寓空间。"道具师需要在移动桌椅之后准确无误地将其放回原来的位置。片场的一切都是"狂野的"，而这不过是说，一切都可能被瞬间移走。如果一个演员必须放下杯子时却发现桌子已经不见了，工作人员会悄悄把它从他手上拿走。

还有更进一步的技术问题需要解决。根据希区柯克的说法，透过公寓的窗户要能看到"56千米范围内纽约天际线的精准微缩模型，这一模型由8 000个白炽灯泡、200个霓虹招牌照亮，而这需要150台变压器"。他坚持这些灯光的运用应该体现出光线从白天到黑夜自然、流畅的变暗过程。这当然需要相当精细微妙的控制，而灯光师们通常并不用做到这种程度。

这是希区柯克第一部彩色电影，也就是我们后来熟知的"特艺色法"（Technicolor process）电影。他对色彩本身没那么感兴趣，他希望色彩在故事展开中扮演一种类似于背景音乐的角色。这是一种手段而非一种效果。日落之后，公寓的窗户上映照着各种颜色的霓虹灯光和街灯，反映并帮助营造出情节上愈发强烈的戏剧性。

希区柯克亲自把改编这部戏剧的任务交给了休姆·克罗宁，后者是他以前合作过的演员，希区柯克感觉到了他的文学才能。克罗宁后来说，这位导演对于创新的拍摄技巧的兴趣与对于剧本本身的兴趣一样大。特艺色是一项独特的技术挑战，同时也许可以减轻人们对颇具争议的同性恋内容的关注。两个人的对话会变得很激烈，甚至变成唇枪舌剑，这时，希区柯克往往会用一些小故事或黄段子来缓和气氛。他可能会说："我们干得太猛了。"然后两个人便开始等待句子或主题自动浮现的那一刻。

1947年秋天，这部电影完成了选角工作。许多演员出现在了候选名单中，但是获选的只有那么几位。有一些好莱坞的大牌明星，比如加里·格兰特和蒙哥马利·克利夫特，因为不愿意饰演同性恋角色而拒绝了邀请。所以这两个角色落到了两个初出茅庐的年轻演员身上：约翰·多尔（John Dall）和法利·格兰杰（Farley Granger）。他们俩在现实生活中也是同性恋，或者至少是双性恋。当然这个背景并未公开，电影本身也没有公开谈论同性恋，但是这些已经在人们中间传开了。希区柯克带进剧组的编剧阿瑟·劳伦茨回忆说："同性恋这个词大家是闭口不提的，大家只说'那个'（it）。"

他最让人惊讶的选角或许是詹姆斯·斯图尔特，他饰演一个疑似同性恋的老师，两个年轻人正是从他那里吸收了尼采的"超人"（übermensch）学说。这个角色很难演，而且和斯图尔特平时的银幕形象也不太匹配。他以往银幕中的形象多是"普通人"，保守、和气，与一个被压抑的同性恋形象并不一致。然而希区柯克看到了这种可能性。"斯图尔特是一个完美的希区柯克主角，"希区柯克曾经这样说，"因为他是一个可以被置于古怪情形下的普通人。"在《夺魂索》中，斯图尔特确实成功传达出了一个总是处于边缘者的紧张和严肃。他的声音时不时会因紧张颤抖。他后来在《迷魂记》（Vertigo，1958）中表现出的那种惊惶恐惧，在《夺魂索》中已经出现了。导演非常欣赏他的表演风格，斯图尔特仿佛能够以一种几乎感觉不到的动作和语气变化让人看见他的心理活动。

斯图尔特发誓再也不会与希区柯克合作，因为《夺魂索》对表演的要求太多，让人沮丧。他说片场真正的角色只是摄影机而已。但是实际上这位演员和这位导演偶尔还是会一起共进晚餐，并且继续合作了《后窗》（Rear Window，1954）、第二版《擒凶记》（The

Man Who Knew Too Much，1956）和《迷魂记》。斯图尔特有一次坦白说："我觉得《夺魂索》不是我最好的作品，他们挑错人了，虽然可能没有太错。很多其他演员也可以演这个角色，可能还演得更好。"不过，把斯图尔特的银幕形象从无聊好人挽救出来的，却只有可能是希区柯克，而不会是任何一位其他导演。

排演冗长繁复，困难重重。斯图尔特抱怨自己在晚上无法安睡。他说："如果其他演员都很完美，而我在电影胶片的 895 英尺处出现了口误，那将是电影史上最昂贵的口误。"因为这意味着整个十分钟的长镜头就要重新拍一遍。另一个演员，康斯坦丝·科利尔（Constance Collier）每天都害怕来摄影棚。每一个长镜头临近结尾，演员们都会变得更加紧张。希区柯克说："我很害怕会出问题，第一次拍摄的时候我都不敢看。"所有这一切都助长了焦虑和紧张的气氛，而这成为电影本身不可分割的一部分。

故事本质上很简单。两个年轻人勒死了受害者，然后把他的尸体藏在公寓的一个木箱里。之后他们为受害者举办了一个派对，并邀请受害人的父亲参加。派对上的食物是从藏尸木箱里拿出来的。他们变态的滑稽戏逐渐被老师意识到，最后被揭穿。

电影的拍摄耗时两个月，后期制作只用了十八天。希区柯克曾说："这是我最令人激动的电影。"有一张剧照很能表现他当时的心情：当两个年轻人开始勒住受害者时，希区柯克激动地从导演椅上站起来。后来他又否认了自己的观点，将《夺魂索》贬低为"噱头"，声称："我真不知道我当时是怎么喜欢上这个电影的。"这是他对于自己不太成功的电影的一贯反应。

十分钟的长镜头（实际略有出入），除了展现希区柯克高超的技艺之外，对电影本身的意义并不大。它非但没有创造出一种无间隙的现实幻觉，反而强化了电影的形式感和戏剧感。这部电影实际上成了他自己讨厌的那种电影类型——充满了喋喋不休的对白。总体而言，《夺魂索》是一次有意而为的练习，在观众和评论家那里都不太讨好。它利润微薄，因此很大程度上打消了他们对跨大西洋影业的热情。

希区柯克告诉特吕弗："当我回头看的时候，我意识到这非常荒谬，因为我走到了自我的反面，我之前多么强调剪辑和蒙太奇对视觉叙事的重要性。"十二年前，他甚至写道："如果我要拍一个连续长镜头，从制作方面来说，我总是觉得我会逐渐失去对它的控制。"但是技术实验和个人艺术追求的结合在当时来说还是很有力量的。

可以肯定地说，大卫·塞尔兹尼克不会支持这样的拍摄方式。这就引出了另外一个问题：希区柯克的成功应该更感谢制片人，还是他的编剧。这些都没法回答了。但是有一点是可以确定的，要创作一部"希区柯克电影"，需要的不仅仅是希区柯克。

he child
ho never cried
ll do it
ound, please
was grey
t home
ake it
h dear
am typed
ood evening
irds and beasts
ack to basics

VII

哦，我的天

"啊，没错，"一个《夺魂索》里的角色说道，"英格丽·褒曼！她是处女座类型的——我觉得她可爱极了。"这可能也是希区柯克自己心里的话，因为他已经决定让褒曼成为跨大西洋影业第二部电影的女主角了。《风流夜合花》与《夺魂索》截然不同。这是一部以1831年的澳大利亚为背景的历史情节剧。他总是说他讨厌古装片，因为他怎么也想象不出当时的人是怎么上厕所和怎么赚钱的。但是这次，为了褒曼的名气更上一层楼，他收起了反对意见。她饰演的是一个酗酒的妻子，她的丈夫（约瑟夫·科顿饰）一路从罪犯爬到了地主的地位。当然，他们的关系比这更加复杂。影片还沿袭了《蝴蝶梦》中的老传统，为他们安排了一个恶毒的管家。

　　一如既往，1948年2月，即使还处于给《夺魂索》收尾的过程中，希区柯克已经在加利福尼亚开始了《风流夜合花》的准备工作。他3月底完成了第一稿剧情大纲，接着就去了英国，他将拍摄安排在了那里的埃尔斯特里制片厂。他选择了休姆·克罗宁当他的编剧，他们一起参加了在悉尼·伯恩斯坦办公室举行的故事讨论会，办公室位于伦敦苏豪区黄金广场（Golden Square）。然而这时已经有问题出现了。希区柯克想像《夺魂索》一样继续使用长镜头，克罗宁则认为这将是一个错误，尽管他不打算也不敢在这件事上公然跟希区柯克对着干。有一种说法是希区柯克总是一个画面接一个画面地来构建他的叙事，而不考虑将它们连接在一起的那条线，克罗宁也认同这种说法。希区柯克真正在意的是那些引人注目的细节和场景，而不是完整的故事。

　　然而希区柯克对剧本也有自己的疑虑。他后来说他让克罗宁来写剧本"是因为他是一个能言善辩、很懂得表达自己的人。但是作为编剧他却实在缺乏经验"。克罗宁回忆道，有一天早晨，希区柯克"突然向后仰倒在椅子上，像个生气的婴儿一样皱起眉头说：'这部电影一定会是一部失败之作。我去吃午饭了。'然后他就噘着嘴怒气冲冲地走出去了"。他泰然自若的外表下面有着不可抚平的裂痕和伤疤，特别是在电影的筹备期，他的情绪可能会从一个极端转向另一个极端。

　　英格丽·褒曼依旧是电影的主打元素，希区柯克后来说他其实是在代表褒曼拍这部电影。"我当时在寻找一个适合她的片子，"他说，"而不是适合我自己的。"他甚至说是褒曼说服他拍摄这部影片的。"从那时起，"他说，"我觉得，你可以去看英格丽，但是最好不要听她的。"但这有可能只是一个借口，他有把自己的失误归咎于别人的习惯。当然，他对于把英格丽·褒曼从好莱坞偷走并带到英国感到非常兴奋。他幻想着他们两个人一起步下飞机舷梯时闪光灯四起的情形。他后来觉得他的决定"愚蠢又幼稚"。他错误估计了雇用褒曼的成本，她的薪酬超出了预算能承受的范围。而且，褒曼的存在导致他把注意力都倾注在了她的身上，而忽略了其他演员。

现实总是不尽如人意。从一开始，褒曼就对长镜头拍摄技巧持保留态度。她看过《夺魂索》，不是很喜欢。《夺魂索》曾让演员们精疲力竭，现在这种焦虑开始困扰着她。紧张的时刻是不可避免的。希区柯克和褒曼为了一场戏争吵了半个小时。"好吧，希区，"她说，"我们按照你的方式来好了。""不是我的方式，英格丽，"他答道，"这是正确的方式。"她在职业生涯中第一次也是唯——次失声痛哭便发生在这部电影的拍摄过程中。两个人还有过另外一次漫长而激烈的争吵，希区柯克最后选择一走了之。褒曼当时背对着他，不知道他已经走了，还在那里继续争吵了半天。

褒曼对这个事件有她自己的说法。她在跟一位朋友的信中写道："他要摄影机跟着我连续拍 11 分钟，这意味着我们必须排练一整天。当摄影机运动的时候，现场道具包括墙体都得跟着移动，进度是不可能快的。所以我就跟希区说算了吧。我多么讨厌他的这项技术，我在片场的每时每刻是多么痛苦和厌恶……小希区竟然就走了。他没再说一句话，竟然就这样回家了……哦，我的天。"碰到别的烦心时刻，希区柯克会说："英格丽，这只是一部电影而已啊！"这其实也不是他真实想表达的意思，他只是想让她冷静下来。帕特里夏·希区柯克在回忆这段争吵时光的时候说："坦白说，跟爸爸在一起时，没人有什么讨论的余地。"

其他的问题也困扰着拍摄的进程。埃尔斯特里的摄制组成员们在影片快要开拍的时候闹了一次罢工，尽管争端最后平息了下来，但是那种困难的氛围却一直笼罩着片场。一个快速运动的摄影机撞到了一面道具墙，在墙上撞出了一个很大的凹痕。摄影指导杰克·卡迪夫（Jack Cardiff）说："我们会排练一整天，然后第二天拍摄。好的同期声是不可能的，现场的噪声简直难以形容。电动控制的摄影升降车缓慢笨重地穿过片场，就像塞瓦斯托波尔战场上的坦克一样。"所以对话必须要等后期没有摄影机的情况下录。另一次摄影机直接从希区柯克的脚上压过去了，压断了他的大脚趾。科顿在写给家里的信中说道，片场最受欢迎的口头禅是"现在怎么办？"。这位演员还创造过一次称得上滑稽可笑的口误时刻，他当着希区柯克的面把这部电影称为"风流老套花"（Under Cornycrap）。

　　希区柯克在采访中对特吕弗说，最后的成片"什么都不是"。但是他错了。这是一部制作得非常精美的电影，尤其是英格丽·褒曼的跟拍镜头，让叙事变得更为有力，更能引起共鸣。她自己事后回顾时也承认，这项技术显得她的表演更好了。希区柯克对她的信心是对的，即使这种信心在她和罗伯托·罗西里尼陷入爱河后渐渐枯竭了。他后来对她的贬低言论很可能是由伤心和愤怒引起的。

　　《风流夜合花》于1949年9月公映，结果令人沮丧。评论不温不火，票房收入惨淡。英国《卫报》（Guardian）说这部电影"无聊得令人无法忍受"，《好莱坞报道》（Hollywood Reporter）则评价希区柯克的执导工作"鲁莽、痕迹重、傻里傻气"。还有人说，没有了大卫·塞尔兹尼克，这位导演就迷路了。这些评论对于写了部分剧本的阿尔玛来说简直是毁灭性的。有报道称她哭得泣不成声。

　　《风流夜合花》的惨败导致了跨大西洋影业的破产，公司很快进入破产接管程序。早就意识到危险的希区柯克已经找好了避难所。1949 年初，他和杰克·华纳（Jack Warner）签好了合同，约定在六年半的时间里拍摄四部电影，他的总薪水是大约 100 万美元。华纳显然不是个能让人喜欢得起来的人，但是他放手新签下的希区柯克去做他自己的工作，而希区柯克也做出了积极的回应。

希区柯克决定在拍下一部电影时谨慎行事。没有长镜头，没有色彩。电影的风格实验暂时告一段落了。片如其名，《欲海惊魂》（*Stage Fright*，1950）① 是一部讽刺惊悚片，故事背景设定在伦敦。一个巨大优势是它的演员阵容，乔伊丝·格伦费尔（Joyce Grenfell）、阿拉斯泰尔·西姆（Alastair Sim）、迈尔斯·马勒森（Miles Malleson）和西比尔·桑代克（Sybil Thorndike）悉数到场，似乎是在有意靠近当时备受欢迎的伊灵喜剧②。这部电影的"明星"是理查德·托德（Richard Todd）、迈克尔·怀尔丁（Michael Wilding）和简·怀曼（Jane Wyman），这些人都没有在流行电影神话中占下一席之地。倒是玛琳·黛德丽（Marlene Dietrich）凭借她特有的"蛇蝎美人"形象在希区柯克和观众们面前大放异彩，给他们留下了长久的印象。

电影是基于塞尔温·杰普森（Selwyn Jepson）的故事《奔跑的

---

① 英文片名"stage fright"直译为"舞台恐惧症"或"怯场"。
② 英国伊灵制片厂在 1947 年至 1957 年制作的一系列喜剧片，一般认为从 1947 年的《呼声》（*Hue and Cry*）开始，到 1957 年的《巴纳寇·比尔》（*Barnacle Bill*）结束。上述四位演员均为英国演员。

人》(*Man Running*)而创作的，这个故事在两年前出版，不管恰当与否，他都被称作"希区柯克的理想故事"。一个年轻的女演员帮自己的一位男性朋友开脱罪名，他被指控谋杀了自己情妇的丈夫，而那位情妇是位富有魅力的艺人。目前为止，感觉还不错。一个在逃的被告一向有利于希区柯克展开故事。

　　结束了在埃尔斯特里制片厂不太愉快的工作之后，希区柯克夫妇回到了美国贝莱尔的百乐吉，开始准备《欲海惊魂》的初步剧本大纲。他们还得到了短篇小说作家兼剧作家惠特菲尔德·库克（Whitfield Cook）的帮助。库克的戏剧《紫罗兰》(*Violet*)由帕特里夏·希区柯克担纲主演，在百老汇连续上演了 23 天。帕特里夏也会在《欲海惊魂》中演一个小角色。有流言和报道称惠特菲尔德·库克和阿尔玛之间有一段秘密恋情，不过就算果真如此，那也算是藏得很好了。他们是很好的朋友和搭档，也许仅此而已。

　　1949 年春天，希区柯克夫妇和库克一起乘船前往伦敦，脚踏实地地做准备工作。他们完成了 113 页的剧本大纲，包括对白和机位设计。理查德·托德回忆起希区柯克夫妇邀请他去夫妻俩下榻的萨沃伊酒店（Savoy Hotel）做客的经历，说他被他们夫妇二人的热情感动了。希区柯克对他说："你看，我们做这个，然后再做那个，就会发生这件事，再发生那件事。"阿尔玛则在一旁"夫唱妇随"。

　　然而一回到片场，希区柯克便立马恢复了自己一贯的严谨和坚决。他让第一助理导演安排好演员的走位，然后他就消失到自己的办公室里去了，只有在摄影机快要正式开拍的时候再回来。托德说："希区柯克是一个很有距离感的人——冷酷而专业。"黛德丽则说："他让我害怕得魂不附体，他完全知道自己想要什么，我很喜欢这一点，但是我从来不确定自己做得对不对。"她其实不用担心。希区柯克和她在一起时感到非常放松——直言不讳，有时飙脏话，丝毫不在意黛德丽的性取向，甚至会拿它开玩笑。她坚持要让自己的占星师一直陪着她，并且和男主角迈克尔·怀尔丁在片场内外发展了一段浪漫的关系。化妆间传来的声音有时候让人无法忽略。"玛琳是一个专业明星，"希区柯克评论道，"她还是个专业的摄影师、艺术总监、剪辑师、服装设计师、发型师、化妆师、作曲家、制片人和导演。"有一次，黛德丽在毫无防备的情况下，跟自己的女儿形容希区柯克为"一个奇怪的小个子男人，我不喜欢他。为什么其他人老觉得他伟大，我不明白。这部电影很差啊——也许在剪辑的时候他搞了他那些有名的'悬疑'把戏，但是在拍的时候他肯定没有这么做"。

不管怎么说，希区柯克在埃尔斯特里制片厂的体验都不太自在。他给住在伯班克的杰克·华纳写信说："他们有几个人真的非常粗鲁……我不想用一些令人不齿的细节来让你烦心……这些是我的事情，我需要做的就是给你拍一部电影……好吧杰克，就是这样了……等我一拍完、一拿到粗剪，我会把所有配音素材装进胶片盒里，然后赶紧逃离这破地方。"

《欲海惊魂》拍出来确实有浪费大好机会的感觉，节奏不自然也不平衡。背景设置在伦敦戏剧界，在希区柯克的指导下，影片的气质和手法都非常戏剧化。演员穿着五花八门的服装，扮演着各种角色。许多场戏在设计初衷上就有情节剧式的夸张色彩。伦敦的景观仿佛布景一样，没有什么是真实的。在最早的几场戏中，我们得知被告是无辜的，这种无辜到后来却被证明是假的。这让观众很是疑惑，就好像把悬念留到结尾，将了观众一军。杰出的阿拉斯泰尔·西姆和乔伊丝·格伦费尔献上了一系列大师级的精湛表演，但和其他人的演出放在一起，却并不连贯协调。

矫揉造作的对白总是让人注意到："这不是真的，这只是一出戏……窗帘，约翰尼，拉上窗帘……你是一个演员，你是在演戏。"尽管是一个喜剧或闹剧而不是惊悚片，这部电影却显得有点沉重。评论不温不火，一个评论家称它"冗长散乱"。不过，在《夺魂索》和《风流夜合花》的两次实验之后，这部电影被普遍认为是又一部"真正的"希区柯克风格作品。

虽然他之前急不可耐地要回加州，但是回来后却发现也没什么事情可做。1949 年 9 月到 1950 年春，希区柯克度过了七个月浑浑噩噩的时间。没有故事可写，没有剧本可想，没有明星可追。对他来说这是一种折磨。

尽管无事可做的焦虑挥之不去，但是好歹经济上还算宽裕。不管用什么标准来衡量，他现在都是个有钱人了。他有两处房产，其中一处非常大。他拥有地产和股票，而且还有石油和牲畜的投资收益。他几乎每天都会检查一下自己的投资状况。在葡萄栽培专家的帮助下，他决定把自己在圣克鲁斯的葡萄园好好打理一番。他在贝莱尔的别墅和蒙特雷湾的庄园之间往返，在两个街区各自最著名的餐厅里面就餐。

他为最亲近的同事们张罗饭局，晚宴上喝酒似乎总是重头戏。

他有时还会被起哄用脱衣舞的原始形式表演"胸部芭蕾",或者其他什么能把他从内敛的天性中解放出来的绝技或玩笑。他给百乐吉路上的房子盖了一个酒窖,还为他的诸多美食建了一个"步入式"冷藏室。一个影评家,佩内洛普·吉列特(Penelope Gilliatt)回忆道:"我记得他有一次给我看了他在贝莱尔的厨房。一切都井井有条、一尘不染,看不见任何碎屑,蟑螂无处容身。他打开了一扇门,冰冷的空气瞬间冒了出来。这是一个冷藏室,占了一整个房间。我看到火腿和整片的牛肉挂在钩子上,仿佛有钱女人夏天收纳起来的皮草大衣。希区柯克先是彬彬有礼地鞠了一躬让我进去,我犹豫了一下,回头看了看,想象着门在我身后砰的一声突然关上。他知道我在想什么,我也知道他知道。"

几年以来,希区柯克即使称不上专业,也算是一个认真的艺术品收藏家。他喜欢20世纪早期的法国艺术品。百乐吉路上的房子里挂着郁特里洛、杜飞、莫迪里阿尼(Amedeo Modigliani)的作品,以及德籍瑞士裔画家保罗·克利的三幅画。"内容方面我不会任性而为,"他说,"我只会在处理手法上自由发挥。我把自己比作抽象画家。我最喜欢的画家是克利。"他在蒙特雷湾的房子里挂了托马斯·罗兰森(Thomas Rowlandson)的版画和蚀刻画。罗兰森的作品是怪诞可笑的伦敦形象之写照,而希区柯克本人则可以说是描绘这一景象的20世纪大师。他把那些18世纪的版画挂在他北加州的家里,这一事实说明了他内心深处的忠诚到底指向何方。

终于,剧本来了。1950年的春天,他读了帕特里夏·海史密斯(Patricia Highsmith)刚出版的小说《列车上的陌生人》(*Strangers on a Train*），看到了将之改编成剧本的可能性。希区柯克叮嘱经纪人在谈判时不要提及他的名字，并参与这部处女作小说的版权竞价。最终，他们用 7 500 美元买下了它，帕特里夏·海史密斯后来后悔不迭。吸引他的是小说里的双重犯罪。在一列火车上，两个旅客密谋交换谋杀。希区柯克注重的正是这种双重性，他的理解是："世上任何一件事都不可能脱离对立面而存在……一定有一个与你完全相反的人存在，就像你身上看不到的部分，埋伏在这世界的某个地方等待着你。"希区柯克读过的所有爱伦·坡和威尔基·柯林斯的作品都可能令他产生了这样的观点。在他的电影世界里，他总是在考虑着双重、二元和两分的可能性。

希区柯克说，一开始"我找不到一起写剧本的人，他们都觉得我的第一稿过于平淡和真实，看不到其中的一丁点儿价值"。他的经纪人帮他接触了一下达希尔·哈米特（Dashiell Hammett），但是没有下文。此时，华纳兄弟的一个故事编辑芬利·麦克德米德（Finlay McDermid）给了他们一个同样诱人的名字，雷蒙德·钱德勒（Raymond Chandler）。这位作家非常期待能和希区柯克合作，当然，2 500 美元的周薪对他也格外有吸引力。他和导演简单碰了个面，然后就带着海史密斯的书、希区柯克的剧本大纲、一堆稿纸以及一位秘书回拉荷亚的家了。

这不算是一次愉快的合作。钱德勒的合同里规定他不能在写作期间出门旅行，所以只能由希区柯克去找他。有一次，当希区柯克非常艰难地从豪华轿车里走出来的时候，钱德勒说了句："瞧那个拼命想挤出车门的死胖子。"钱德勒非常厌恶没完没了的剧本讨论会，或者他所说的"可怕的喋喋不休",也不喜欢希区柯克对他指手画脚。"如果你自己一个人做得来,"钱德勒跟他说,"见鬼,你还要我干什么?"他还觉得《列车上的陌生人》是个"烂透了的故事"。

这位作家还是写完了第二稿,但是他现在又开始抱怨希区柯克这位导演在其写作过程中的缺席了。钱德勒跟芬利·麦克德米德说,"这个剧本是在没有和希区柯克先生进行任何商量的情况下写成的……连个电话都没有。没有一句批评或赞赏的话。沉默,完全沉默……我觉得这非常奇怪,我觉得这相当无情,我觉得这无比粗鲁。"他还抱怨了其他的编剧会抱怨的东西。"他永远准备好了为了拍摄效果或情绪渲染而牺牲戏剧逻辑(只要有这种逻辑存在)。"不同的镜头要被硬塞进现有的叙事中。有时候这无法实现,于是故事情节就被简化成一系列的动作或场景,即使到了最后一刻也可以往里加上任何东西。

1950 年 9 月下旬,钱德勒已经完全退出了剧本写作。他终于意识到一件事,用他的话来说就是:"希区柯克的电影一定得完全是希区柯克的。"但他直到最后一刻才离开,而且就在开机预定日的几周前。制片厂还曾威胁要停止这部电影的制作。希区柯克赶忙找来本·赫克特的一位合作编剧曾兹·奥蒙德(Czenzi Ormonde)救场重写。他把钱德勒的剧本扔进废纸篓,然后跟她说他们将"从第一页"重新开始。她的工作效率极高,即便希区柯克正在拍摄,她也能马上出稿。她在拍摄最终一幕的前一周写好了结局。

希区柯克 10 月底开工的时候似乎已经是信心满满了。他在开机第一天宣称,这是他在美国职业生涯的真正开始,他在片场从早上 7 点一直待到晚上 9 点，不过，他似乎根本没有去导演，主角之一劳拉·埃利奥特（Laura Elliot）抱怨说他从来没有表扬过她。他总是只说："咔！下一镜！"或者"走到这儿来……走到那儿去"。

拍摄工作在 12 月底完成，这样的速度和效率在很大程度上要归功于他组建的制作团队。这其中他尤为感谢的是摄影指导罗伯特·伯克斯（Robert Burks），后者在这之后的十四年里，与希区柯克合作拍摄了十二部影片。一个编剧说，伯克斯"给了希区柯克绝佳的点子"，但是他也"经历了特别紧张的时刻……每当一部片子拍完，他都感觉到情绪上异常疲惫"。而伯克斯只是说："只要你明确自己的工作并做好它，你和他之间就不会有任何麻烦。希区柯克是完美主义者。"在他们合作关系的最后几年里，希区柯克完全信任伯克斯，以至于每天拍摄结束后都不会费心去看当天拍摄的样片。

希区柯克在谈起《火车怪客》时说："这难道不是一个令人着迷的设计吗？你可以对它永远研究下去。"据说在他和奥蒙德一起准备剧本的最后阶段，希区柯克把所有可能包含在叙事中的"一双"与"一对"向奥蒙德做了一番启发性的描述。他的灵感来源可能是出现在故事关键时刻的网球比赛，但更加可能的是，他受到了两个男人可以互换身份的电影化可能性的启发。在电影开场，我们看见他们俩穿着能立刻区分其角色的鞋子，这种对比贯穿了电影始终。希区柯克作为客串角色在这部电影中的现身也是成双成对的：他携带着一个和他一样"大块头"的"双倍大提琴"（double bass，即低音提琴）。

特吕弗曾经指出，希区柯克拍谋杀戏就像拍爱情戏，拍爱情戏则像拍谋杀戏。这一点在《火车怪客》中表现得最为淋漓尽致。当那位观众认定的扼杀者掐住一位老太太的脖子时，他像陷入浪漫的昏厥一样向后倒去。希区柯克很喜欢"勒死"的概念。他电影中的大部分凶手和被害人都曾出现在这个游戏中。他自己好几次被拍到正排练这些场景。"勒死"场景在他的电影中是如此之多，尤其是在《电话谋杀案》（*Dial M for Murder*，1954）和《狂凶记》中，以至于我们可以说，这对他有着某种特殊的意义。他跟一个编剧说："你知道，我大拇指按一下就能杀掉一个人。"但是受害者通常都是女人，在一些漫长的"勒死"场景里，我们很难区分爱情和死亡。

帕特里夏·希区柯克也在戏中出演了一个角色，正是她那张戴着眼镜的胖乎乎的脸导致掐老太太的凶手晕倒在地的。巧合的是，摄影师菲利普·哈尔斯曼（Philippe Halsman）曾经拍到过一组照片，照片中希区柯克用双手掐着他女儿半身雕像的脖子，这个雕塑是雅各布·爱泼斯坦（Jacob Epstein）的作品。不过，让帕特里夏戴眼镜却不是偶然，希区柯克电影中的女性常常戴着眼镜，这是他的特点。马德琳·卡罗尔在《39级台阶》的第一幕中戴了眼镜，英格丽·褒曼在《爱德华大夫》中戴了眼镜，芭芭拉·贝尔·格迪斯（Barbara Bel Geddes）在《迷魂记》里戴了眼镜。还有很多其他例子。但是希区柯克对于眼镜的痴迷还不止于电影。他在好莱坞的一位常任秘书，卡罗尔·史蒂文斯（Carol Stevens）回忆道，他有一次为她在制片厂眼镜店配了四五副眼镜。"如果我去片场没戴眼镜的话，希区柯克就会发飙。他对眼镜有一种迷恋。"也有几次他让她把眼镜摘下来。阿尔玛在工作的时候会戴眼镜，但按当时的风尚，她出去社交时不会戴。或许可以这样理解：某种程度上，戴眼镜的女人会显得更坚不可摧、更博学、更细心，她们的凝视在这个时候可能具有破坏性，甚至是威胁性；当她们摘掉眼镜的时候，她们就会暴露出某种脆弱，甚至陷入一种孤立无援的状态。这些正是希区柯克最想在银幕上表现的个性特征。越容易受伤，可能就越吸引人。

《火车怪客》是一部建立在欲望受挫和内疚情结之上的电影，里面有希区柯克全情关注的双重犯罪。电影中的两个男人想要交换谋杀，但是只有那个精神病患者真的去做了，另外一个则被揭发真凶和自证清白的欲望所攫住。

在罗伯特·伯克斯的帮助下，希区柯克创造了一个由剪影和阴影组成的影子世界。他成了一个明暗对比的艺术大师，通过光线的变化表现了无所不在的内疚和焦虑。每个人似乎都会对某些事情产生罪恶感，只不过，在与"秩序"力量达成的不言而喻的契约中，这些罪恶感部分被隐藏起来了，而到头来，"秩序"总是能取得胜利。在这样的黑暗背景下，很多物品被灌注了意义，乃至威胁——一副被摔碎的眼镜、一个打火机。希区柯克选择让一块橘子皮、揉成一团的纸和口香糖包装纸出现在排水沟里。让－吕克·戈达尔（Jean-Luc Godard）写道："也许有一万个人不会忘记塞尚（Paul Cezanne）的苹果，但是肯定会有一亿个观众会记得《火车怪客》中的打火机。"戈达尔把希区柯克称赞为"20世纪最伟大的形式创造者"。在希区柯克的电影里，痴迷和狂想总是伴随着仔细的构建和精确的计算。

he child
ho never cried
l do it
ound, please
vas grey
t home
ake it
h dear
am typed
ood evening
irds and beasts
ack to basics

VIII

我被定性了

然后他又安静下来了。1950年圣诞节的前两天，希区柯克结束了《火车怪客》的工作。一家人在圣克鲁斯度过了冬天，然后他们跑去欧洲度假，在春夏两季穿越了欧洲的大部分地区。《火车怪客》在6月公映的时候取得了巨大的成功，票房喜人，媒体盛赞，希区柯克作为"悬疑大师"的名声更加响亮了。但是他还没有新的项目。大家都跟他说他应该休整休整，但是1951年的漫长假期证明他并不是那种能享受度假的人。他来到瑞士的滑雪胜地，却只坐在露台上读书。他看了看风景，并没有什么加入其中的想法。对他来说，四处看看可以，亲身行动起来不行。一家人结束度假回家之后，他除了处理信件和寻找创作灵感之外，基本无事可做。这一年就这么过去了。他坐在百乐吉或圣克鲁斯沉思，这样的静滞状态又引发了他紧张、恐慌乃至恐惧的感觉。

　　1952年1月，事情发生了一些改变。希区柯克的女儿嫁给了一位新英格兰商人。他后来回忆道："当我们的女儿决定把自己的才华用在培养顽皮小孩上的时候，某种程度上，我和阿尔玛松了口气。"阿尔玛则说:"当希区把新娘送走的时候,他脸色煞白。新郎那边有个人说,他像从自己的电影中走出来一样。"他"松了口气",可能是因为他的女儿不再想当演员了,若还要继续演员生活的话,就还是在这个家庭的圈子里转。

他还是没什么成形的项目,阿尔玛这时候出来帮了他一把。很久之前他买了保罗·安泰尔姆(Paul Anthelme)一部戏剧的版权,名字叫《我们两个的良知》(Nos deux consciences)。那时他对这个故事很感兴趣,但是一直没动它。故事是这样的:一名男子在忏悔室的神圣空间里向一位天主教神父说出了自己的杀人秘密,出于职业操守,神父无法把凶手的真实身份透露出去。不久后,神父自己被指控犯有这一杀人罪,并接受审判。

希区柯克夫妇实际上四年前就写好了一份剧本大纲,阿尔玛这时回忆起了这一剧本当时给他们留下的印象。她预感这件事或许能成,所以抱着希望重读了当时整理的材料。希区柯克好像也因为这个项目重新振作了起来,到 2 月份时,夫妇二人利用原有的剧本又写了一个新的剧本大纲,并将之命名为《忏情记》。故事发生地设在魁北克,一个以天主教为主的城市。在这里,当神父穿过令人眩晕的陡峭街道时,仍然穿着教士袍,而不是只简简单单系个硬领。天主教文化在这里占主导地位。希区柯克夫妇去了魁北克,在几天之内就找好了他们想要的外景地,包括最著名的大教堂。他们也物色好了两个一起写剧本的作家,威廉·阿奇博尔德(William Archibald)和乔治·塔博里(George Tabori)。这两位剧作家开始着手把希区柯克原先的构想打造成一部更深刻、更黑暗的电影。

　　确定由谁来饰演麻烦缠身的主角神父，显然是开拍前的关键。希区柯克可能后悔选了蒙哥马利·克利夫特。克利夫特从许多方面看都是一个好演员，但是希区柯克后来坦言他存在两大缺点："有一些演员让我觉得很不舒服，"他说，"蒙哥马利就很难合作，因为他既是一个方法派演员，又是一个神经过敏的人。"克利夫特还几乎是个酒鬼，另一个演员，安妮·巴克斯特（Anne Baxter）回忆说："可怜的蒙蒂（蒙哥马利的昵称）几乎总是醉醺醺的，他是那么困惑，好像与周围的一切都无关似的，眼神也很迷离……他非常心烦意乱、情绪不好。但是希区柯克从来不跟他说话，他让一个助理导演，唐·佩奇（Don Page），来处理一切事情。"

　　克利夫特去片场的时候会带着他的表演老师米拉·罗斯托娃（Mira Rostova），这使得片场的气氛更加紧张。另一个演员卡尔·莫尔登（Karl Malden）回忆说："蒙蒂非常依赖她，总是与希区柯克以及我们其他人保持一段距离，和他的表演老师对台词。他坚持在得到她的同意后才进入某一场戏的拍摄。矛盾和分歧自然就来了。"演员们应该听从希区柯克的指导，而不是某个老师。但是导演还是对这个表演老师客客气气的，因为他知道如果激怒或指责她的话，克利夫特的表演就会出问题。莫尔登还说，希区柯克"从未翻过脸，眉头都没有皱过一下，从不大喊大叫，一切都在他的掌控之中。在他的片场从来没有什么不必要的噪声，没有说话声，没有喊叫声，这就是个安安静静的片场，因为他就想要这样"。导演自己平时也是沉默寡言，莫尔登补充说："我真的不记得他跟我说过的任何话了。"在一次晚宴上，喝到微醺的莫尔登对希区柯克抱怨道："你从来不跟我们说你要什么，我知道走位和台词，但我不知道你希望我有什么样的表现。"希区柯克立马回应道："你是专业的，我也是专业的，我只是希望你做好自己的工作。"另一个演员亨利·科登（Henry Corden）说，希区柯克从未跟他说过一句话。

帕特里夏·希区柯克曾经来探过这个剧组的班，她回忆说，有一个镜头要求克利夫特走过一间巨大的舞厅——"他坐在那里，想了又想，把大家的进度都拖慢了，我父亲就显得很不耐烦。"希区柯克讨厌这种任性，但他从未在公开场合批评过克利夫特。无论如何，那个走路的动作显然是重要的。特吕弗曾经提到过，在《忏情记》中，"观众看到蒙哥马利一直在走，这种向前的运动也塑造了整部电影，把主人公的正直具象化了"。

实景拍摄从 1952 年 8 月开始，持续了 3 周。被高耸的石墙包围着的魁北克上城区老街是一个绝妙的选择。凭借着摄影师罗伯特·伯克斯的天才摄影，这座城市变成了银幕上的阴影之城。随着镜头滑过圣劳伦斯河（Saint Lawrence）的水面，观众也渐渐进入希区柯克那令人生畏的世界。这是一个充满危险的空间，到处都是指示箭头和向下倾斜的陡峭街道。居民们从窗户往下看，仿佛身处法庭的楼厅上。这些地方再度显露出一种深深的罪恶感和恐惧感交织的氛围。基于克利夫特的表演，我们或许可以说，这是一部关于人们如何思考和判断的电影。

电影又在好莱坞拍了三个星期。首映于 1953 年 2 月 13 日在魁北克举行。从某些方面来说，它是一部有些奇怪和笨拙的电影，这可能正是影片制作环境的体现。但是，在处理希区柯克想体现其天主教教育背景的精神需求上，它又彰显出一种庄重和克制的优点。对于一个神父来说，他必须为忏悔者保密，即使这会导致他自己被错误地定罪。克利夫特本身就有拘谨克制的气质，虽会被一些人形容为木讷，却也给整个叙事带来了几分真实性，甚至称得上严肃性。

《忏情记》没有后期制作时的庆祝活动，没有惯常的"杀青宴"，希区柯克后来也鲜少提及它。电影完成后，他的确在百乐吉的寓所里简单招待了一下演员，这次派对唯一值得一提的是，派对主人为克利夫特拿出了不少好酒，导致克利夫特最终喝倒在了地毯上。这对酒鬼来说也许不是最好的招待方式。

希区柯克曾在一次采访中被问及他究竟喜不喜欢这部电影。"就还好吧。这部没什么幽默感。"这确实是希区柯克为数不多的一部想要用一些喜剧元素来平衡悬疑因素的电影。他其实从未忽视过这个缺陷。但是，一部像《忏情记》这样的电影怎么幽默得起来呢？对于普罗大众来说，这部电影实在是太缓慢、太严肃了。美国的评论家们也没有对它表现出更多的热情，"慢条斯理、模棱两可的局面"已经是他们能给出的最具敬意的评论了。伦敦的反应稍微好一些，但是希区柯克跟悉尼·伯恩斯坦抱怨说："天呐，我被定性了，被打上了'惊悚片'和'悬疑片'的标签。"

不过这一切都是他自己的选择。在为《忏情记》感到些许失落之后，他决定拍摄一部由成功戏剧改编的电影来缓解心情，这个剧本具备最好的情节剧所需的一切元素。《电话谋杀案》一开始是一部黑白电视剧，后来被改编为在伦敦西区剧院（再然后是百老汇）上演的惊悚剧。在希区柯克的电影版《电话谋杀案》中，雷·米兰（Ray Milland）饰演的前网球明星胁迫一个街头小混混去谋杀他的妻子。当格蕾丝·凯利扮演的妻子出于自卫杀死了凶手时，一切都失控了。那么如何把这起凶案的罪魁祸首归咎于丈夫呢？影片中这一系列情节的卖点是悬念，而非疑案推理。

影片将限制在一个单独的舞台布景中进行拍摄，这一布景展现的是伦敦梅达韦尔的一套公寓。当然，希区柯克早已掌握了在狭窄空间里拍片的要诀。他告诉伯恩斯坦他将会使用"一种改良版《夺魂索》风格"。作为一部非常成功的戏剧，故事本身已经具备了所需的所有"速度"和"密度"，如果他扩大叙事的格局，那么反而会把漏洞暴露出来。

但是，对于华纳兄弟极力让他使用的拍摄技术，希区柯克并不习惯。20 世纪 50 年代早期是个盛行电影噱头的时代，在那段时期里，3D 电影风靡一时，它们制造着一种类似于把剪刀或利刃刺向观众大腿的奇观。希区柯克不喜欢这一风潮，因为它与他对电影逼真性的观点相违背，他认为这只不过是一种昙花一现的潮流而已。但是现实是，他不得不使用那台大得像个房间一样的摄影机继续拍摄。格蕾丝·凯利回忆道："有了这种摄影机，就仿佛双手被捆着登上拳击场一样。但是希区柯克太卓越了，我从未见过他失去耐心——他从来不生气。每当他想要做什么的时候，技术人员总会给他带来一种挫败感：'啊，不行，我们的摄影机不能做这个，不能做那个。'如果是我，我都要气死了。"

也许是格蕾丝·凯利的出现让希区柯克平静了下来。凯利正是他心目中完美的金发女郎。她看上去冷若冰霜、难以亲近，不过希区柯克很清楚地知道围绕着她的一切桃色八卦。正如戈尔·维达尔（Gore Vidal）后来说的那样："格蕾丝差不多总是能把男主演放倒，她的这点名声在圈子里是传遍了的。"在拍摄《电话谋杀案》时，她确实和雷·米兰有过一段韵事，还差点让米兰失去他的婚姻。令这位女演员远近闻名的还有她粗俗的幽默感，以及从天主教修女院学校积攒的一大堆荤段子。希区柯克爱的正是这样的女人，他欣赏这种明面上的禁欲和放荡的组合。他有一次跟一个记者说："她敏感、自律，同时又非常性感。人们总是说她冷淡。胡说！她是有着雪顶的活火山。"

这也许正是他在片场小心翼翼地对待她的原因。他会称呼她为"凯利小姐"，然后她称呼他为"希区柯克先生"。她对记者说："希区和我在一起时总是彬彬有礼，十分庄重。他把我当瓷娃娃一样对待。"希区柯克喜欢把自己当作她的"斯文加利"（Svengali）[①]，哄她做出某种他想要的表演，这种表演单凭凯利自己是无法完成的。而反过来，凯利表现出的则是称职、听话，而且总是很守时。很快事情就清楚了，她就是希区柯克的新缪斯。

尽管如此，她被丈夫雇佣的小混混袭击的那一幕也花了五天时间才拍完。拍到最后，她真的被弄得伤痕累累。而希区柯克对这一段落的拍摄成果是非常满意的。他用 3D 用得很克制，只在高度紧

---

① 英国作家乔治·杜莫里耶（George du Maurier）1894 年的小说《特里尔比》（*Trilby*）中的一个利用催眠术来操控他人的邪恶角色。后来这一词汇被用来形容那些不怀好意地操纵他人的人。

张的场景里才会使用它，比如妻子抄起一把剪刀抵挡袭击者侵害的那一刻。他认为这段"拍得不错，只不过剪刀上的闪光不够亮。凶杀案里的凶器如果不能闪闪发光，那就仿佛没有荷兰酱的芦笋——索然无味。"他坚信 3D 迟早有一天会失去其魔力，这部电影最终将以"平凡"（flattie）的形式上映。3D 的风靡应该只是"九日奇迹"①，而"我是在第九天才来的"。

希区柯克显然非常注重格蕾丝·凯利在电影中的着装，他回忆说："影片一开始的时候我让她穿颜色鲜亮的衣服，随着剧情深入，她衣服的颜色也越来越暗沉。"这些细节观众未必都能捕捉到，但他对此类细节的关注恰恰证明了一个艺术家的敏感。这样的细节处理还体现在声音设计上，希区柯克决定将伦敦街头的交通噪声用在电影的街景里。一个流出的备忘录里记录着这样一件事：希区柯克"觉得英国的交通噪声和美国的不一样。他还想要一些英国汽车的鸣笛声"。

希区柯克非常清楚华纳兄弟想要的只不过是另一部《火车怪客》，因此，《电话谋杀案》需要与前者有一定的相似之处，并且能让他们的投资在短期内得到回报。他设法仅用 36 天就拍完了全片，对此自己也感到非常满意。他后来说："我本来可以拨电话给那人的。"这是对这部影片片名的反讽呼应。②他说这部电影

①　"nine-day wonder"，形容引起短暂轰动的人或事物，近似中文里的"昙花一现"。
②　《电话谋杀案》的英文片名直译为"拨 M 号来谋杀"。M 是拨盘式电话数字 6 上的第一个字母。希区柯克的这句话可能有两重意思，一是他可以拨电话来申请延长拍摄期限，二是他威胁要杀掉那个人。

只是一部"次要作品",不过,作为一次结构实验和独创性练习,再考虑一下它暗含的讽刺意味,这部电影仍然值得关注。公众的评价也不错,这很大程度上得归功于格蕾丝·凯利这颗冉冉升起的新星。

无论如何,还在拍摄《电话谋杀案》的时候,希区柯克内心已经有了另一个构想。他渴望拍摄更具挑战性、更有野心的电影。据格蕾丝·凯利说,他能在片场获得宁静的唯一途径就是为他的下一部电影做准备。她补充道:"他总是坐在那里和我聊这件事。当我们等着摄影机就位的时候,他非常热情地向我讲述那个令人难以置信的场景的所有细节。他告诉我在后窗对面的公寓里被看到的有哪些人,他们有着怎样的小故事,角色特征如何逐渐呈现,什么样的真相会被揭示出来。"她这时候肯定已经知道了自己将会是"被看到的人"之一,但是她比其他的人被看的时间更久,所获得的眼神也更亲密、暧昧。

他不喜欢在华纳的工作经历,并不只是因为那些强加给他的笨重3D设备。他跟悉尼·伯恩斯坦说:"华纳片场是所有人心中最死气沉沉的地方。"为了削减开支,华纳正在裁掉一些员工和签约演员。甚至早在《电话谋杀案》开拍之前,他就已经在另谋出路了。他和派拉蒙签订了九部电影的合约,其中五部的版权会在八年后归他所有。这份合同将保证他的财务状况,稳固他在电影圈的声誉。

《后窗》是他为派拉蒙拍摄的第一部电影,制片公司要求他选择一篇康奈尔·伍尔里奇(Cornell Woolrich)的短篇小说进行改编，这位作家在当时被誉为美国最出色的"犯罪"或"悬疑"题材小说家。希区柯克在9月底拍完了《电话谋杀案》，旋即开始把注意力转向为新制片厂准备新作品。这一年的早些时候，他需要找到一位编剧，最终他选择和一位在广播剧领域名声大噪的年轻人合作。这位青年才俊就是约翰·迈克尔·海斯（John Michael Hayes）。他回忆说："希区柯克让他的经纪人和我的经纪人一起吃了顿午饭，他们递给我一本书，书里有《后窗》的故事。他们告诉我：'星期五晚上，你将在比弗利山庄见到希区柯克先生，与他共进晚餐。你先读读故事，准备准备，届时和他讨论。'"见面那天，觥筹交错，双方都喝得很尽兴。不过希区柯克似乎很喜欢这个年轻人，提议从1953年春天开始和他合作。事实证明，这次合作非常成功。海斯为这部电影的角色塑造带来了明暗对比，与之前的电影相比，海斯的剧本更有活力，也更具启发性。

　　到了秋天，海斯准备好了一份76页长的剧本大纲，在9月初寄给了派拉蒙。但剧本大纲只是整个工作的一部分。海斯说："希区柯克到了他在派拉蒙的办公室，坐下来开始看剧本。我们逐字逐句把剧本过了一遍，然后我们试着把文字都变成画面。他这时候想把摄影机角度和机位都提前画好。他有一个大开本的素描本，上面画满了电影的分镜头和场景设计。"这位导演没有等待布景搭建完成和剧本完稿，他提前把副导演和摄影师叫了过来，借助草图准确地向他们演示了他希望如何拍这部电影。一个刚被聘用的副导演在走进希区柯克的办公室时看到，"大房间的三面墙上满是看上去像连环画的东西"，那些就是希区柯克构建的故事板。

　　希区柯克的办公室在梅尔罗斯路（Melrose Road）的派拉蒙制片厂内，离他在百乐吉的寓所大约40公里。办公室位于大楼中心一层，当他从豪华轿车下车后，走一小会儿就能到他的这一秘密圣殿。在这间办公室里，希区柯克策划并制作了他职业生涯中最好的几部电影，从《捉贼记》（To Catch A Thief，1955）和《怪尸案》（The Trouble with Harry，1955），到翻拍的《擒凶记》和《迷魂记》。也正是在这里，他组织起了一个固定班底，共同成就了所谓希区柯克的"黄金时代"。 其中包括服装设计师元老伊迪丝·海德（Edith Head）和担任电影摄影师的罗伯特·伯克斯，剪辑师乔治·托马西尼（George Tomasini）和副导演赫伯特·科尔曼（Herbert Coleman）也位列其中。亨利·巴姆斯特德（Henry Bumstead）是美术设计，伦纳德·索思（Leonard South）负责掌镜，索尔·巴斯（Saul Bass）为《迷魂记》等片设计片头。佩姬·罗伯逊（Peggy Robertson）曾在《风流夜合花》中担任剪辑师，阔别九年之后，她现在重新回到了老东家那里，担任《迷魂记》的剧本统筹。作为希区柯克的私人助理，佩姬一直陪伴着他，直到他离世前的几个月。然后还有希区柯克最喜欢的作曲家伯纳德·赫尔曼（Bernard Herrmann），从《怪尸案》开始，他们一起合作了八部影片。

　　这些男士和女士是创造希区柯克风格必不可少的合作者。他几乎从不提起他们，也鲜少对他们的工作表示赞赏。在他看来，所有的"希区柯克电影"都是他自我意志的表达，其他人只是他实现自我路上的临时演员罢了。这也是他招致怨恨乃至愤怒的原因，就像他和演员之间若即若离的关系也让演员们感到灰心丧气一样。

10月12日，《后窗》的布景搭建工作在派拉蒙片场18号摄影棚有条不紊地展开了。这一布景展现的是格林威治村（Greenwich Village）一座住宅区的背面。该住宅区有31套独立的公寓，其中8套房间配备了齐全的家具。它还必须包括防火梯和屋顶花园，以及一条通向街道的小巷，人们从这里可以瞥见外部世界的一隅。这个高40英尺、长185英尺的巨大而复杂的布景，在50个人的共同努力下，足足花了一个月才搭建完成。100盏弧光灯和2 000盏小灯将在这里亮起，一个带有一系列开关的大型控制台用来保证所有公寓的照明都在掌控之中。在这里，希区柯克通过短波电台下达指令，和演员交流。这是派拉蒙自西席·B. 地密尔的英雄史诗片之后规模最大的项目，也和后者一样充满了戏剧感。它不是真实的，它高于真实。

选角工作并不难。尽管詹姆斯·斯图尔特发誓《夺魂索》之后再也不跟希区柯克合作，但是当他看到海斯的剧本并得知女主角的饰演者是格蕾丝·凯利后，他就没有之前那么坚决了。他扮演的摄影师杰弗里斯（昵称"杰夫"）因一条腿骨折而动弹不得，他观察到对面公寓里发生了诡异的事情，断定那是一起谋杀案。凯利饰演他的女朋友，起初为了一点浪漫的缘由，不太相信他的猜测。但在杰夫拒绝了她的示爱后，她自己也参与进案件的业余调查当中。电影在这个时候就变得扣人心弦了。

希区柯克让约翰·迈克尔·海斯多放些心思在凯利的角色上。海斯从这个明星身上得到了灵感。他回忆说："希区柯克曾经这样评价凯利，'瞧瞧她，她什么都能做好，但她的身上就是差点激情。'于是我和凯利一起待了一周的时间，发现她异想天开、风趣幽默、爱开玩笑。她像个邻家女孩，但是又非常性感。她似乎能将所有这些特点集于一身。"这就是他重新塑造的角色，本身几乎已经完全成型了。希区柯克也参与了这一重塑，他曾经对一个记者说过："我并没有发掘格蕾丝，我只是把她从比死亡更蹉跎的命运中拯救了出来。在我之前，所有人都以为她只能演一个冷酷的女人。"与伊迪丝·海德一起，希区柯克小心翼翼地为格蕾丝挑选了适合她的服装色彩和款式。《后窗》被拍成了一部宽银幕特艺彩色电影，如此它便可以为进入希区柯克的梦幻世界提供一个更有力的入口。

　　一切都在杰夫公寓里的控制中心的操纵下平稳运行着，拍摄工作顺风顺水，几乎没有发生意外。影片于 1953 年 11 月底开拍，距离完成《电话谋杀案》仅仅两个月。制作过程非常迅速、顺利，一直持续到来年的 1 月中旬。没碰到什么大问题。为了提高某个场景的清晰度，长焦镜头不得不进行更换。有一次，发烫的弧光灯触发了摄影棚里的消防传感器，水到处喷溅。演员都被淋成了落汤鸡，不过基本没有造成什么损失。

　　希区柯克在导演这部戏的时候乐在其中，重新体验了他早期电影生涯中的那种活力和热情。"大约是这个时候，"他说，"我才觉得我真的充好电了。"詹姆斯·斯图尔特证实希区柯克确实心情很好。他记得，"电影的每一个场景、每一个部分都精益求精，他在其中如鱼得水，我们都对影片的成功非常有信心"。他只会偶尔地有些小小的不满意。"每拍完一场戏，过一段时间，"斯图尔特说，"希区就会从椅子上站起来，走到我面前，非常小声地说，'吉姆，这场戏有点疲。'然后他会走回椅子再坐下，你完全知道他是什么意思，时机和节奏没掌握好。"

希区柯克非常清楚他所需要的速度和节奏。他曾经说过，这部电影"在结构上是很不错的，因为它呈现了人的主观反应过程。一个人在看，然后看见，然后做出反应——这样你便建构起一个心理过程。《后窗》完完全全是关于心理过程的，只不过它是用视觉手段来实现的"。看见，做出反应。这也是他多年前在德国学到的蒙太奇手法的定义。他告诉特吕弗："你知道的，普多夫金就是这么做的。"这是希区柯克公开可以被称为电影美学理论知识的少数场合之一，他总是对早年研究欧洲电影的经历避而不谈。《后窗》的大部分场景都是无声的，因为杰夫听不到对面公寓的住户说着什么。他必须依靠手势和表情来判断。在这个过程中，希区柯克重新使用了他在早期职业生涯拍摄默片电影时的一些技巧。据估计，影片有 35% 的段落是无声的，希区柯克正在回到他曾称之为"纯电影"的时代。

这部电影本质上是关于偷窥癖的——通过揭开或发现那些通常被视为秘密的事物，来获取一种持续的满足感。这很容易让人联想到希区柯克对性绯闻和性暗示的热衷。甚至可以说，在塑造杰夫的过程中，希区柯克创造了一个自己的形象——一个躲在摄影机背后的男人，利用观察到的现实，创造出一个幻想世界；他沉湎于镜头前的女人，而不是生活里的女人。某些时候，杰夫被刻画成

"不正常"的人，有一个"他不能讨论""难以启齿"的"问题"。也许像是某些人暗示的那样，这可能是对被压抑的同性恋群体的影射，不过也有可能只是希区柯克和海斯开的一个玩笑。本着同样的玩笑精神，雷蒙德·伯尔（Raymond Burr）扮演的谋杀犯罪嫌疑人，在造型和行为方式上模仿了大卫·塞尔兹尼克。

从很多方面来说，这部电影令人不安。它呈现了一个普通的日常生活空间，但却一点儿也不"普通"。这是一个充满紧张气氛的脆弱社区，日常生活的表象掩盖着不可告人的秘密和不正常的人际关系。这是一个身份混乱、欲望受挫、充满孤独和痛苦的世界。主要角色之间的紧张关系暧昧不明，充任主人公的角色则难以捉摸，不好相处，自以为是，傲慢任性。

希区柯克曾经说过："在我拍的所有电影里，这部对我来说最具电影性。"这句话可以有多种解释。沉迷窥视的杰夫和影院里观影的观众并没有什么不同，这些观众被包裹在安全的黑暗中，在不被发现的情况下，凝视着演员的表演。《后窗》是一部关于凝视的快感与惩罚的电影。它关乎纯粹的观看行为。但是凝视也许是不确定的，因此得出的结论也可能是无根据的。杰夫所看到的一切是否都是他对女人的恐惧的反映？即使在影片结尾，这也是一个悬而未决的问题。当有一次被问及《后窗》的色情意味时，希区柯克回答说："即使任何人在我开始拍片前提出这个疑问，也不会使我停下脚步，因为我对电影的热爱远比道德二字更为重要。"他的回答除了证明他对于"纯电影"的信仰，还从侧面反映出其实他未必意识到自己创作的作品有什么暗示，他只是对悬疑和张力感兴趣。

《后窗》后来被美国电影学会（American Film Institute，简称AFI）评为美国历史上最好的一百部电影之一，不过即便在当时，影片也获得了巨大的成功。1954 年 8 月 11 日，影片在好莱坞举行了首映，评论界反响非常好，说它"令人兴奋"，"非常愉悦"。两年间，它赚到了 1 000 万美元。然而影片中那些更黑暗、更富自传色彩的部分却没有引起人们的注意。美国观众需要的只是娱乐，希区柯克也准备好了为这件无害的商品赔上自己的笑脸。毕竟，它"只是一部电影"。

1954 年初，就在他为《后窗》做最后一点润色的时候，他已经开始准备下一部电影了。派拉蒙的经理向他提议，他应该去看看一本叫《捉贼记》（*To Catch a Thief*）的小说。改编权两年前就已经买好了。故事的主人公是一个飞贼，为了诱捕模仿他偷窃手法的盗贼，他重返老窝——法国的里维埃拉（Riviera）。希区柯克热爱法国，也爱吃法国菜，或许正因如此，在完成了《后窗》辛苦的拍摄之后，他将接下来的这一任务看成是一次放松。他和约翰·迈克尔·海斯之前的合作非常愉快，所以希区柯克决定再一次和他合作。海斯回忆说："当他发现我从来没有去过法国南部的时候，他就安排我和太太去那里，费用由制片厂负担，这样我就可以研究当地的风土人情。旅途非常愉快，返程的时候我已想好该怎么改编这部小说了。"

希区柯克还想跟格蕾丝·凯利合作，她已经成为他心目中的完美女神——或许他会把凯利跟天主教学生时代的"恩典之光"（the light of grace）联系在一起。毫无悬念，丰厚的片酬和迷人的女主角吸引了加里·格兰特，他将饰演男主角。希区柯克和海斯两人一起合写剧本。海斯说："我们之所以能成为一对好拍档，是因为他在视觉、自我和信念方面拥有如此出色的技术和知识，而我则可以带给他一些温暖的角色个性。"希区柯克非常重视海斯的这项才能，因为他自己是出了名的只会写情节、不会写人物。海斯说："我们只是大概聊了一下故事和人物，他让我放手写，直到我写完为止。我们的确会一起吃午饭，这时我会告诉他我在做什么，他有足够的耐心等我把事情做完。"海斯在另一个访谈里说："我带给希区的就是角色、对话、动作和娱乐性。"但是希区柯克很少称赞海斯，一如往常，他觉得要是有人活儿干得好，那也只是本职。他后来合作的一个编剧，欧内斯特·莱曼（Ernest Lehman）回忆说："他非常安静，没什么架子，但是每个人都会为他的反对意见担惊受怕，这也是为什么每个人在为他工作的时候都拼尽全力。你会害怕自己做出来的工作低于他的标准。"当然到最后，所有荣誉都归于希区柯克。

《捉贼记》的剧本写得非常精湛，不时迸发出睿智机锋和性暗示，让凯利和格兰特的合作擦出了火花。

格兰特：告诉我，什么让你最兴奋？

凯　利：我还在找寻。

······ ······

（她给他端上一盘冷藏鸡肉。）

凯　利：你想要腿还是胸？

格兰特：你决定吧。

……　……

凯　利：告诉我，多久了？

格兰特：什么多久？

凯　利：从你上次待在美国。

有一个场景设置在一个 17 世纪法国宫廷风格的华美舞厅里，一位美国客人（凯利所饰角色的母亲）用法语问侍应生："有波本酒 ① 吗？"这可能还没有达到奥斯卡·王尔德（Oscar Wilde）的程度，但是对于一部 20 世纪 50 年代的美国电影来说，这样的设计已经够有趣和大胆了。事实上，这部电影在某些时候变成了对自己的戏仿——一种表面华丽的镂空巧计。

5 月底，电影开始拍摄，下雨问题成了剧组主要的困扰。格兰特每天 6 点准时离开片场，这也给剧组带来了一些不便，虽然上下班时间是写在他的合同里的。演员在导演拿到片酬之前就获得票房分成，这件事也令希区柯克颇为不满。格兰特在片场的要求很多，一会儿要加长轿车接他去片场，一会儿又要换一辆不那么奢侈的汽车。他告诉片中的一个法国女演员布丽吉特·奥贝尔（Brigitte Auber）："希区柯克很喜欢我，但是同时他又恨死我了。他想取代

① 波本酒是美国传统烈酒，价格较为低廉，各个阶层都可以消费，通常代表硬汉文化。

我。"谁能否认这一点呢？制片经理埃里克森（Erickson）总是在抱怨这个演员，希区柯克向他保证："杀青之前我会好好照顾加里·格兰特先生，等电影一拍完，我会一次性地把他大骂一顿。"他当然没有这么做，事实上他讨厌把谁"大骂一顿"时的那种紧张气氛。当埃里克森提醒他他曾经说过的话时，他就说："呃，谁知道呢，我可能还要让他再拍一部影片。"他果真是这么做的，片场的良好关系保持了下去。希区柯克带着演员和工作人员流连于各种餐厅，在那里，他像一位大师或皇帝一样，督管着吃喝玩乐的所有细节。

不过，希区柯克已经厌倦了外景拍摄，他喜欢在安全的摄影棚里工作。格蕾丝·凯利当时的情人让 - 皮埃尔·奥门特（Jean-Pierre Aument）老出现在片场，给拍摄添了不少麻烦。希区柯克删掉了一些原本在法国取景的戏份，回到好莱坞后，用他所掌握的所有合宜的技术设备拍摄了一组最华丽的镜头。

1954 年 9 月初，全片完成，比预计的日期迟了三周。影片采用维斯塔维兴宽银幕电影系统（VistaVision）拍摄，有着高分辨率的宽银幕影像，影片的一些广告宣称："你会感觉自己真的置身于美丽的里维埃拉。"遗憾的是，这也为这部电影的大部分画面赋予了风光片的气质，电影本身因此变得更为肤浅。希区柯克在伦敦首映式上承认了这一点："如果你有时候不得不拍一些爆米花电影，至少要试着把它做得好一点。"

《捉贼记》还是有些闪光时刻，尤其是那些展现格兰特的幽默和凯利的性感的场景。不过影片轻松乃至轻浮的气质并没有让所有评论家满意。《综艺》杂志的一位影评人评价格蕾丝·凯利说，这位女演员"在镜头里像衣架一样展现了伊迪丝·海德作品的迷人气质"。事实上，希区柯克创作这部电影是为了向他的女主角表示敬意。他为凯利挑选衣服，就像圣职者装饰圣母玛利亚一般。不过这并不意味着，希区柯克就能让凯利免受抹大拉的玛利亚般的痛苦。有一场戏，加里·格兰特原本要抓着她的手腕，把她推到墙上。希区柯克认为他太温柔了，要求一遍遍地重拍这个场景，直到暴力呈现得更加真实。格兰特回忆说："格蕾丝独自一人回到这场戏开始的那扇门后面，我碰巧看到她在按摩手腕，带着痛苦的表情。"

格蕾丝·凯利声名大噪，很大程度上要归功于希区柯克的指导，《捉贼记》的市场反馈也非常好。海斯的剧本被编剧工会提名为"最佳喜剧剧本"。影片的出色之处还有美术指导和服装设计，也分别获得了奖项提名。电影的服装确实非常考究。没过多久，罗伯特·伯克斯也摘得了奥斯卡金像奖的最佳摄影桂冠。

在尼斯（Nice）的一个花市，希区柯克接受了安德烈·巴赞（André Bazin）的采访。安德烈·巴赞是权威电影杂志《电影手册》（*Cahiers du Cinéma*）的编辑，被认为是法国最杰出的电影理论家之一。他在片场一边等待希区准备好接受采访，一边观察拍摄，他发现"在我等待的一个小时里，希区柯克对拍摄的干预没有超过两次。他就坐在导演椅上，看上去百无聊赖，心里琢磨着另外的事"。他们的采访在重拍时进行，持续了大约五六十分钟，但是在这期间，"希区柯克只是匆匆瞥了一两眼片场的情况"。

巴赞说希区柯克的回答"令人不安"，他在此处指的是希区柯克不太回应理论上的东西。希区柯克好像对于这位法国理论家关于其电影中"意义""信息"的追问有些困惑，他更喜欢谈论技术和实际问题。希区柯克告诉巴赞，用巴赞自己的话来说："拍'艺术片'是很简单的，真正难的是拍好的商业片。"这也难怪巴赞会觉得不安了。法国电影理论家感兴趣的是所谓日常现实的深层结构；当他们面对希区柯克形式强烈、秩序井然以及高度组织化的电影时，他们觉得自己找到了理想的分析对象。美国的学者和理论家，其中一些来自新兴的电影学校，养成了这种形式的分析习惯。他们准备好了要在一切事物中发现意义。希区柯克的外孙女在上学时选了一门电影课，她就其一部作品问他："你在拍这一出戏的时候是想表达这个意思吗？我们上课时老师是这么教的。"希区柯克翻了个白眼："他们从哪儿想到这些玩意儿的？"另外一次，希区柯克帮外孙女写一篇文章，关于他最喜欢的电影之一——《辣手摧花》，但是只拿了个 C。"呃，对不起，"他说，"我尽力了。"

巴赞还与"作者论"（auteur theory）有很深的渊源，虽然这个理论是经由特吕弗和其他一些人的评论而发扬光大的。这一理论强调导演个人的艺术视野和创造性的想象力在电影制作中的重要性。希区柯克对这个新理论方法肯定是举双手赞成的。他一直对外散布只有他才是电影的唯一作者，他的合作者们通常都得不到公开承认。如果批评家们在他的电影里发现了可以被指明和阐释的东西，比如一个主题或一个象征，对此，他是不会有意去澄清的。尽管希区柯克表面上骄傲、自足，但他在内心深处还是想得到称赞和认可。"作者论"让希区柯克获得了前所未有的导演声誉，至少在法国文化中是这样。毫无疑问，很多欧洲观众都觉得他是一位艺术家，而不仅仅是一个艺人，这让他暗自高兴。其实他一直很清楚这些，但由于担心吓到美国制片人和制片厂的会计，他宁愿不说出来。

"我是在一天下午的五点半拍完《捉贼记》的，七点半我就开始筹划《怪尸案》了。"希区柯克这样声称。这在某种程度上是一种自我吹擂的夸张说法，不过事实上，他和约翰·迈克尔·海斯确实在《捉贼记》还没结束的时候就开始为新片做准备了。

希区柯克之前就读过杰克·特雷弗·斯托里（Jack Trevor Story）的小说《哈里的麻烦》（*The Trouble with Harry*），并迅速被小说中的黑色田园喜剧风格所打动。这个故事的主人公哈里是一具尸体，总是被不同的邻居从地里挖出来，因为他们出于各种原因都认为是自己害死了哈里。小说是以英国乡村为背景的，电影里则被搬到了美国的佛蒙特州，新英格兰的秋天可以说是这种阴郁喜剧的最佳背景。幽默和恐怖以一种轻描淡写的方式被编织进希区柯克所谓"严格的英伦风格"之中，紧张加剧了喜剧，喜剧又强化了紧张。影片一开始，一位被称为"船长"的老人拖着哈里的尸体在灌木丛中行走，而一位散步的中年妇女在盯着他。"船长，好像出什么事了？"希区柯克后来说这句台词是他在自己所有的电影中最爱的一句。这句话完美捕捉到了电影在处理死亡时的那种漫不经心和轻松愉悦。

这部电影的一大看点是雪莉·麦克雷恩（Shirley MacLaine）在银幕上的初次亮相。在谈到麦克雷恩缺乏电影经验时，希区柯克只是评论说："她身上没那么多要我去改的坏习惯。"实际上他在她身上也没耗什么精力，他想要保持她那不事雕琢的新鲜感，对"导演"她没什么兴趣。麦克雷恩在回忆自己的第一次剧本朗读会的时候说："我根本不知道如何表演，我连剧本都读不流利，我是个舞蹈演员！我某种程度上就是扮演我自己，大概是这样。"在剧本朗读会的最后，希区柯克转向她，简单地说："亲爱的，你的胆子跟抢银行的一样大。"

希区柯克在片场的一些话流传了下来。"快点！快往那些该死的树叶上喷水。快！""毕竟，这只是一部电影，我们却拿了高工资。""非常好，不过，我们再试试这么拍。"影片只在佛蒙特州拍了一个月，然后就因为暴风雨而被迫停机。10月中旬，希区柯克和工作人员们在相对舒适安全的摄影棚里开始继续工作，用从佛蒙特州带回来的充足的秋叶来布置场景。

正如希区柯克所言，这部电影可能是一部十足的"英伦"电影，但它却在法国备受好评。影片在法国不断重映，或许是因为希区柯克在年轻的法国影评人群体中备受推崇。这是一个高度自觉并精心设计的戏剧性故事，仿佛发生在亚登森林（Forest of Arden）①。就像希区柯克说的："这就好似我在哗哗作响的溪流旁安排了一起凶杀案，然后往清澈见底的水流里滴了一滴血。"伯纳德·赫尔曼俏皮、浪漫的音乐给电影营造了恰当的氛围。这是希区柯克第一次和赫尔曼合作，在接下来的十年里，他们又合作了翻拍版的《擒凶

---

① 莎士比亚所著戏剧《皆大欢喜》的故事主要背景，位于英国沃里克郡附近。剧中描写的亚登森林远离尘世、充满梦幻色彩，因此成为英国文学中的著名场景。

记》、《伸冤记》(*The Wrong Man*, 1956)、《迷魂记》、《西北偏北》、《群鸟》、《艳贼》(*Marnie*, 1964),以及最轰动的《惊魂记》。赫尔曼有时也是个很难相处的人——易兴奋,易紧张,而且很容易生气——但是他们之间合作得很好,而这主要是由于他们对彼此专业性的尊重。

然而,影片在美国上映时反响平平,观众普遍觉得无聊和艰涩。也有可能是观众对于影片的英伦风格(Britishness),或更确切地说是英格兰风格(Englishness),不是很感冒。或者像希区柯克声称的那样,制片厂的宣传推广工作没有做到位。"我害怕的是,"希区柯克说,"那些开电影院的人或者发行商,也就是我的天敌,他们认为这部影片无法吸引观众。"后来他承认:"这部电影大概损失了 50 万美元,这是一次代价昂贵的任性。"

当希区柯克尝试开拓第二个职业领域的时候,财务问题可能正在困扰着他。在《怪尸案》后期制作完成之后,希区柯克举家前往他们最喜欢的度假胜地圣莫里茨过了一个圣诞。当他回到好莱坞的时候,卢·沃瑟曼(Lew Wasserman)与他进行了一次深谈。沃瑟曼 1946 年开始担任 MCA(美国音乐公司,The Music Corporation of America)的总裁,他也是希区柯克多年的经纪人。以这样的双重身份,他建议希区柯克从电影转向电视。

希区柯克以前就和不同形式的广播有过多次接触。他曾担任过广播剧《专业凶手》(*Murder by Experts*)的主持人,还是广播竞猜节目《请给我信息》(*Information*, *Please*)的小组嘉宾。在后者

1943 年的一期节目里，希区柯克被问过这样一个问题："在哪个著名的案件中，购买风信子可以弥补罪行？"他的答案精确到了每一个细节。座谈小组的主持人还问他："当时的潮汐是什么方向的？"

不过，向小屏幕过渡毕竟是个挑战。出于对不确定性的考虑，他有可能在一开始退缩了，但是他天性中的所有力量都在推着他前进。电视意味着名声，电视意味着成功，电视意味着金钱。而他总是需要更多的名声，更多的成功，更多的金钱。这些就是他的生存准则。20 世纪 50 年代中叶，好莱坞终于开始为电视荧屏制作内容了，在此之前，电视一直不被重视。自 20 世纪 40 年代末，美国广播公司（ABC）、美国全国广播公司（NBC）和哥伦比亚广播公司（CBS）这三大电视网开始提供完整的晚间节目表，从那个时候起，由知名演员出镜介绍的电视剧也变得越来越多。

当卢·沃瑟曼明确表示，他只需做很少的工作，就能够获得丰厚的回报时，希区柯克同意了。他只是名义上的行政制片人和剧本顾问，他的主要角色是在每一集的开头和结尾担任主持人。这样做他每集就会有 12.9 万美元的收入。他还将拥有每个节目在首播之后的版权。这几乎就是什么都不做躺着拿钱。他们开出了希区柯克无法拒绝的条件。

不过，协商还在继续，他就已经想好下一部要拍的电影了。1941 年，他第一次有了翻拍《擒凶记》的想法。为什么他十四年之后又重拾了这个想法，无人知晓。他有时候会说，他只是在为詹姆斯·斯图尔特的才华寻找一个合适的载体，不过这种说法似乎不太可能。更有可能的是，他看到了这部他最喜爱的电影之一的商业价值。原版是在 1934 年公映的，而到了 20 世纪 50 年代中叶，很有可能会有一些新东西迸发出来。新版本将是一部彩色电影，而且还会有宽银幕的优势。

剧本创作开始于 1955 年初，他选择重新与自己的老编剧搭档安格斯·麦克费尔合作。两个月之后，约翰·迈克尔·海斯加入了进来。海斯回忆道："我从来没有看过原来的剧本（1934 年版），也从来没有看过上一版电影，除了结尾处阿尔伯特音乐厅的片段，因为在新版本中我们保留了这一段。希区柯克把我叫来，跟我说，'我要给你讲这个故事，你记笔记，然后按照你自己的方式把我讲的故事写下来。'"故事是说一对中产阶级夫妇带着年幼的儿子，在国外目睹了一个特工被人暗杀，暗杀者遂绑架了他们的孩子以防止他们告密。当场景切换到伦敦之后，经过一系列离奇的对抗，影片最终结束于阿尔伯特音乐厅的高潮场面，而父母和他们的孩子也同样戏剧性地获得了团聚。在新的版本中，外国的场景从瑞士转到了摩洛哥，一家三口从英国人变成美国人，孩子从小女孩变成了小男孩，一部分原本安在伦敦牙医身上情节，现在放到伦敦一位标本制作师的身上。

希区柯克选择了詹姆斯·斯图尔特和多丽丝·戴主演此片。斯图尔特是一名经验丰富的演员，经常扮演那种棘手环境里的老实人。戴则是一名音乐剧演员，曾经出演过一部 3K 党题材的电影《风暴警告》（*Storm Warning*，1951），她在里面的表演颇得希区柯克的赏识。戏里戏外，她都是一个待在海外的美国家庭主妇。她从未出过国，当剧组飞赴马拉喀什（Marrakech）拍摄影片开场的外景戏时，她感到非常不安。不出所料，她对这座城市的环境卫生感到沮丧，她以为动物会遭受到残忍虐待，她也为此而害怕。希区柯克则确保了所有在片场的动物都会被好好喂养和对待。

但是她的问题却没有到此为止。希区柯克仍然保持着自己的一贯作风，不评论她在镜头前的表演。她将他的拘谨和沉默理解为对她的冷淡和厌恶。她后来说："他从来没有对我说过什么，不管是在一场戏之前、之间还是之后，所以我觉得我可能惹他生气了，我快要崩溃了……我确信我一定是他见过的最差的女演员。"最后，她提出要和希区柯克见一面，见面时她主动提出辞演，让别人接替自己，希区柯克很是震惊。"他说完全相反，他觉得我做的都是对的——如果我做得不对，他会指出来的。"这个例子完美地说明了，对于他的在场给演员们造成的影响，他是如何有意视而不见的。其实他早就猜透了她内心的恐惧，于是通过向她解释自己的神经症来安慰她。比如，"他害怕穿过派拉蒙的片场去杂货店，因为他害怕人群"。

扮演暗杀团体首领的伯纳德·迈尔斯（Bernard Miles）回忆与这位导演"非常友好的"合作经历时说："他当然没有因为过分的注意而惹恼他的演员。"詹姆斯·斯图尔特告诉迈尔斯："我们现在随一位专业人士调配，你完全可以依赖他。只要按他吩咐的去做，一切事情都能顺利完成。"马拉喀什的拍摄很困难，部分原因是拍摄时间正好赶上斋月。一些临时演员因饥饿而虚弱不堪，而另一些则在兜售饭票，没有回来工作。

5 月 21 日的制片日志简略记载如下："阴天——拍摄因暴徒

延迟。"这里的暴徒指的是临时演员。有传言说，如果他们看不到
摄影机，他们就拿不到报酬，这件事激怒了他们。希区柯克坐在大
伞下，岿然不动。他没有像往常那样穿西装打领带，而是屈从于环
境，穿了一件短袖衬衫，扣子扣到最上面一颗。他不时动一动他的
下嘴唇，试图把脸上的苍蝇吹跑。

这场骚动确证了他对外景拍摄的厌恶，无序、不舒适、不可
预测充斥着整个过程。此刻，他想知道"是谁把这些段落写进剧
本里的"。他想离开摩洛哥。埃里克森写道："像往常一样，他一
到这儿来就迫不及待地准备回家。甚至去伦敦也让他提不起兴趣，
但现在他已经投身于那里该死的内景戏了。"5 月 23 日的制片日
志记录道："暴徒在市集乱转 —— 只能把 B 组摄影机移走。"这是
在摩洛哥的最后一天，随后他们便转移到伦敦的"该死的内景"。
等到这里的场景拍完，包括演员在内的整个剧组回到了派拉蒙片
场的舒适环境中，那里才是希区柯克感觉最自在的地方。电影在 8
月拍完，比原计划迟了 34 天。

当他们在马拉喀什工作的时候，每天有 8 到 10 页的剧本由快
递空运过来。当他们前往伦敦拍摄电影的下一阶段时，约翰·迈克
尔·海斯已经带着打字机待在萨沃伊酒店了。他会把剧本直接送到
伦敦片场。"一切都是'匆匆'赶出来的。"海斯说。实际上，他
对编剧署名为"约翰·迈克尔·海斯和安格斯·麦克费尔"颇觉
不满。他觉得自己已经把麦克费尔的剧本改得面目全非，这完全是
他的作品，只属于他一个人。这场著作权的纠纷一直闹到了仲裁机
构，最终海斯拿到了唯一的署名权。不过，在这之后，希区柯克就

再也没和他合作过。

第二版《擒凶记》与第一版非常不同，希区柯克本人宣称："第一版出自有才华的业余爱好者之手，第二版才是专业人士的作品。"这对于第一版并不公平，何况很多人更喜欢第一版。希区柯克也在几年后修正了自己的说法："实际上，我认为两者的不同在于，拍第一部的时候，我并没有观众意识。到了第二部，我有了很大改进。"这说法更切中要害，因为他确实对美国大众的期待变得高度敏感。过了些时日，他又换了种说法，他认为"第一部更具自发性——它没什么逻辑可言。逻辑是无聊的，执着于它，你会失去那些奇异的和自然而然迸发出来的东西"。

第二版是光彩夺目的，有着更精致布景的彩色片。它着重刻画了斯图尔特和戴这对夫妇的心理活动。这个版本更长，从很多方面来说，它呈现出更加多样的风格和氛围。它的结局也更柔和。第一版略显生硬，但是它有能量，有创造力，足以让它扫除一切障碍。而美国版，如果我们可以这么称呼的话，它显然得益于希区柯克这么多年的经验。它在技术上更加炉火纯青，而技术又带来了想象力。这两者是不可分割的。就创造一个融洽统一的电影世界来说，新版《擒凶记》是一个非常好的例子。这个世界坚实、绚丽、充满细节，同时它又是那么易碎、弱不禁风地暴露于外。危险和紧张的情绪流淌在影片中，就像它的音乐一样。阿尔伯特音乐厅的铙钹声响起，预示着暗杀的到来。当多丽丝·戴悠悠唱起《世事多变化》（"Que Será Será"）的时候，她的嗓音缓慢、紧张地漫上楼梯，萦绕于外国使节的包厢，探问着自己的孩子是否依然安好。第一版中的冒险和情节剧，在新版本里让位给了心理剧和对角色的演绎。

希区柯克曾把他英美两个时期的差异归结为自发本能和经营计算的差异。美国时期的谨慎行事是因为美国的制片厂体制会涉及更大的财务风险。在当时的美国，一部电影的投资可能高达100万美元，甚至更多。这是独立工作室和制片厂之间的区别。人们还注意到，他合作的英国演员更注重具体的文化和社会环境，并扎根其中。而美国人往往更抽象，他们不受社会关系的束缚，生活在一种巨大的、漫无边际的空间里。两个时期的差异体现了希区柯克对这两个国家的反应。

美国观众对这部新片的态度是毫无疑问的。它一炮而红，上映一周，就登顶年度票房冠军。希区柯克这一年里还做出了一个另种意义上的决定。1955年4月20日，在他出发前往马拉喀什和伦敦之前，他来到了洛杉矶的联邦法院，在那里，他成为一名美国公民。

he child
ho never cried
ll do it
ound, please
was grey
t home
ake it
h dear
am typed

ood evening

irds and beasts
ack to basics

IX

晚上好

1955 年 10 月 2 日晚上九点半，一个肥胖的剪影出现在电视屏幕的右侧，伴随着古诺（Charles Gounod）的《木偶葬礼进行曲》（"Funeral March of a Marionette"）的音乐，剪影的形象渐渐展现在观众面前，并在此后变得家喻户晓。"晚上好。"《希区柯克剧场》（*Alfred Hitchcock Presents*）就这样开播了。这个每集半小时的剧集持续了长达七年，并在之后又续播了三年。它带给希区柯克名望与财富的方式是这位导演本人也无法想象的。他其实很渴望自我宣传，从他在自己绝大部分电影中都要客串角色就可以看出这点。但是只有电视才有这么大的力量，让他的身形和面孔被世界各地的观众所熟知。

剧集开播的时机非常好。美国的电影票房急剧下降，而在 20 世纪 50 年代，拥有电视机的家庭数量从 400 万上升至了 4 800 万。他之前一直最在乎观众的想法，现在他只需要献出自己。他的角色被恰如其分地模糊了。虽然每一集都带有希区柯克的印记，但是被他选中并执导的集数相当少。在 355 个电视故事里，希区柯克只拍了大约 20 个。他把决定权交给了自己的团队，或者如他自己有时候所说——"我的小家庭"。

这个电视团队确实都是老熟人了。琼·哈里森之前是他的助理和顾问，现在她被叫来当了行政制片人。不久后，曾与他合作《海角擒凶》和《辣手摧花》的男演员诺曼·劳埃德（Norman Lloyd）当了协同制片人。他们选择故事，并让希区柯克决定哪些可以拍摄，其余的事由他们自己拿主意。他们会和编剧一起开发剧本，他们会选择演员、导演，并把它们拍完剪出来。诺曼·劳埃德说："希区柯克鲜少告诉我们应该怎么拍一个剧本。在粗剪出来之前，他不会和片子发生任何关系。然后他会看一遍粗剪再告诉我们行不行，他一般会说：'这儿还需要一个特写或插入镜头，或者再加点其他什么。'这就是他在这个电视剧里参与的程度了。"他会说"好"或者"很好"，如果他不喜欢，他会说"行，谢谢你"。然后他的同事就会知道该怎么做了。

希区柯克确认了这一说法，他在制作过程中扮演的是个相对克制的角色。"是的，哈里森小姐负责选角，"他说，"还有诺曼·劳埃德。我会像长辈一样提点建议，但我不会夺取他们的权力。"但是他很欣赏他们做事的效率，这激起了他的技术挑战意识。大部分剧集是在三天之内完成拍摄和剪辑的，几乎没有足够的时间在制片厂里布置布景。一天排练，两天拍摄。在剧集开播之前的一份新闻稿里，希区柯克表示："很多人以为我拍东西不够快，这很让我恼火。"

希区柯克最大的作用就是出现在每一集的开始和结尾。他会在开始时介绍一下故事，然后在结尾时做一下总结——指出故事的寓意，或者告诉大家一些令人震惊的消息，比如罪犯仍然没有被绳之以法。这些是为了通过审查服务的，可能也会让一些观众大感惊讶。有人说这是第一部以罪犯而非受害者的视角拍摄的电视剧。

他的讲述方式既阴郁又好笑，活脱脱一位英国殡仪馆的服务人员。不过播出的这些年以来，有时他也会改变自己的形象。比如他会坐在树干上亮相，或者像个婴儿一样裹着尿布，或者头上"戴"着一把短斧。他有一次被困在了一个瓶子里。还有一次，观众发现他被绑在铁轨上，他平躺着对观众说："晚上好，乘客们，我想这在某种程度上证明了飞机是永远无法取代火车的。"在另一集中，他解释说凶手已经被抓到了，"因为他的狗卡桑德拉其实是个侦探，在下一个镇子把他告发了。情况变得越来越糟，人类甚至连他们最好的朋友都不能信任"。

大家都以为是他自己为这些短暂的露面写了脚本，但其实他雇用了一个电视喜剧作家。他给吉姆·阿勒代斯（Jim Allardice）放了一遍《怪尸案》，说就想要这样的喜剧感。他想要呈现一种含蓄的、带有恐吓意味的英式幽默。阿勒代斯比这更进了一步，提供给希区柯克一些可能超越了希区风格的笑料。"这是一把非常流行的左轮手枪。它会帮助你快速地在一座陌生的城市里树立威望，当然它也可以帮你扫除异己，清理掉那些你觉得碍眼的东西。"又比如，"我曾经在摘下万圣节面具的刹那因为猥亵暴露被逮捕。"

他还在屏幕上和广告赞助商进行了一番持久的斗争。赞助商的广告会在故事的开头和结尾亮相。"自然，我讲的内容和今晚的故事没有任何关系，它们只是为了转移你们的注意力，这样我们的赞助商就可以偷偷溜到你身边——瞧啊，他来了，准备突袭了。""现在我的赞助商会给你带来一则重要信息，这个消息究竟对谁重要，就不需要我多说了。"赞助商一开始对于希区柯克的这些冷嘲热讽感到不快，但是他们一看到收视率数据，就撤回了反对意见。

他作为节目主持人的形象对很多人来说并不陌生，也不会让他们感到怪异。只不过，他的这一禀赋可能还没有在美国电视上得到充分的发挥。对于希区柯克而言，这个角色就像英国爱德华七世时代音乐厅的剧场主持，每一幕开始之前，他们总是要说上几句下流的俏皮话来调节气氛。这种轻喜剧的风格已经成了他天性中必不可少的一部分，而这又得益于他早年在伦敦的戏台上看到的那些东西。也有人将他的角色比作纨绔子弟或宫廷小丑，嬉笑怒骂同时又置身事外。然而，剧场主持的类比似乎更为恰当。剧场主持最重要的任务是说服观众买酒水，以此为剧院赚取更多利润，希区柯克知道他每周一次的亮相确实提高了电视台的收视率。

每周的某一天，希区柯克都会被送到环球影业的一个摄影棚，在那里他会按顺序拍摄 10 个或更多这样的片段。道具都已摆好，台词也直接递到了他的手头，他很快就发现自己很喜欢出现在电视摄像机的前面。他的公司名叫谢姆雷制片公司（Shamley Productions），是以 30 年代希区柯克一家所居住的萨里郡谢姆雷格林命名的。这似乎也流露出一个美国新移民对英国的思乡之情。

他一般称这些剧集为"故事"，并且宣称："我一直很想创作一些短小精悍的作品。这样的小故事一般是从一个简单的创意开始的，而在结尾会有一个转折或者反转。"他早在童年时代阅读埃德加·爱伦·坡时就知道了这种技巧。

电视剧的第一集由他亲自执导，故事叫《崩溃》（"Break-down"，1955），是对爱伦·坡的短篇小说《提前埋葬》（"The Premature Burial"）的奇特演绎。故事讲的是一个冷酷无情的商人（约瑟夫·科顿饰）被困于一辆撞毁的汽车中，人们认为他已经死了，直到验尸官准备解剖的时候，这个商人在太平间的停尸台上流下了一滴眼泪。这也是希区柯克最喜欢的形象之一在电视上的首次展现——一张脸，因愤怒、不甘、恐惧或死亡本身而僵住不动的脸。这是希区柯克式的典型面孔——受到致命的打击，无法做出反应；面孔中没有任何文化上的所指，有的只是茫然空洞的凝视。而在他的电影中，从《伸冤记》到《狂凶记》，这种目盲般的凝视一直是女性受害者的典型特征。

很快他就对自己的家喻户晓应对自如了。不管是片场内外都有人认识他。他的一位同事马歇尔·施洛姆（Marshall Schlom）评论说："希区柯克先生是最重要的人物，尤其是在电视上。对于制片厂来说，还真没人敢干涉他，他想要什么就给什么。"希区柯克1956年跟一个记者说："上电视之前，我大概一周能收到一打信，现在有好几百封……我在片场干了三十年的电影导演，但就在前几天，我偶然听到一位女嘉宾说，'这是电视上的那个希区柯克'。"他走到哪儿都能被认出来，好多人也开始模仿他低沉浑厚地说"晚上好"，他拥有美国最有名的侧影。从那时起，他开始投身于一种看上去永无止境的自我宣传过程。在此过程中，他的屏幕"角色"在许多方面都成了他展现给世人的形象。他爱死这个了。

当希区柯克在马拉喀什拍《擒凶记》的时候，有人问了他一个问题："希区，你在想什么？"

"我在想我的下一部电影。"

他在1956年告诉一个记者："我听过太多无辜的人被捕的故事了，这些故事大多是从他们的捍卫者——律师或记者等角度讲述的，我从来没有听过从亲历磨难的当事人视角讲述的故事。"对于一个经常在电影里讲述无辜者获罪厄运的导演来说，这是一个完美的故事。这一题材是希区柯克艺术的一种支柱性题材。

《伸冤记》源于他最深切关注的这些东西，不过它也确实是根据一段真实的当代生活遭遇改编的。克里斯托弗·伊曼纽尔·巴莱斯特雷罗（Christopher Emmanuel Balestrero）因为跟一个小偷长得太像而被抓受审，在这个过程中，他的妻子经历了精神上的崩溃。这时有一个陪审员说了一些不当言辞，使得审判无效，在此期间，真正的小偷被发现并落入法网。

希区柯克老是说自己想拍纪录片，这部电影就是他离纪录片最近的一次。他心甘情愿地走出了他最近拍摄的那种特艺彩色风光片领域，转而开始用黑白影像构建"现实主义"的纽约环境，同时在情节铺设上也变得极为克制。这正是意大利新现实主义旗帜飘扬的时期，起码在艺术界是这样，而希区柯克总是对电影潮流有着很敏锐的意识。

希区柯克坚持要做出细节的准确性和情绪的忠实度。他的制作团队绘制出了巴莱斯特雷罗从爵士乐酒吧下班回家时的路线。他们不仅去了他吃饭的小餐馆用餐，还采访了这个案子的法官和律师，此外他们还参观了关押他的监狱和他妻子当时住的精神病院。纽约警方完全不想跟这部电影发生任何关系，毕竟涉及的是他们办过的冤假错案，于是希区柯克雇了几位退休的警官来当顾问。他已经决定了要尽可能在事件的真实发生地点进行拍摄，并把夜景戏真的放到晚上来拍。

他选择让亨利·方达（Henry Fonda）来出演巴莱斯特雷罗。这位演员似乎是坚韧的化身，希区柯克早就想要他在《海外特派员》和《海角擒凶》中饰演角色了，可惜没能成功。现在，方达要承担起巴莱斯特雷罗被冤枉的命运，被迫面对拘押制度中的悔罪仪式。他将让黑暗变得可见。

希区柯克已经物色好了女主角。他意识到，现在陪伴在摩纳哥兰尼埃亲王身边的格蕾丝·凯利已经请不到了，因此他决定再捧一个女明星出来。在《百事可乐剧场》（The Pepsi-Cola Playhouse）的一期节目里，女演员薇拉·迈尔斯（Vera Miles）给他留下了很深的印象。他看出了她的潜力。他和她签了一份五年拍三部电影的合同，还让她出演了《希区柯克剧场》第一集的女主角。希区柯克在一次采访中说："我指导薇拉表演的方式和指导格蕾丝的方式是一样的。她有一种风格，一种智慧和含蓄兼备的质感。"他还对《时尚》（Cosmopolitan）杂志的编辑说："薇拉·迈尔斯会取代格蕾丝·凯利的。"希区柯克不仅要指导她，还要亲自打扮她。他跟服装师伊迪丝·海德说："她是一个绝佳的演员，但是她穿的衣服配不上她的好演技。"她身上的颜色太多了，太杂了。这也可能是《伸冤记》被拍摄成黑白片的原因之一。

拍摄本身非常顺利。"他总是非常幽默,"亨利·方达回忆道,"希区总是在要拍一场严肃的戏之前走进来,讲一个好笑的笑话。我太爱跟他一起工作了。"唯一的一点不愉快发生在希区柯克和薇拉·迈尔斯之间,她渐渐开始讨厌希区柯克专横跋扈的态度。他在片场跟她在一起的时间比其他演员多很多。他不仅要教她如何微笑,如何走路和说话,还管她的饮食以及她跟谁交朋友。他坚持要在她的化妆室里召开"剧本讨论会",但奇怪的是,她抱怨他从来没有称赞过自己的演技。希区柯克的助理制片人赫伯特·科尔曼说:"毋庸置疑,希区对她很着迷,但是这些只停留在他的想象层面上。"他也真的不太可能做什么,她当时就快跟她的第二任丈夫结婚了,还有两个孩子。她总是生机勃勃、足智多谋。当她抗拒希区柯克对她生活施加的影响时,希区柯克也就开始对她失去了兴趣。这一点或许可以从她在《伸冤记》中扮演的被压抑的角色中看出来,在这部电影中,她从未有过什么活力。

尽管希区柯克渴望现实主义和客观真实性,但是这部电影并没有遵循真实事件的过程,因为这与电影的要求相悖。它仍然是一块蛋糕,而非生活的切片,尽管这块蛋糕没那么甜。电影的结局得是乐观明朗的,得让观众感到宽慰,而现实生活中的"真相"常常是模棱两可的。当特吕弗问到这个问题时,希区柯克回答道:"你好像是想让我拍艺术电影是吧?"这也展现了一直以来,他的创作动机是多么趋于亲民和商业,而非纯粹的艺术。

这部电影在当时不算是一个巨大的成功。剧本和故事发展涉及了一些导演自己的偏好甚至是幻想,其中最显著的是错位的身份和误判的监禁，此外还包括那些阴影、栏杆和迷宫般的通道。不过这部电影并没有激发他的想象力。它并没有显现出创造力的释放，这种狂野的能量在他那些明显的"娱乐片"中反倒更为突出。它是严肃的，甚至是庄严的。它既不活泼也不滑稽。它份量够重却有失轻快。尽管它伪装成现实主义，但它似乎太过刻板程序化，而且用力过猛、弄巧成拙了。后来他跟特吕弗说："我对这部电影没什么强烈的感觉。"他把它归入了"不痛不痒的希区柯克作品"之列。

不管怎么样，他又踏上了一段异域之旅。1956 年初夏，他和妻子以及团队的主要成员一起去了非洲南部，为下一个项目勘景。他已经决定翻拍劳伦斯·凡·德·普司特（Laurens van der Post）的《火烈鸟的羽毛》（*Flamingo Feather*），他称其为"一场约翰·巴肯式的真正冒险"。他想要起用一些"优秀、老练的明星"来演绎这个故事。詹姆斯·斯图尔特已经位列主演名单。希区柯克冲破重重困难，想要再度起用格蕾丝·凯利——现在的摩纳哥王妃，把她从闲居皇室的生活中哄劝出来。他说他去非洲是"为了环境氛围，仅仅是为了环境氛围"，但是很快他就发现自己一点也不喜欢那里的环境氛围。炎热的天气、密林莽丛、灌木和小路，都令他无法适应。而且，这里也很有可能发生马拉喀什那样棘手的群众演员问题，成本也可能会很高。对于希区柯克和派拉蒙来说，这个项目的风险太大了，所以最终他们放弃了这个项目。希区柯克就当去度了个长假。

他的下一个项目仍然没有着落。他在考虑是否改编哈蒙德·英尼斯（Hammond Innes）最近出版的小说《玛丽·德瑞号的残骸》

（*The Wreck of the Mary Deare*）。米高梅已经买下了改编权，并且说服希区柯克签下单部电影的合同。这个故事说的是一艘失事的轮船被打捞起来之后，人们发现它的大副还活着；当这位大副上岸之后，他被带到调查委员会处问话，以确定究竟发生了什么。这个故事让希区柯克着迷，他立刻定下让欧内斯特·莱曼来写剧本。莱曼表现得既恭敬又礼貌，但是他们俩谁也没在这个故事上取得太大进展，它似乎正在往一个回溯性的法庭戏上发展。

之后，希区柯克偶然发现了一本似乎是为自己量身定做的小说。特吕弗在 1962 年夏天对他的采访中聊到了这部电影。

特　吕　弗：《迷魂记》是从布瓦洛（Pierre Boileau）和纳斯雅克（Thomas Narcejac）的小说《死亡之间》（*D'entre les morts*）改编的，听说他们写这部小说就是为了让你改编成电影的。

希区柯克：不，不是的。这部小说早在我们获得版权之前就已经出版了。

特　吕　弗：还是那句话，这本书就是专门为了你写的。

希区柯克：你还真这么想啊？要是我没买这本书的版权呢？

特　吕　弗：如果是这样，某些法国导演也会买的，因为《恶魔》（*Diabolique*，1955）获得了成功。实际上，他们两个就着这种类型已经写了四五部小说了。当他们发现你曾经想买《恶魔》的版权后，两个人便开始工作，写出了《死亡之间》，而派拉蒙帮你买下了它。

　　事实正是这样。希区柯克确实对 1955 年的惊悚片《恶魔》表示过兴趣，这部电影讲述的是一个已经确证死亡的人在令人迷惑的阴谋中又复活的故事。两位法国作家皮埃尔·布瓦洛和托马·纳斯雅克后来又写了一个表面上与此相似的故事，即《死亡之间》。它是关于浪漫痴迷的：一个男人为一个他认为已经死去的女人神魂颠倒，于是把另一个女人从头到尾改造成亡人的模样。其实她们俩是同一个人，这一最终真相的揭示几近摧毁了他。希区柯克对于痴迷，尤其是男人对女人的痴迷，非常感兴趣，而它也成为探索充满危险的性幻想和性吸引的最为丰产的空间。

　　剧本的第一稿是由剧作家马克斯韦尔·安德森（Maxwell Anderson）写的。他同样写了《伸冤记》的第一稿，他的剧本被大家认为幻想和暗指太多，不适合一部现实主义电影。但是他充满激情的诗意风格却可能是《死亡之间》，也就是后来的《迷魂记》最好的载体。然而，虽然安德森是一个杰出的剧作家，他却不具备电影编剧的天赋，他最终拒绝了继续写下去的提议。希区柯克又和一两个编剧尝试了一下，然后他遇见了塞缪尔·泰勒。泰勒回忆说，他的经纪人凯·布朗（Kay Brown）"说我得去试一下，因为她想让我认识希区柯克。所以我就答应了，并且在过去的火车上研究了剧本，那个时候不管上哪儿几乎都要坐火车。当我到达目的地的时候，就已经想好该怎么处理这个剧本了"。他告诉希区柯克这部电影必须卸下浪漫的包袱，必须真实起来。希区柯克说："吉米·斯图尔特（Jimmy Stewart，指詹姆斯·斯图尔特）也是这么说的。"斯图尔特将会出演退休警探斯科蒂，他被骗进了一个跟踪陷阱。

幸运的是他们火速敲定了合作的事宜，1957 年 1 月的第二周，他们就签好合同了。签完合同第二天，希区柯克生病了，病情很重。有一种说法是，一些人生病是为了给接下来的大事做准备，仿佛他们是在经历成人礼一样。当然他的病历档案没有这么花里胡哨，他患的是疝气和结肠炎。疝气是他的老朋友了，这位朋友现在变得有些脾气暴躁。在洛杉矶的黎巴嫩雪松（Cedars of Lebanon）医院里做完一个小手术之后，他获准回家。这是他第一次在美国住院，他告诉记者："最令我震惊的是医疗机构对个人的侮辱。我不算是一个神经质的人，但是医院做出来的事简直就是猥亵。"当他们在他手腕上系上名牌的时候，他理所当然地想到了停尸房。他时时刻刻想着死亡。

在希区柯克因住院缺席的这段时间里，塞缪尔·泰勒便独自写起了剧本。当希区柯克出院之后，两个人继续在百乐吉路将剧本往前推进。很显然希区柯克精神不太好，可能注意力也不太集中，但是泰勒回忆道："他状态还是挺好的，我们俩一起写作，度过了一段非常快乐的时光……我们会聊起电影，有时候也会有长时间的沉默。沉默的时候我们就坐在那儿，彼此凝视对方，这时希区柯克会说：'嗯，还在想着呢。'"吃过午饭之后，他会午休一会儿，泰勒则会回到工作室继续写。不久后，希区柯克的健康状况又恶化了。

3 月 9 日上午他开始呻吟，紧紧捂住胸口。他和阿尔玛起初一致认为他应该是心脏病发作了，但是医院的检测结果显示他患了胆囊疾病，还长了两颗结石。两天之后他进了手术室，手术相当成功，但是他也算吃了不少苦。他告诉记者："我两次内脏出血，他们告诉我这种事情经常发生，不要担心，所以我也就没怎么惊慌。但是他们告诉我太太最好找一个神父过来。"虽然希区柯克声称自己并不惊慌，但是他的女儿回忆说他"吓坏了"。这种说法更可信一点。第二次手术后，他花了两个月恢复健康。4月初，泰勒完成了《迷魂记》的初稿。希区柯克在接下来的一个月里没有精力来处理剧本的事。最终的拍摄剧本直到9月份才定稿。

在术后休息期间，希区柯克知道了薇拉·迈尔斯决定退出的消息，理由很充分，她怀孕了。希区柯克对此很不高兴，并跟一个《时尚》杂志的记者说："她让我损失了几十万美元，我不知道该拿她怎么办。你知道，一个演员的电影事业是有节奏的，她现在打破了节奏，这意味着一切都得从头开始。"显然他早就为她规划好了职业生涯。他对于她的不满也在另一个采访中显露了出来。"我给她提供了一个很重要的角色，"他说，"这是一个好机会，能让她成为美丽、成熟、性感的金发女郎，一个真正的演员。我们已经在她身上花了不少钱，现在她竟然没出息到要去怀孕。"直到她在《惊魂记》里得到了一个次要角色后，他们的关系才有所缓和。

也有另一种可能，就是他其实悄悄松了一口气。他毫不怀疑她作为一名女演员的能力，但他不确定她身上是否有那种神秘又不可名状的特质，能让她在银幕上控制一切。她会成为明星吗？当期望的重负卸下的时候，这位女演员自己也会感到轻松。

他开始寻找替代者。经过一系列的磋商和谈判，金·诺瓦克（Kim Novak）成了新的女主角。诺瓦克早已被塑造成了好莱坞的商品，带着一大堆要求来到了制片厂。她不能穿灰色的衣服，她不能穿深棕色的鞋。希区柯克邀请她到百乐吉做客，他的助理制片人赫伯特·科尔曼说，这位导演开始与她讨论艺术和美酒这样的话题，她的脑子里以前从来没有想过这些。科尔曼还说："他成功地让她感到无知和无助，而这正是他想要的效果——让她放弃抵抗。"

希区柯克的回忆则更为详细。"她对自己的定位非常明确，她的头发必须是淡紫色的，在任何情况下她都不会穿套装……我跟她说：'你看，诺瓦克小姐，你想留什么颜色的头发随你，你想穿什么衣服也随你，只要跟故事的要求相符就行。'结果故事要求她的头发得是深色的，还要求她穿灰西装。我还说过：'听着，你想做什么随便你，记着还有个剪辑室就行了。'这就把他们给难住了，争辩到此结束。"在另一个采访里，他说："我甚至给了她表演的空间。"诺瓦克则说："我觉得他是为数不多的给了我很多自由的导演。"

一些早期的拍摄工作于 1957 年 2 月完成，外景工作则在旧金山进行。《迷魂记》把旧金山描绘成了一座梦幻之城。马德琳的丈夫雇了退休警探斯科蒂跟踪马德琳。她好像非常迷恋一个 19 世纪的女人，叫卡洛塔·瓦尔代斯（Carlotta Valdes）。瓦尔代斯曾经被自己的有钱情人抛弃在旧金山的街头。斯科蒂陷入了对马德琳的痴恋。当马德琳在他的眼前从教堂钟塔坠落身亡之后，斯科蒂逐渐变得像是着魔了一样，开始在每一个女人的身上找寻这位被他理想化了的女人的影子。非常偶然，他遇到了朱迪·巴顿，后者也是由诺瓦克扮演。斯科蒂说服朱迪放弃自己的真实身份，来扮演马德琳。这个决定对她来说简直是致命的。

当斯科蒂给朱迪穿上和马德琳一样的衣服，把她的发型弄得和马德琳完全一样的时候，有人议论说：这和希区柯克自己对待他最喜欢的女演员的方式有一些相似。所以很容易看出他为什么选择这本小说。这位虚构的男主角对理想或理想化女性的执着追求，与希区柯克电影生涯的轨迹非常接近。

塞缪尔·泰勒是这样说的："希区柯克非常清楚自己在这部电影里想要做什么……任何在片场看到他的人都会像我一样发现，他的内心确实有着非常深刻的感受。"片场的氛围和电影本身一样紧张热切。詹姆斯·斯图尔特评论说："即使当他还在拍这部电影的时候，我就已经看出来这是一部非常私人化的电影。"金·诺瓦克曾经对《法国世界报》（Le Monde）的记者说："他好像想把自己放进詹姆斯·斯图尔特所饰角色的壳子里。"

他从 1957 年 9 月底开始了密集的拍摄，并在 12 月 10 日结束了拍摄。平均每天拍摄两分半钟的内容，就这样慢慢积累成了一部两个多小时的壮丽的银幕挽歌。他的准备工作还是像往常一样精细。当地帝国酒店（Empire）的一间房间被仔仔细细地改造了一番，细致到烟灰缸的真实感。当地的花店波德斯塔（Podesta）也在摄影棚里被复制了出来。电影里的花就是店里的花。与这样对细节的精益求精同时进行的是大量的视觉实验，比如 360 度旋转摄影机，或在放大变焦的同时将摄影机拉远，借助这些手段来模仿眩晕的感觉。旋转的摄影机突出了画面中的螺旋状图形，无论如何，这一直是希区柯克最喜欢使用的图形之一，在这里，它们服务于命运和永恒轮回的电影主题。

开拍前他跟诺瓦克说："你脸上表情太丰富了，我不需要。"他跟另一位演员芭芭拉·贝尔·格迪斯说："不要表演。"他已经不需要跟詹姆斯·斯图尔特下达任何指令了。斯图尔特基本上都是面无表情的，偶尔脸上会表露出一丝不安，甚至神经崩溃。希区柯克总是哄着这些演员们，让他们按照他的指示演戏。但是他一如既往地不评论他们的表演。

当男主角不顾一切地寻找并改变他心目中的理想女人时，摄影机离他越来越近，气氛也变得越来越险恶和诡异。旧金山的历史像烟雾一样慢慢从他们身边飘过。影片中关键性的死亡场景发生在这座城市最古老的建筑——多洛雷斯教堂（Mission Dolores），这座教堂及其礼拜堂建于1776年。影片给观众一种印象——孤独、漂泊的马德琳认定自己就是卡洛塔的转世，穿着与后者一样的古时服装。一条项链成了解开爱欲与死亡、过去与未来最终谜团的线索。如果说《迷魂记》是旧金山的幽灵史剧，那么也可以说它是一种对命运本身的沉思。什么是表象？什么是事实？表象下隐藏着什么？阴影始终徘徊不去，灾难仿佛又迫在眉睫。这部电影充满了巧合、双重身份、宿命和悬疑。在希区柯克很欣赏的作家威尔基·柯林斯的一部小说中，一个角色说："我感到不祥的未来即将到来，这让我不寒而栗，并伴随一种无法言喻的敬畏；我不得不相信，发生在我们周围的一系列错综复杂的事件，冥冥中都已经安排好了。"[①]这位看不见的安排者这次成了希区柯克，他有幸拥有独特的艺术感受力和非凡的想象力。

---

① 出自柯林斯的小说《白衣女人》（*The Woman in White*）。

在一个段落中，斯科蒂和马德琳闯进了大盆地（Big Basin）的红杉林中。两个人在大片大片的古老树木中穿行，斯科蒂对她说："它们的名字是常青红杉（Sequoia sempervirens）：永远青翠，永生不死……你在想什么呢？"

"我在想，当人们在生老病死的时候，这些树却还在这里，继续生长……我不喜欢这样，因为我知道我一定会死。"马德琳回答道。

这就是他的怀旧和痴迷，他试图创造出一种人人深陷其中无法自拔的永恒轮回的氛围。希区柯克说："我拍这部电影就是为了呈现一个人梦幻般的天性。"不过有时候也很奇怪，电影好像悬停在时间中，有点令人昏昏欲睡。特艺彩色和宽银幕技术创造出一个奇妙的色彩世界，这个世界是如此鲜活，以至于让人觉得它是虚假的。这就是希区柯克那句经常被人引用的名言"这只是一部电影"里固有的矛盾之处。他太善于使用色彩了，在《迷魂记》里有好几个场景都像极了勃纳尔（Pierre Bonnard）和维亚尔（Édouard Vuillard）的画。影片几乎可以被当成一部默片来看，它有一系列绚丽的视觉影像，这些影像既是人工的，但又是浑然天成的。

金·诺瓦克的表演令人印象深刻，尽管希区柯克本人对其演出态度冷淡。她一人分饰两角，马德琳和朱迪，既要暗示她们内在的相似，但又要演出她们性格上的差别。从某种意义上说，她是这部电影的主导形象，像幽灵一样虚无缥缈。她的角色有可能受到埃德加·爱伦·坡一个句子的启发："一个美丽女人的死，毫无疑问，是世界上最诗意的主题。"①

希区柯克想象中全部的诗意都倾注在这部作品乍看上去病态、痴迷的情节中，它们经过了繁复技巧的处理，同时还受到了各种通灵学或精神病学解释的影响。这正是他的这部电影经久不衰的原因。它是遐想，是悲叹，是挽歌，也是赞美诗。故事结尾如此突然，如此震撼，给人留下了无尽的空虚和焦虑。影片最后的台词是由一位阴森森的修女说的："我听到了声音。上帝保佑。"

《迷魂记》在最近几年被认为是希区柯克最深刻、最精良的作品。在上映时可没人这么想，它不过被认为是又一部以追逐和悬疑为主要元素的希区柯克惊悚片而已。这部电影在当时没有取得成功。影评人感到困惑，而观众们则觉得无聊。这部电影太奇怪，太模棱两可，太疏远观众，而且，太长。音乐经常代替了台词。希区柯克公开表示，此片的失败是因为詹姆斯·斯图尔特的外表变老了。根据他与派拉蒙签订的合同，这部电影的版权后来又回到了他的手里，但他把它锁进了库房里，在他有生之年，再也没有对它进行过公开放映。不过，它最终还是回到了公众的视野。2012 年，在《视与听》(Sight and Sound) 杂志组织的十年一次的电影评选中，《迷魂记》被选为"影史最佳影片"。

有一次有人问他："您怎么看待欧洲的评论家如此追捧《迷魂记》？"

"我想他们应该懂得世事复杂。"

---

① 出自爱伦·坡的一篇谈论创作的文章《创作哲学》("The Philosophy of Composition")。

电影一拍完，后期制作还没开始，希区柯克一家就飞往牙买加度了一个月的假。他已经想好了另一个计划。在拍摄《迷魂记》期间，他与欧内斯特·莱曼已经开始着手策划一个新的剧本，暂定名为《朝着西北方向》（ *In a Northwesterly Direction* ）。两个人在《玛丽·德瑞号的残骸》的时候就合作过。据莱曼回忆说，希区柯克"去开了一个会，会上跟其他人说，准备'玛丽·德瑞'剧本的时间太久了，我们打算先进行另一个项目。"米高梅的制片人们没有沮丧，反而都乐开了花，他们都以为希区柯克现在要给他们拍两部电影，尽管他只签了一部电影的合同。

希区柯克和莱曼开始发挥想象，即兴创作一些场景和故事段落。希区柯克说："一直以来我都想在拉什莫尔山拍一场追逐戏。"这只是一个想象中的画面，仅此而已，但是它却足以在导演和编剧心中激发出一种新的情绪。当希区柯克沉浸于《迷魂记》的螺旋中时，莱曼问了自己几个问题。在这些大名鼎鼎的总统雕像面前追逐的是谁呢？他们为什么在这个地方你追我赶呢？他们是怎么到这里的？如果他是坐火车来的，他原来是要去哪里呢？他是要去见谁吗？也可能会是一位妙龄女郎，然后呢？一个接一个的问题在莱曼笔下渐渐获得了清晰的解答，最终形成了电影《西北偏北》。莱曼承认："最后结尾的时候，观众永远也不会知道下面会发生什么，因为我也不知道。"但是希区柯克肯定了他已经完成的工作，并以极大的热情投入到接下来的创作中，一页一页地仔细打磨这个堂吉诃德式的故事。

某一天导演跟莱曼说："我老是想在一个荒无人烟的地方拍点

什么——那种真的什么也没有的地方。你身处这一寥廓的地方，周围什么也没有。可以让镜头进行360度旋转，那里除了这么一个独自站着的人什么也没有——想要除掉他的坏人们把他诱骗到了这个偏僻的地方。这时突然刮起了龙卷风，然后——"

"但是希区，坏人们怎么能把龙卷风弄出来呢？"

"不知道。"

"如果让一架飞机飞出来怎么样？"

"很好，一架撒药飞机。我们可以在附近种点农作物。"

以上就是莱曼回忆起的两人的对话。希区柯克肯定是从自己农场附近的农用飞机上得到的灵感。

然后，突然间，希区柯克差点成了孤家寡人。1958年4月中旬，阿尔玛回到百乐吉的家里，告诉希区柯克，一些常规检查显示她患了宫颈癌。她必须做一个非常危险的手术。那个时候癌症通常被认为是不治之症。虽然阿尔玛尽量保持乐观——无疑是为了她的丈夫，而不是她自己——但是希区柯克还是吓得不轻。他照常工作，还拍了一集《希区柯克剧场》，但是他的授权传记作者约翰·罗素·泰勒说："他会直接开车去医院，一直抽搐着哭泣。"他独自一人在附近的餐馆里吃饭，之后好多年都不忍心走近这个地方。阿尔玛自己则说："他希望将这件事从生活中抹去。"他想忘记这些惊慌不安和近乎歇斯底里的日子。

在《希区柯克剧场》里继续和希区柯克一起工作的诺曼·劳埃德回忆说，他有一次开车送希区柯克回百乐吉的家，天很热，他俩都只穿着衬衣，希区柯克聊起阿尔玛，然后便止不住地开始哭泣。

世界上最古老的情感又回到了这位导演的身上。"这一切都是为了什么？"他问劳埃德，"没有阿尔玛，这些都算什么？我在电影里做的一切事情都不是最重要的。"不过，开创性的手术很成功，阿尔玛慢慢康复了。这场和死神的仗，他们险胜一局。后来阿尔玛说："对于一个像希区这样对悬念感到恐惧的人来说，这就像被钉在了刑架上一样。"他的女儿说："爸爸完全崩溃了。"即使阿尔玛都快完全恢复了，"希区还是一蹶不振，认为她会随时死掉"。他告诉帕特里夏，他离了阿尔玛活不下去。帕特里夏在她的回忆录里写道："如果她发生了什么事儿，他估计也撑不下去了。"

但其实他还是擦了擦眼泪，渡过了难关。在米高梅的支持下，希区柯克跟莱曼继续合作，打磨这个当时仍被称为《朝着西北方向》的剧本，它有时候也被叫作《挂在林肯鼻子上的人》(The Man on Lincoln's Nose)。他的合同保障了他对于这部电影的完全掌控。它可以说是希区柯克的一部独立电影，尽管背后有一家大制片厂向它提供所有资源。莱曼决定自己走一遍从纽约到拉什莫尔山的路。他和希区柯克已经决定，这将又是一个清白之人遁走天涯的故事。这一次，主人公被一群不明身份的间谍误认为是一名政府特工，从而受到了持续不断、有时候略显滑稽的追逐。几个主要的复杂追逐场面发生在拍卖行、酒店大堂、玉米地，当然，还有四位总统的头上。他被撒药飞机追逐的著名场景便发生在玉米地里。希区柯克非常高效地为莱曼提供了一系列令人眼前一亮的地点和景观，其中一些是他先前的构想，他想让莱曼把它们杂糅在剧本里。他对逻辑完全不感兴趣，他将收到的反对意见称为"我们朋友的似是而非"，对此也并不在意。所以这部电影变得像马戏团的追逐表演一样。希区柯克还想在电影中插入一个他考虑了很久的桥段。在底特律的一条汽车装配线上，一辆组装完毕的汽车从生产线上被放下来，这时一具尸体从汽车里滚了出来。但是这一幕很难被容纳进故事里，只得作罢。其他的想法都顺利放进去了。

加里·格兰特是扮演罗杰·O. 桑希尔的首选演员。罗杰是一个普通的广告主管，被误认为是政府间谍，做过马戏团空中飞人的格兰特可以给角色带来表演的活力。不管怎么说，詹姆斯·斯图尔特年龄太大了，电影这行对变老的演员可是很无情的。在女主角的选择上，希区柯克没有遵从制片厂的建议，而是选择了伊娃·玛丽·森特（Eva Marie Saint）。他还邀请她到百乐吉的住所共进午餐。此次会面之后，她坚信，"作为导演，他最大的天赋之一是能够让你觉得你是这个角色的不二人选，你会因此信心大增。"伊迪丝·海德这次不在，去忙其他事情了，所以玛丽·森特被允许在希区柯克的指导下自己装扮自己。希区柯克说："我就像个有钱人在包养她一样。"在某种程度上，确实如此。他们一起去了第五大道的波道夫·古德曼（Bergdorf Goodman）百货商店，挑选了一套经典黑色西装、一条真丝黑色晚礼服，以及可以搭配在一起的炭褐色毛线衫和粗麻橘色套装。这些颜色对于希区柯克来说都是有特殊意义的，即使在当时看来只不过是好看的衣服而已。

影片开拍时，玛丽·森特被要求静静坐着注视加里·格兰特。导演对她最大的指导就是让她说话时声音压低一点儿。希区柯克为她发展出了一套指令系统，以方便她记清楚。她后来有一次说：

"直到今天，我的声音依然很低。"格兰特就没这么顺从了，就像他在《捉贼记》里的表现一样。"我要做的，"他对一个记者说，"就是忽略所有他说的话。但是我会猜他脑子里在想什么，然后反其道而行之。这样做屡试不爽，我很开心。"但是，这位演员在每次开拍的前一秒都要再看一眼剧本，这证明他可能并不是真的心里有底。

拍摄过程中遇到了一些困难。剧组没有获准使用拉什莫尔山这一圣地。当然，希区柯克一点也没有沮丧。他在摄影棚里重新建了一座拉什莫尔山的复制品，这样一来也方便了录音和照明。一场重头戏发生在联合国大楼里，而这个地方也是不允许剧组拍摄的，所以他又在片场仿造了联合国大楼的入口大厅。莱曼回忆说："拍摄农药喷洒飞机那场戏的时候，在贝克斯菲尔德的外景地，加里·格兰特和我在一辆豪华轿车的后座发生过好几次激烈的争吵……他坐在那儿，跟我讨论剧本中几个有他的场景。'这太可笑了，'他会说，'你觉得你是在拍加里·格兰特吗？这分明是大卫·尼文（David Niven）才会演的戏。'"不过，格兰特确实很专业，他已经在摄影机前工作了二十六年。希区柯克大多数情况会听从他的建议。有一场戏格兰特告诉他："如果你让鲍勃把摄影机往旁边挪几英寸，你就能拍到我从门缝里挤出来然后跑到走廊上的样子。"这一建议的确奏效。

在一次拍戏间隙，希区柯克瞥到玛丽·森特在用一个一次性杯子喝咖啡。他被吓了一大跳："你身上穿了一条 3 000 美元的裙子，我不想让群众演员看到你在用一次性热饮杯喝水。"他命令员工给她拿来了一套瓷杯瓷碟。他想保持住这种幻觉，为她，为整个剧组，尤其是为他自己。

影片于 1958 年 8 月底开机，12 月 24 日正式杀青。《西北偏北》的最终版本有两个多小时，制片厂的高层觉得太长了一些，便让他剪短点，他拒绝了。他知道合同条款确保了他的剪辑权，没人能随便动它。无论如何，他这次的直觉是对的。1959 年 8 月 6 日，影片在无线电城音乐厅首映，大获好评。希区柯克给莱曼拍了一封电报："反响他妈的好极了。"①《时代》杂志形容它"顺滑流畅，极其享受"。这也成为希区柯克最赚钱的电影之一。人们普遍认为，在经过《迷魂记》的病态实验之后，他又回到奢华、娱乐性强的悬疑惊悚片上面来了——他一向是这一领域的大师。

从某些方面来说，这部电影确实是一个"典型的"希区柯克的"套装"。他重现了之前电影里他最喜欢的一些时刻，并对他那些最受欢迎的技法进行了一次灵活巧妙、生气勃勃、引人入胜的排练。有些时候，这片子近乎模仿或戏仿自身，但是它太精致巧妙了，所以不会真的坠入这种简单的陷阱。就像他电影里的主人公那样，他永远领先一步。

可能会有人觉得他一直在拍同一类电影。就像他之前的很多作品一样，比如《39 级台阶》和《欲海惊魂》，演员只是在字面上象征性地扮演着某个角色。比如说，罗杰·O. 桑希尔在遇到的每个人面前都不一样。他不断地重塑着自己，这给这部电影带来了一种狂

---

① 原文为 "Reception f-blank [fucking] enormous"，括号里的内容系本书作者补充。——译注

躁和虚幻的气质。当有人问起他名字中"O"代表什么时，他回答说"什么也不是"。（当然，这也可能是对制片人大卫·O. 塞尔兹尼克的狡黠嘲讽。）地理上来讲是没有西北偏北这个方向的，所以这部电影其实是在往一个不可能的目的地狂奔。电影里充满了追逐、运动和逃逸，他们来去匆匆，但其实哪儿也去不了。就像罗杰·O. 桑希尔名字里的那个"O"一样，空虚和缺席成了这部电影耐人寻味的即兴主题。这也是为什么，这部成功的娱乐片虽然一开始给观众带来了巨大的兴奋，但它还是会在某些时候令他们感到不舒服、不满意。

外界都以为希区柯克将继续用特艺彩色胶片去拍那些身处绝境的俊男靓女，但他们猜错了。他脑子里想的是另一番景象。他一直对电影潮流和市场前景分外敏感，他察觉到最近出现了不少成本低廉的黑白恐怖电影，它们培养了观众对恐怖片的观影习惯，比如《变形怪体》（*The Blob*，1958）、《痴呆》（*Dementia*，1957）、《不朽的诅咒》（*Curse of the Undead*，1959）和《不死之脑》（*The Brain That Wouldn't Die*，1962）。如果某个好导演，比如希区柯克这样好的导演，愿意去拍一部这样的廉价恐怖电影，会发生什么情况呢？

在他被催促启动新项目之前，他实际上已经在一个项目上投入了时间和大量金钱，而这个项目却失败了。《法官不得保释》（*No Bail for the Judge*）是亨利·塞西尔（Henry Cecil）的小说，书里汇聚了一些希区柯克的主要关注点。一个法官被错误指控谋杀了一个妓女，他的女儿为了探寻真相不惜自己扮作风尘女，深入虎穴侦查真凶。奥黛丽·赫本（Audrey Hepburn）是主角首选，剧本是由塞缪尔·泰勒写的，但是最后这部电影也不了了之了。有人说这是因为赫本当时刚刚怀孕，也有人说是因为赫本不想演妓女，又或者是因为它在审查方面可能会出问题。不过，赫本的主动退出似乎是希区柯克放弃这个项目的真正原因。"我在《法官不得保释》上花了起码 20 万美元，"他说，"然后我还是决定不做了。他们跟我说：'但是你不能让这 20 万白白打水漂吧。'我回答说：'如果我现在不撒手，你到时候赔的就是 300 万。'这样一说他们就没话说了。"希区柯克总是喜欢以这种果断又郑重的方式结束他对往事的叙述。

这个时候希区柯克可能真的对拍一部廉价恐怖片更感兴趣。一个名叫 H. N. 斯旺森（H. N. Swanson）的文学经纪人说："希区柯克从来不会随随便便找什么'不一样的东西'。这点他挺无情的。"他从目所能及的所有戏剧、小说、短篇故事和新闻中寻找适合改编的创意。很快，他就找到一本中意的书。因为一篇给好评的书评，希区柯克对罗伯特·布洛克（Robert Bloch）的小说《精神病患者》（*Psycho*）产生了浓厚兴趣。他在百乐吉的家里花了一个周末读完了这本小说，发现这就是他想要的故事。"我想吸引我并让我决定去把这个故事拍成电影的，是淋浴时突然发生的谋杀案，那确实让人毫无防备。就是这样。"实际上，淋浴戏在原来的小说里并不是很重要，但是希区柯克却注意到它了。

这部电影将是一部相当不一样的东西，它将不会成为他所说的那种"光鲜亮丽却华而不实的特艺彩色玩意儿"。不会有明星，不会有异域奇观。很多情节都发生在一间便宜的汽车旅馆里。在接受

《纽约时报》采访时，他甚至跟记者说："一些普通人遇到了另一些普通人，恐怖和死亡随之而来。"

派拉蒙并不看好这个项目。一个变态疯子打扮成自己亡故母亲的样子杀害受害人的故事并不能让制片厂的经理们产生热情。名字取的也不好。没什么明星在电影里死了，别说死了，活着的都没有。"嗯，"希区柯克这样说，"我会促成这个项目的。"实际上他做的可不止是促成。他承担了电影的拍摄成本，派拉蒙则负责安排发行事宜。他的经纪人卢·沃瑟曼甚至帮他联系好了环球影业的摄影棚，在那里他可以不受任何干扰地拍摄。他放弃了薪水，以此换取电影 60% 的所有权。事实上，此后他再也没有为派拉蒙工作过。在沃瑟曼的帮助下，他在环球影业度过了余下的职业生涯。

他曾经说过："我觉得我在《惊魂记》里做到了我最喜欢的事情：控制观众。"他希望控制哪些观众呢？当然是越多越好。他希望从这个项目上大赚一笔，这可能是他的首要考虑因素。他知道，像《变形怪体》和《变蝇人》（The Fly，1958）这样的恐怖片，受众主要是易受影响又不成熟的年轻人，他们进电影院就是想被吓个半死。他们对于性还充满好奇，即便这主要是一种窥淫癖的天性。希区柯克充分理解他们的需求。他们，以及他通过《希区柯克剧场》吸引到的电视观众，一起成了这次的目标受众。

希区柯克希望以尽可能低的成本和尽可能快的速度完成这部电影，于是他决定效仿自己的电视剧集的制作模式，每天拍摄 9 分钟的完整片段。他起用了他的电视剧摄影师，因为"他们知道怎么能快速完成工作。我想拍得快一点，我不想拍一部很贵的电影。因为，说句老实话，我也不知道这部电影会不会成功"。电视剧团队习惯了拍黑白片，希区柯克也觉得没必要改了。色彩怎么说也是个让人注意力分散的东西。他还有个视觉上的顾虑，他告诉一个记者："如果拍成彩色的，那么鲜血流下浴缸下水口的时候就有点恶心了。"

在正式写剧本之前，往往得先把一些细节弄清楚。他雇了一个很年轻的编剧约瑟夫·斯特凡诺，按周计酬，希区柯克还不知道他的潜力在哪里。但是他们合作得很好，很快就形成了固定的日程安排——早上 11 点见面，一起吃午饭，然后聊上一个下午。如同往常一样，希区柯克什么都谈，但就是不会直接谈及电影本身。不过，通过给出一些间接的暗示，通过建议做什么和不做什么，剧本在慢慢往前推进。斯特凡诺在这样的指导下写完了第一场戏，希区柯克给的评论是："阿尔玛特别喜欢。"这可能是最高的赞美了。从那之后，他会和斯特凡诺口头过一遍某段对话，然后再让斯特凡诺把这段对话写下来。整个过程大约花了 11 周的时间。为了让斯特凡诺明白他的意思，希区柯克经常会表演某个片段。有一次，他正在非常认真地排演凶手用浴帘裹尸的那一段，这时阿尔玛突然进来了，结果两个男人都被吓得尖叫起来。

斯特凡诺后来说："他根本不在乎角色或动机，那是编剧的事情。"希区柯克总是对摆在他眼前的技术挑战更感兴趣，他一直在思考画面如何呈现才更有冲击力。浴室谋杀的细节他琢磨了很久。斯特凡诺在另一个采访中说："我不觉得他是在用电影有意或无意地反映自己的内心黑暗面，他其实就是按照剧本往下拍罢了。"

　　选角过程并不复杂。当斯特凡诺讲述麻烦缠身的贝茨汽车旅馆老板诺曼·贝茨的问题时，希区柯克突然打断了他："我们可以找托尼·珀金斯①来演贝茨。"他们找来了珀金斯。当时，珀金斯已经是一个成绩斐然的戏剧和电影演员了，不过相对于他的名气，他的片酬并不高。还有一次，斯特凡诺跟希区柯克说，这部电影其实是关于浴室里那个受害者玛丽昂·克兰的，而不是贝茨，希区柯克向前倾了倾身："我们可以找个明星来演克兰。"他们找来了一个明星。珍妮特·利（Janet Leigh）当时已经相当出名了，早在1948年，她就被评为"好莱坞第一魅力女孩"。"我不会事事操心的，"希区柯克在一开始会面时说，"如果你拿不出我要的感觉，我会把它从你身上发掘出来。你要是拿出来的太多了，我会让它少一点。你做的任何事情都必须在我的框架下，必须符合我的拍摄角度。"他的摄影机才是焦点，她要跟着这个焦点走。当她去百乐吉导演家里拜访的时候，他给她展示了每一个布景的微缩模型，包括模型家具和角色小人偶，所有的事情都提前仔细规划好了。

　　在薇拉·迈尔斯出演了《伸冤记》之后（尽管不是特别成功），他仍然和薇拉保持着合约关系。这次他给了她一个相对压抑的角色，让她演受害人的姐姐。伊迪丝·海德现在实在是太忙了，不是时时有空，所以这部电影的服装设计师由丽塔·里格斯（Rita Riggs）担任，她说："希区柯克先生让我把她打扮成个过时、保守的中学老师的样子……电影里大多数时候观众只能看到她的后脑

———————————

① 即安东尼·珀金斯（Anthony Perkins），"托尼"（Tony）是昵称。

勺。"薇拉·迈尔斯在这之后主要在电视行业发展。

电影的拍摄准备工作秘密而迅速地进行着。他不想让任何人知道他在干什么。电影也一直没有定名字，只是叫它"制作9401"。希区柯克有一张照片是他挨着一个场记板，场记板上的片名写的是"怯懦"（Wimpy）一词，用来掩人耳目。其实"Wimpy"是二组摄影师的姓，但是大家在所有交流中都用它来代指这部电影。薇拉·迈尔斯回忆道，他们开始工作前，演员和工作人员都必须举起右手，宣誓自己绝不会泄露电影的任何信息。很快，剧组的保密行为就成为街谈巷议的话题，且不出所料，大家对这部神秘的影片产生了更大的兴趣。

著名的贝茨旅馆——后来成为很多恐怖片的外景原型——是在片场搭起来的。人们猜测这个旅馆参考了一些画作，包括查尔斯·亚当斯（Charles Addams）[1]的漫画和爱德华·霍普（Edward Hopper）[2]的一幅画，但是希区柯克解释说，在北加州，"这种房子很常见的，它们被称为'加州哥特'，如果实在建得很糟糕，就叫'加州姜饼[3]'"。那座房子很真实，电影中出现的一切都被打上了真实的印记——广告牌、汽车旅馆、霓虹灯、车行、高速公路，所有这些都传递着美国"小镇"和郊区的气息，可以让观众沉浸其中。

按照先前周密的计划，该片本应在36天内顺利杀青，但实际

---

[1]　美国漫画家，曾创作漫画作品《亚当斯一家》（*The Addams Family*）。

[2]　美国画家，以描绘美国当代生活风景闻名。此处所指其画为《铁道旁的房屋》（*House by the Railroad*，1925）。

[3]　"姜饼"（gingerbread）有华而不实的意思。——译注

上花了 42 天。希区柯克说要以高效率低成本的方式完成这部影片，他的确是这样做的。丽塔·里格斯的观察是，"《惊魂记》的片场布置非常经济，也非常正式，男性工作人员都穿西装打领带"。希区柯克从来不会拍一个镜头超过三四条，这样他才能保持拍摄的新鲜感。每一个动作和每一个镜头都是精确计算过的，演员按照地上的标记站位。一个跑龙套的女演员说："他把片场当成蓝图来对待，他跟我说，'如果你左右多移动一英寸，你身上的光就不对了。'"他也许会说："现在当对方说那句台词时，你往下看，稍顿一下，然后抬头看他，最后定住不动。"

他每天早上八点半准时到片场，下午五点半的时候他会看一眼手表，然后跟副导演希尔顿·格林（Hilton Green）说：

"都拍完了吧？"

"是的，希区柯克先生。"

"那今天就这样吧。"

他大部分的精力都放在安东尼·珀金斯和珍妮特·利身上了，当然，他们是主角。希区柯克很快和他们相处融洽，尤其是利变成了他恶作剧的对象。他拿贝茨夫人的道具干尸做起了实验，当珍妮特·利去吃午饭的时候，他会把不同的道具干尸悄悄放到她的化妆间去，测量到底哪个道具让她尖叫的声音更大。他想要找到最合适的那个。她写道，他"喜欢吓唬我"。然而，回过头来想一想，她想知道希区柯克这样做是不是"为了让我保持紧张，从而更好地表现玛丽昂的精神状态"。她还说："他非常周到、体贴、礼貌、平易、友好。"在她上镜前，他还会用他那一堆荤段子逗她开心。

他跟珀金斯也很合得来，这位演员信心十足地提出了修改剧本的建议。希区柯克一般不太接受这样的行为，但对于珀金斯他倒是很能包容。珀金斯回忆道，他有一次带着重写的片段去希区柯克的休息室找他，这位导演正在认真阅读伦敦的《泰晤士报》。

"改得好不好？"

"我不知道啊，如果你现在看一眼，我们可以节省很多时间。"

"我相信写得很好。"

"你现在不想看吗？"

"等一会再领略吧。"

电影中最重要的情节是浴室刺杀的段落，而这段也被认为是电影史上最令人难忘的一幕。小提琴的刺耳高音增强场景的冲击力，但最有力的效果是通过精巧的剪辑实现的。为了拍好这段，拍摄速度不再是关键了。不再是每天 9 分钟，而是用 7 天的拍摄时间换取银幕上的 45 秒。他们采用了 70 多个机位，最终以某种方式将 78 个镜头组合在了一起。希区柯克描述说，在艰苦的剪辑过程中，"我们收紧了节奏，加快了速度"，并且，就像他后来说的那样，"所有杀戮带来的兴奋都是靠'切'（cutting）来完成的"。

他不会不知道"切"的双关反讽意味。他从不同角度拍摄了每一次戳刺。利刃反复刺入身体的声音是用刀插入卡萨巴甜瓜的声音模拟的。流出来的血其实是巧克力糖浆。拍的时候谁都觉得这些镜头肯定无法通过审查，但事实上完成片看不到任何需要被强制剪掉的镜头。受害者没有任何裸露镜头，因为那个时候裸露镜头是禁止的。他坚称没有人会看到刀刺进身体，但其实在一个特别短的镜头中，能看到刀刺进了一个假人的体内，而这个镜头在后期被狂风暴雨般的剪辑很好地掩盖了。

不过，或许是为了故意挑衅审查员，他确实拍了这样一个镜头，让玛丽昂把废纸冲进了马桶。据信，这是电影银幕上第一次出现马桶。它证明希区柯克在给观众制造惊喜时是多么不拘一格。

没有人对这部电影的潜力有十足的把握。他的私人助理佩姬·罗伯逊对影片的一个剪辑师特里·威廉斯（Terry Williams）说："哦，这部电影只是为了填充档期，它不是《西北偏北》那种大制作。"某种程度上，希区柯克对这部电影感到绝望，甚至宣称它是一次失败。电影的作曲家伯纳德·赫尔曼后来回忆说，他"紧张地来回踱步，说这部电影太糟了，他想要把它剪一剪放进他的电视节目里。他当时简直疯了，根本不知道这部电影有多厉害"。不过，在阿尔玛的劝说下，他还是坚持了下来——阿尔玛一贯在拍电影这事上鼓励着他。伯纳德·赫尔曼建议整部电影的配乐都用弦乐。当希区柯克一听到他自己称之为"尖叫的小提琴"的声音时，立即就被说服了。他给赫尔曼涨了一倍的酬劳，据报道，他说"《惊魂记》33% 的效果源于音乐"。

这部电影还展现出像电视一样的亲密感和无中介的直接性。希区柯克坚持使用 50 毫米的镜头，力求模仿普通肉眼的视觉。剧本总监马歇尔·施洛姆解释道："他想让摄影机成为观众的眼睛，让他们看……仿佛他们亲眼看见一样。"他还要求在各个地方摆上镜子，以此来模糊现实和表象之间的界限。

《惊魂记》非常忠实于短篇小说原著。罗伯特·布洛克原本是以诺曼·贝茨和他的母亲为主线来讲述整个故事的。不过希区柯克当然还是对凶杀场面进行了大幅改动。书里面描写凶杀的篇幅不到半页，而且被害人被凶手割了头。浴室场景不符合拍电影的规矩和惯例，在电影剧情还没发展到一半时就让女明星被杀害，也被认为不太明智。这场戏给观众留下了疑惑和悬念，将他们带出了看电影的舒适区。他们现在只能看着银幕，感受着越来越大的恐惧。

　　不过，《惊魂记》真正的主角毫无疑问是珀金斯饰演的诺曼·贝茨。贝茨是典型的希区柯克式人物，轻微神经质，容易冲动和兴奋，性向未明，特别受女性的困扰。希区柯克第一次尝试塑造这样的男性是三十三年前《房客》里艾弗·诺韦洛的角色，然后他将这类角色延续到了后来的电影中。珀金斯对诺曼·贝茨的演绎太过出神入化，以至于他的职业生涯再也不能摆脱和这个角色的关系。在接下来的三十年里，他又出现在这部电影三个不同的翻拍版[①]中。

　　《惊魂记》从某种程度上来说是冰冷的，甚至是残酷的。有一次希区柯克被人问道："那么，这部电影的深层逻辑是什么呢？"他回答道："让观众痛苦。"然而在电影公映的四年之后，他在BBC的一次访谈中说："我曾经拍过一个电影，拍的时候根本没当回事，像是半开玩笑做的，就是《惊魂记》。"他接着又补充道："电影的内容，我觉得，还是很有趣的，因为它本来就是一个玩笑。我惊讶地发现，有些人把它看得太严肃了。"他还说："直到最后我都没使

---

① 此处指的应为《惊魂记》的3部续集，分别上映于1983年、1986年、1990年。

用暴力镜头，不过这时观众却害怕得大叫起来，老天保佑。"安东尼·珀金斯证实，这部电影确实是被当成喜剧来构思的，至少是一出黑色喜剧。然而，它可能是一部大开观众玩笑的喜剧。

除了对生活之恐怖的一种笼统感觉，这部电影没有任何隐藏的涵义。除了震撼和吓唬观众，它没有任何别的目的。正因如此，对观众的操控行为在电影公映之前就已经开始了。在预告片里，仿佛希区柯克已经与观众形成同谋，要给大家讲个笑话："在这个房子里发生了最可怕、最恐怖的事情。我认为我们现在可以走进去看一看了，因为这个房子现在正在挂牌出售，虽然我也不知道谁会买下它……你们应该看看这儿血流的样子，这整个，整个地方，嗯，太可怕了，可怕到无法用语言形容。"

他从《恶魔》的宣传手法那里学到了一招：电影开场之后拒绝让迟到的观众入场。他强制影院的老板签了这样的合同。这有可能是为了保证电影的最佳放映效果，不过它起到的宣传作用更大。这样的决定确实引起了公众巨大的关注。希区柯克（或制片厂）编写了一个小册子，名为《〈惊魂记〉护理指南》（*The Care and Handling of Psycho*），告诉电影院经理该怎么宣传和放映这部电影。电影院的大厅放着希区柯克胖乎乎的纸板人像，上面写着："请勿透露①结局——我们只有一个结局。"观众排队的时候，影院会向观众播放希区柯克的录音："这个长队对你们有好处，这样你们才会珍惜里面的座位，才会重视《惊魂记》这部电影。"做这些事情

---

① spoil，亦有"糟蹋""破坏"之意。

的目的都是为了提高观众的期待。可怕的事情即将上演，这反过来在人群中引发了一种并肩作战的友谊，他们在电影开始放映很久之前就在排队买票了。对于习惯了随时走进电影院的美国观众来说，这是一件新鲜事。这种新的观看纪律让一种共有的恐惧和敏感开始在人群中蔓延。英国导演索罗尔德·迪金森（Thorold Dickinson）曾经说过："没有哪部电影能吓到观众，只有观众自己吓自己。"

《惊魂记》先是在纽约试映了几场，然后就于 1960 年夏末全面公映了。电影的结尾是一个闪着微光的骷髅头，和珀金斯狞笑着的脸重叠在一起。希区柯克要求影院在电影结束后继续黑场 30 秒。整个电影立即引起了轰动，而这是希区柯克和团队都没有预料到的。他跟珀金斯说："我总是能预测到观众的反应，这次我失算了。"

尤其是浴室的那场戏，揭示了希区柯克对于观众感受的洞察和把握到了何种程度。一位电影学教授，琳达·威廉斯（Linda Williams）写道："从第一场放映开始，观众的反应就是前所未有的，比如说喘息、尖叫、大吼，甚至在过道上来回跑动。"电影导演彼得·波格丹诺维奇（Peter Bogdanovich）回忆说："《惊魂记》是影史上第一部让人感觉看电影并不安全的作品。我记得走出电影院的时候好像自己被强暴了，或者被抢劫了什么的。这部电影绝对恐怖，没人能完好无损地走出那场浴室凶杀戏。你都听不到背景音乐，因为所有人都在尖叫，整整 45 秒。小提琴的声音我一点也没听到。"编剧约瑟夫·斯特凡诺说："我看到人们紧紧地抓着彼此，又嚎又叫，仿佛周六看日场电影的 6 岁孩子一样。"电影院经历了一次剧变。《惊魂记》意外地获得了巨大成功，反响甚至超过了希区柯克之前的电影。因为希区柯克没有组织给评论家的特别放映，所以这些评论家没办法决定该夸还是该贬。但是观众已经给出了最好的答案。希区柯克跟特吕弗说："这部电影让全世界的观众激动了起来。"

这也是希区柯克此生最成功的一笔投资，他用最初的 80 万美元换回来了巨额回报。他收到的第一个季度的支票就高达 250 万美元，最后的全球收益大约是 1 500 万美元。他现在是全世界最富有、最著名的电影导演。他是怎么做到的？斯特凡诺回忆起《惊魂记》刚刚公映的时候和希区柯克共进午餐的情景："我走进餐厅，在所有这些喧哗与骚动开始之后，这是我第一次见到希区柯克。他给了我一个非常困惑的眼神，然后只是耸了耸肩。"

he child
ho never cried
l do it
ound, please
was grey
t home
ake it
h dear
am typed
ood evening
rds and beasts
ack to basics

X

鸟与兽

《惊魂记》首映后的第二天早晨，希区柯克的经纪人兼制片厂负责人卢·沃瑟曼给他拍了一封电报："下一部准备做什么？"希区柯克也不知道。一般来说，他这时候应该已经在忙新项目或者新剧本了，但是他的剧本总监马歇尔·施洛姆是这样说的："《惊魂记》让他把其他一切都放在一边了。"希区柯克需要一些时间来消化这部电影带来的巨大反响，也需要时间去考虑他的未来。从某种意义上来说，他现在有点坐立不安。他花钱最少、拍得最快的电影到头来成了他最成功的电影。再没人记得《迷魂记》《辣手摧花》或者《蝴蝶梦》了。"这样一部血腥的小破片子，"他跟他的一名摄影师伦纳德·索思说，"反而源源不断地把钱送来了。"突然一下，他走上神坛，被誉为伟大的导演，而这却不过是因为一部哥特式的习作。他还能相信自己对电影的判断力吗？（他的不安在来年春天的奥斯卡颁奖典礼上加深了，因为《惊魂记》颗粒无收。他只能把这样的结果理解为一种冷落，是电影界对他本人和他作品的有意拒绝。）

　　他决定跟阿尔玛一起度个长假，其实这也就是在圣克鲁斯山坡上的庄园里待上几周而已。他计划先在纽约和美国的其他几个城市进行一次短暂的《惊魂记》宣传之旅，然后在 1960 年的晚些时候开始世界巡回宣传，其中包括欧洲的几个主要城市，以及悉尼、檀香山、东京、新加坡和香港。这样的安排可能非常折磨人，不过他们夫妇俩的健康似乎已经从前几年的磨难中恢复过来了。

世界巡回宣传充分证明，他对大众来说已经成为一段传奇，或一个神话。而随着名气的增长，他好像也变得越发冷淡、沉默、无动于衷。他现在就像他多年前在《讹诈》里使用的拉姆西斯大帝的巨大面孔。他变成了自己一直想成为的样子，始终泰然自若，对所有东西漠不关心。他孜孜不倦地在电影、电视和各种访谈里塑造着自己的某种形象，现在，他几乎隐藏乃至淹没在这一形象中了。当然，对一个极度焦虑和恐惧的人来说，这一形象就是一张面具。然而它是有效的面具。他喜欢自己走在大街上被认出来，但同时又不可接近。在片场他也只对几个人说话，除了自己举办的几个宴会，他鲜少参加其他聚会和晚宴。大多数人很害怕接近他。欧内斯特·莱曼说这是希区柯克的一道"保护墙"，"他营造了一个势利、精英、爱评判、挑剔、不礼貌、冷漠、高人一等的形象——但这些都不是他对自己的真正感觉。"

在他进行盛大的世界巡回之旅之前，他读到一则新闻，在加利福尼亚州拉荷亚，1 000 只鸟一齐冲进了一栋房子的烟囱里，造成了巨大的破坏。它们还攻击了住在房子里的女人。这很有可能让他想到了达芙妮·杜穆里埃的短篇故事《群鸟》，他老早就买下了这个故事的电影改编权。那是一个关于一位英国农民和他的家庭不断遭受各种鸟类攻击的故事，结局是开放性的，但是细细回味，却令人不寒而栗。不过在现阶段，这则新闻只是让他想起有这么一件事而已。

巡回宣传取得了巨大成功，特别是在巴黎，他在那里受到了人们的尊敬和仰慕。约瑟夫·斯特凡诺后来说："他喜欢受到关注，喜欢人们的激动，喜欢他的名气。他当然知道这些意味着什么，要不然他也不会做这些。这对他之后的工作和自尊都是一件好事。"罗伯特·博伊尔对此表示赞同，他说："希区柯克很享受别人对他的欣赏，别人把他捧为天才，他也不会去纠正他们。"人们把他和爱森斯坦、茂瑙和普多夫金相提并论，他对这些大导演的了解不比他们少；正如他早年在德国拍摄的作品显示的那样，他年轻时曾狂热地追随这些大导演的脚步。

等到他回来的时候，他的桌子上已经摆了好几个新项目供他挑选。其中包括一个 1960 年上演的法国戏剧，名为《一个男人的陷阱》（*Piège pour un Homme Seul*），讲的是一个失踪的妻子突然归来的故事。他还对改编一本叫《星村》（*Village of Stars*）的小说很感兴趣，它探讨了试图投掷一颗原子弹的复杂过程。在拉荷亚的那起神秘事件之后，达芙妮·杜穆里埃的《群鸟》便一直在他的脑海里盘旋。同时，他还希望改编年轻时看过的一部戏，J. M. 巴里[①]的《玛丽·罗斯》（*Mary Rose*）。这部戏于 1920 年在伦敦上演，讲的是一个年轻的女孩在苏格兰岛上神秘消失又归来的故事。希区

[①] 詹姆斯·马修·巴里（James Matthew Barrie，1860—1937），苏格兰剧作家、小说家，因创作了"彼得·潘"这个角色而闻名于世。

柯克仿佛真的被这个项目迷住了，并且很快为拍它采取了一些实际行动。

不过，本地的一些新闻似乎又更直接地抢走了他的注意力。1961 年 8 月，一大群鸟突袭圣克鲁斯，地点就在他们的第二个家附近，离拍摄《辣手摧花》的取景地也不远。成千上万的鸟好像是被海上的大雾给逼到陆地上来的。《圣克鲁斯前哨报》(*Santa Cruz Sentinel*) 在报道这件事时，大标题用的是"海鸟入侵沿海住宅"，副标题则是"数千只鸟在街道上挣扎"。据报道，"黑漆漆的海鸥刚刚吃饱凤尾鱼"，在大街上横冲直撞，撞上了汽车和房屋，给当地造成了巨大破坏。

他终于找到了下一个故事。在经历了《惊魂记》张力十足又近乎幽闭的空间体验后，这部新电影将会在一个更为空旷、高远的环境里进行拍摄。他给约瑟夫·斯特凡诺打了电话。这位编剧之前以高超的技艺完成了《惊魂记》，然而，他对一个关于鸟儿的故事并不是特别感兴趣。

希区柯克转而去找了埃文·亨特 (Evan Hunter)，他曾在自己电视剧的片场短暂地见过他。亨特的履历相当漂亮，他之前写过《黑板丛林》(*Blackboard Jungle*，1955)，还用埃德·麦克贝恩 (Ed McBain) 的笔名写了一系列重要的犯罪小说。希区柯克对自己的副手们说，他雇亨特是为了赢得一些"艺术声望"。这可能是他对《惊魂记》在观众中收到热烈反响的一种回应。亨特毕竟是个小说家，而不是普通的好莱坞编剧。

秋天的一天，他正好在看 NBC 的《今日播报》(*Today*) 节目，这时一则广告引起了他的注意。在一个减肥饮品的广告里，路人对一个漂亮的金发女郎吹了一声口哨，她转过头来致意。就这样，没了。但是希区柯克被深深迷住了。他坚信自己找到了一个新的女明星。希区柯克找人把她接到环球的摄影棚，在那里，她向制片人们展示了她的一些作品。第二天，她的经纪人跟她说："阿尔弗雷德·希区柯克想跟你签合同。"这份合同签了七年，薪水是每周500美元。希区柯克甚至根本没有面试过她，也没有见过她在那个广告之外的任何作品，但是他非常确信，她就是那个人。

当蒂比·海德莉终于和希区柯克吃上午饭的时候，他对于《群鸟》只字未提。他高谈阔论又什么也没说，不过他全程都在仔细观察海德莉的表情、姿态、举止和对他的反应。他确定自己喜欢她走路的样子。然后他用以前的影片给她试了戏，包括《蝴蝶梦》和《美人计》中的场景。在一次试镜中，他悄悄跟她说："记得提醒我跟你讲甜甜圈和它们如何生产的故事。"之后，希区柯克夫妇邀请她到好莱坞的蔡森饭店用餐，他们夫妇每周四晚上都会去那里吃饭。餐桌上，希区柯克送了她一副胸针，上面有三只正在飞翔的金色小鸟。那一刻，她就知道自己拿到了这个角色。

她后来说："在一部大制作里起用一个无名小卒是一件很疯狂的事情。这是在冒非常、非常大的风险，所有环球的高层，包括跟他亲近的人，都在说：'希区，你想什么呢？全好莱坞的女演员都想演这部电影啊。'"她又补充道："其实从来也没有人告诉过我为什么，我想他可能就是对某种人很着迷吧。"

当他们开始合作的时候，希区柯克告诉埃文·亨特，他即将开启他职业生涯的黄金时期。在与派拉蒙短暂而又有利可图的合作之后，希区的经纪人又安排他重返环球影业。能够与另一家大制片厂再续前缘，这让希区柯克颇受鼓舞。他继而把自己的公司和电视剧版权都卖给了环球，作为回报，环球影业给了他足够多的股票，使他成为公司的第三大股东。如果他认为他现在可以用自己的方式控制事情的进展，那就大错特错了。不过，他签了一份再拍五部电影的合同，这份合同给了他想要的安全和保障。他最喜爱的剧组成员，包括助理、摄影师和技术人员，有了属于他们的私人空间，这一场地包括办公室、剪辑室、会议室、放映间和一个带厨房的小餐厅。1962 年 2 月，他正式入驻自己的新王国。

他已经开始和埃文·亨特谈剧本了。亨特回忆说，他每天早上来到自己的办公室，都会看到希区柯克坐在一张黑色皮革翼背椅[①]上，"穿着藏青色的西装、藏青色的袜子、白衬衫、黑领带，紧握的双手放在大肚子上，脚几乎碰不到地面"。他的第一个问题永远都是"故事进展到什么地步了"，然后他会就接下来的人物动作问几个问题："她为什么那样做？""她为什么上楼？""她为什么下车？"所以，就像亨特说的："在任何东西真正写下之前，他已经开始对剧本进行编辑，他对电影早期场景中的角色发展和喜剧效果有自己的预期和见解。"

这些早期的、模糊的喜剧场景，对于设定蒂比·海德莉演的这位富有的加州社交名媛和男主角罗德·泰勒（Rod Taylor）的相逢

---

① 一种椅背高、两侧有飞翼、通常也带扶手的椅子。

非常有用，罗德·泰勒饰演的是一个保守的律师。他们之间的关系奠定了电影的情感节奏，而这种节奏很快会受到激烈的干扰。那些邪恶的鸟一出现，剧情就急转直下，变成了一场又一场的混乱，把观众都吓坏了。他把杜穆里埃的小说当作一种灵感来源而不是照着拍的原著。他跟亨特说，他再也不想回英国拍电影了，也并不想拍一个农民和他家庭的故事，但是他决定保留小说那个带有威胁性的结尾。

希区柯克和亨特的关系非常好，这种关系延伸到了两人的家庭。希区柯克会打电话给亨特的太太亲切闲聊，但是从来没有要求让亨特听电话。当他们见面吃饭时，希区柯克对继续写剧本的事只字不提。亨特还回忆说："他是个占有欲很强的人，我们在洛杉矶的时候，他基本上独占了我和我家人的生活，尽管这种占有是善意的。他带我们吃饭，带我们去看比赛，万圣节的时候还要来看望我的孩子们。"不过，他可能并不是占有欲强，他可能只是感到孤独。

埃文·亨特回忆起一场颇为惊险的遭遇，当时一场自然灾害威胁到了希区柯克一家。1961 年 11 月，他们位于百乐吉的住宅的后山起火了，丛林大火吞没了 500 多套房子。希区一家惊慌失措。"安妮塔，"希区柯克在电话里跟亨特的太太说，"你不明白，所有的东西都着火了。"他们应该把东西都搬到酒窖里还是丢到游泳池里？不过这时风向突然变了，希区柯克的房子幸免于难。但这次真的是差一点点。据他女儿说，他花了一整天的时间用水管冲洒屋顶和领近院落，然后才敢去睡觉。有消息称，希区柯克一家被疏散到了一个当地的酒店里。不管是什么情况，对于这么一个平时极容易害怕的男人而言，这次天灾带来的恐惧非比寻常。这场灾难与他在《群鸟》中给博迪加贝居民安排的那场天灾不相上下。

演员阵容的组建不费吹灰之力，每个人都想跟希区柯克合作。不过这次不会有加里·格兰特或者格蕾丝·凯利。"埃文，"他很早的时候就跟亨特说了这个话，"这部电影里不会有明星。我是明星——鸟是明星——你是明星。"最后一句话明显是说出来安慰编剧的。故事的发生地点从杜穆里埃小说里的康沃尔海岸搬到了北加州海岸。那里的气候跟希区柯克所熟悉的英国太像了，这也是希区柯克想要的效果。那里四处都是低地，天高地阔，正好给那些野蛮的鸟群提供了舞台。"我选择博迪加贝，"希区柯克说，"因为我想要一群与世隔绝的人，他们住在一个人声嘈杂的社区里。"博迪加贝确实有一个很小的社区，不过希区柯克对它进行了富有想象力的改造，把它变成了他想要的样子。居民的外表必须看着真实，他们被拍了照，以帮助服装部门展开工作。技术人员和剧组的工匠们还建了一片包括码头在内的居住区，它比任何"真实的"环境都要好。市中心的街区很大程度上也是搭建的。

制作会议和剧本讨论会一个接着一个，一如既往，但不同寻常的是，蒂比·海德莉受邀参加了所有这些会议。这可不是值得抱怨的事。她后来说："他给了我一个演员能得到的最好的教导。放在其他导演那儿，这可能要用上 15 年，但他让我参与了电影的每一个环节——剧本的完成、戏服的设计、特效和配音。这部电影从头到尾都是他的作品，他想要让我了解他是怎么拍电影的。"

这位导演显然很关心他的女主角。他亲自监督指导了她的妆发和服装，连细节也不放过。这倒不是什么新鲜事，他对每个女主角都是这样做的。但是很快就有传言说，他安排剧组成员跟踪她，监视报告她的一举一动。他收集了她的笔迹，还送给笔迹学家去分析。他送她美酒、鲜花。有一晚他们一起坐车去跟同事见面，他一看见他们——也知道他们能看到自己了——就赶紧热情地抱了她一下。这只是他安排的一出戏，不过从某种程度来说，他也希望大家觉得他们俩之间有了外遇。这是一种幼稚的满足愿望的方式。

但是他的痴迷还是左右了他的行为。海德莉的回忆是："他开始告诉我业余时间应该穿什么衣服，应该吃什么，以及应该交什么朋友。"她还说："他对我的痴迷越来越严重，我也慢慢觉得不舒服了，因为我无法限制他。"她的对手戏演员罗德·泰勒是这样说的："他从来不允许我或者其他任何人跟她同乘一辆车……他在她的周围筑起了一道高高的围墙，这样一来她所有的时间都是他的了。"她自己的女儿梅拉妮说："希区从我的身边抢走了母亲，甚至忽然之间我就不被允许去探她的班了。"毫无疑问，阿尔玛早已对他这样的行为见怪不怪了。"哦，亲爱的蒂比，"海德莉记得阿尔玛这样跟她说，"我很抱歉这些事发生在你身上——我真的非常抱歉。"好像她也对此无能为力。

希区柯克自己说过："我对浪漫的迷恋一直很感兴趣，所有的痴迷都是有趣的，但对我来说，浪漫的迷恋才是最有趣的。"海德莉不是他唯一的关注对象，在监管她的整个世界的同时，希区柯克还找到了另一个年轻女演员，克莱尔·格里斯沃德（Claire Griswold）。格里斯沃德曾经演过《希区柯克剧场》一集里的一个小角色，他邀请她一起吃午饭，并在席间说："格里斯沃尔德小姐，我们俩要开始合作了。"当希区柯克刚和她签订完一份为期七年的排他性合同，同样的控制便也开始施行在她的身上了。他让她试演了《捉贼记》里的一幕，她清楚地意识到，希区柯克要让她成为格蕾丝·凯利的复制品。他打扮她、教导她，仿佛她是个假人一样。她对这种新角色感到不舒服，这是自然的，几个月之后，她渐渐从这种境况中解脱出来了。希区柯克对她的兴趣消减了，她悄悄回到了旧时的生活。这件事如果没有别的意味，至少可以说明，出于导演的目的，他是多么热衷于收养（或改变）年轻女演员。

《群鸟》的拍摄从 1962 年早春一直持续到夏天，整个过程令人疲惫且艰难。首先是这群鸟，它们需要得到保护，还需要有人对它们进行训练。有些鸟要被训练得能够立在孩子们的脖子上，它们看上去令人毛骨悚然，实际上却很无辜，因为它们在银幕上啄人的场景都是通过手套木偶完成的。按希区柯克自己的话来说，如果有个鸟类保护组织的人来，他肯定会说："希区柯克先生，够了，我想鸟儿们也辛苦了。"有几只鸟还真成了演技超群的"演员"，有一只受驯海鸥名字叫查利，另有一只乌鸦名唤巴迪。

有一些鸟是纸模型，用金属丝绑在演员身上。不过，大多数真鸟的行为是完全自然的。一个摄制组花了三天的时间专门拍海鸥在垃圾场觅食的场面，在另一个镜头里，一名摄影师站在圣克鲁斯岛的悬崖峭壁上，鸟儿俯冲下来去抓他们扔出的鱼。有时候，肉也会被放置在摄影机的顶部。这些镜头经过后期剪辑和处理，被编排进故事里。其他的鸟是一帧一帧手绘在胶片上的。希区柯克自己怕鸟，所以拍的时候根本没有靠近它们。这可能解释了群鸟袭来时的恐怖气氛。

真人演员某种程度上也是一个挑战。希区柯克在接受伦敦《周日快报》（*Sunday Express*）的采访时提及蒂比·海德莉："你知道她以前没演过戏……她身上没有什么需要抛弃的坏习惯……她脸上的每一个表情都是我教的。"他在片场目不转睛地盯着她。一个去剧组采访的记者说："他导演蒂比的时候就像指导一个机器人。"或者，按照海德莉自己的说法，他的指导"细到连眨眼转头都要管"。她身上的压力越来越大。她说："如果他认为我没有完全按照他的要求去表演，那么在为《群鸟》做准备的每一天里，他都会闷闷不乐，噘着嘴，看起来很受伤、很失望。"

希区柯克把每一个场景、每一个叙事段落都绘制成图，钉在办公室的墙上。他必须事先在大脑中创造出电影的节奏。但是后来发生了一件事。他的情绪发生了奇怪的变化，据美术指导罗伯特·博伊尔回忆，在拍摄初期，摄影师罗伯特·伯克斯说过，"天呐，我不知道这次发生了什么，但这不是希区柯克！"导演在某天拍摄结束时坦白道："我今天真的有点迷失了。"他承认他当时突然有了来点即兴表演的冲动。这在一定程度上也是为了给蒂比·海德莉的表演增加一点深度。

特吕弗采访希区柯克的时候，希区柯克是这样告诉他的："拍那个片子的时候我很紧张，对我来说这并不常见，因为一般来说，我在拍片过程中很开心。但这一次，甚至晚上回到太太身边时，我仍然会紧张不安。"他继续说道："发生了一些我以前从未经历过的事。我开始边拍边研究剧本，然后我发现其中存在一些薄弱之处。体验这种情感上的困局激发了我身上的一些创造力。"他似乎是想起了当年他住在伦敦克拉里奇酒店时的大轰炸。为了拍好这部令人恐慌的电影，他把记忆深处的焦虑给释放了出来。他想像出关于群鸟袭击的全新场景，让卷入其中的人变得更为恐慌。他还增添了一个不同的结尾：岌岌可危的家庭在群鸟的注视下驶离家园……

在拍摄影片最凶险的一场戏时，海德莉遇到的困难也进一步增大了。在封闭的阁楼里，群鸟攻击了她。她得到的消息是这些鸟都只是机械鸟，但是等她到了现场才发现，成箱的怒气冲冲的鸟和戴着保护手套的驯鸟员们正在等着她。她被导演要求站在一个小角落里，然后驯鸟员们开始往她身上丢鸽子、海鸥和乌鸦，据罗德·泰勒的说法，"一个接一个，一遍又一遍"。至少从表面上来看，这个场景非常像投石仪式。整场戏拍下来，海德莉身上沾满了鸟屎。

她后来说："那一周真的太惨了，绝对是我此生最惨的一周。"在拍摄第五天的一场戏里，工作人员用橡皮筋把鸟绑在海德莉身上，"它们在我身上蹦跳、栖息"。有一只鸟扑到她脸上，把她的眼皮都划破了，一时间"我坐下来开始大哭"。剧组的医生因此安排她休息几天。

整个过程中，片场大多数时候看不见希区柯克的人影。他只有在机器快要开机的时候才出现。他会一如往常地避开那些深具威胁或使人不安的场景。不过，他是否在故意刁难女演员，我们就不得而知了。阁楼那一场是全片最有张力的一场戏，他想要确保这场戏看上去足够逼真。海德莉也渐渐明白了为什么希区柯克要起用她这么个没名气的演员了，更有经验的演员不会像她这样乖乖听话。等她一恢复，就立马回到片场，拍摄她从袭击的休克中苏醒的场景。

希区柯克从一开始就决定，不向观众解释鸟群攻击人类的原因，这将是一个完全没有缘由的神秘事件。他对绘制了如此多鸟类和场景的绘景师艾伯特·惠特洛克（Albert Whitlock）说："你知道，我们不是在拍科幻片。"惠特洛克于是问他，那么他们在拍什么。导演也不知道。新的结局并没有满足那些想要确切答案、想得到宽慰从而释怀的观众。这部电影就像突如其来的群鸟一样神秘。

他决定在戛纳电影节上举办欧洲首映，这无疑显露出了他对此片怀有的艺术野心。他还在纽约现代艺术博物馆（Museum of Modern Art）为本片安排了一场试映，以此开启希区柯克电影展。《群鸟》其实不是真正意义上的艺术电影，不过它以不稳定的氛围和对大团圆结局的拒绝，挑战了美国电影的惯例。他在电影的各处部署了自然或电子合成的鸟叫声。鸟儿总是在银幕里的某一个地方啼鸣、低语，而突如其来的寂静则会让观众陷入恐慌。

在美国宣传之旅中，希区柯克表现得更加诙谐。他跟《旧金山纪事报》（San Francisco Chronicle）的记者描述说，《群鸟》是"一部鸟类史诗。它的群演规模堪称我职业生涯之最，超过 28 000 只鸟。当然，它们都是为了鸡饲料工作的，除了个别有经纪人的秃鹰"。

"广告上有你的这么一句话，'这是我拍过的最可怕的一部电影'，是这样吗？"

"哦，毫无疑问。这是我自己出资拍摄的，一想到我要赔掉所有的钱，我就怕死了。"

他并没怎么赔钱，但是也没怎么赚。在票房成绩上，《群鸟》与《惊魂记》差距悬殊。观众并没有被这些鸟群毫无来由的袭击和任意的叙事线索所吸引。不确定的结局令他们感到惊讶和恼火。埃文·亨特回忆说，在纽约现代艺术博物馆的特别放映上，观众的反应"往好点说，是很冷静礼貌的。而对于最终模棱两可的复杂结局，他们报以惊人的沉默"。在参加另一场公开放映时，亨特注意到，"人们交头接耳，互相询问：'这就结束了？是这样吗？啊？'"希区柯克的确创造出了一个异常神秘的结局，但是在预测普通观众对这一结局的反应时，他却大错特错了。

评论褒贬不一。很多人都在批评蒂比·海德莉的表演过于克制，缺乏同情心。这其实是对希区柯克严格指导的评论，而不是在批评海德莉本人的任何缺陷。"高雅人士"的评论尤其让他愤怒，他们批评这部电影太过"老套"。他似乎再一次陷入了艺术性与通俗性之间的鸿沟。希区柯克后来说："阿尔玛一直不喜欢创作这部电影的最初想法，她不觉得这个电影有多少故事可说。嗯，她说对了，故事不够多，鸟太多了。"

又过了几年，这部电影才重新被大众接受。它并不是第一部"灾难片"，就像一些人所说的那样，但是这部电影确实给之后成功的灾难片树立了榜样。各种各样的理解被加诸其上：鸟代表女性的攻击性、男性的权力欲以及对"意义系统"的一种普遍性的攻击。在他为数不多的对《群鸟》的评论中，他含糊地说："如果你愿意，你可以把这部电影的主题理解为人们的过度自满：大家没有意识到灾祸危险就环绕在我们所有人的身边。"唯一清楚的一点是他真的不在意电影的意义，只要它对观众施加的影响是他要的就好。

而关于蒂比·海德莉饰演的梅拉妮，他说："这个姑娘什么也不是。她只是代表着洋洋得意和沾沾自喜，而这可以与最终发生的事情形成反差。""最终发生的事情"才是关键。随着场景的变换，气氛也变得越来越紧张，角色的每一个动作都可能诱发一次新的灾难。影片一开始那个令人安心的稳固世界只是一种假象，下面隐藏的是一个充满威胁的世界。紧张感一刻也不曾减弱，这是希区柯克最具天赋的地方。他把这种危险和紧迫也带到了片场。希区柯克雇了一位定音鼓手，专门在演员身边演奏。如此一来，演员们便会不知不觉地去迎合一种无情的、充满威胁的节奏，而这种节奏可能正是厄运降临的律动。他用了很多红色——衣服、发色、雨伞、家具、气球、室内设计等——来向观众传递暴力和危险。

当海鸥恶魔般尖叫着攻击梅拉妮的时候，它们令人毛骨悚然的叫声仿佛是希区柯克以前作品的回声，在那些作品中，他将鸟的嘶鸣和暴力死亡画上了等号。《谋杀》里的凶手在马戏团表演中穿着一身鸟的戏装；诺曼·贝茨办公室里的鸟类标本暗示了《惊魂记》中的死亡和腐坏；《讹诈》里，艾丽丝·怀特从凶杀案现场回来后，笼子里一只唧唧喳喳的鸟儿向她打招呼；《阴谋破坏》里的致命炸弹藏在装金丝雀的笼子里；《年轻姑娘》里一群水鸥尖叫着飞过尸体。对于这一原始形象，例子还有很多，不是所有例子都可以解读出寓意，但是在此我们可以引用威廉·布莱克（William Blake）《天真的预言》（"Auguries of Innocence"）里的两句诗：

笼中的一只知更鸟

让整个天堂动怒。

　　为了进一步获得艺术声誉，1962 年的夏天，当《群鸟》在进行最后剪辑的时候，希区柯克同意接受特吕弗的一系列长篇采访。他从来没有想过获得英国的任何荣誉。这一年，他拒绝了大英帝国司令勋章（CBE）[①]，"因为，在他看来，这不是对他对英国文化所做贡献的公正评价"。当然，他在正式声明中的回应与此相反，不过他的确充分意识到了自己的价值。

　　特吕弗在信中讲述了他的采访计划，采访范围涵盖希区柯克的每一部电影，问题聚焦于"每部电影的诞生，剧本的开发和建构，现场执导时的种种问题，每一部电影在您作品整体中的位置"，希区柯克大为感动。他回复说："你的这封信让我热泪盈眶，我非常感谢你的敬意。"特吕弗是后来被称为"新浪潮"（nouvelle vague）的领袖人物之一，当时他已经执导了《四百击》（The 400 Blows，1959）和《祖与占》（Jules and Jim，1962）。私底下，希区柯克会把这帮新导演称为"新流浪汉"（nouvelle vagrants），但是他并没有打算将真实态度表露出来。这样一个年轻导演的敬意比烧香还让希区柯克受用——这意味着那些走在电影变革前沿的人对他的肯

---

① 大英帝国勋章（Most Excellent Order of the British Empire）是英国授勋及嘉奖制度中的一种骑士勋章，由英王乔治五世于 1917 年创立。勋章共分五个等级，从高到低依次为爵级大十字勋章（GBE）、爵级司令勋章（DBE）、司令勋章（CBE）、官佐勋章（OBE）和员佐勋章（MBE）。

定。他的眼泪很真诚，这是一个多愁善感、充满恐惧的男人脆弱的标志，也是期待已久的雄心壮志实现的标志。

一开始他想控制采访的内容。在一封没有寄出的信中，他坚持文字记录出来之后要先给他看一遍，他有权对觉得不妥的段落进行删改，如果对方违约还需要赔付 50 万美元。不过他并没有寄出这封信，毫无疑问，他意识到，这封信一旦寄出，将会被认为是对同行的极大侮辱。

采访的基础是当时一个相对比较新的概念，即导演是电影的"作者"（auteur）。电影的唯一创造者是导演，就像一幅画的唯一创造者是画家。这与希区柯克电影的实际情况完全不一致。他的电影仰赖于很多人的积极配合，尤其是编剧和摄影师。但是这个理论颇符合他的口味，他一直想将别人对电影的贡献降至最低。他将精心写就了《后窗》《捉贼记》《怪尸案》和《擒凶记》的约翰·迈克尔·海斯形容为"电台作家"，说他只是"写了些对白"。这是对事实的故意歪曲。

整个 8 月中旬，希区柯克都会在早上八点从贝弗利山酒店接上特吕弗和他的翻译，然后用豪华轿车把他们带到环球影业的办公室，在那里他们会一直聊到晚上六点。中间他们要一起吃个午餐，比如牛排和炸土豆。特吕弗的采访手记里写着，希区柯克一开始是以他幽默诙谐、爱讲逸事的媒体形象示人的，"直到第三天，他在讲述自己职业生涯的起起伏伏时才变得清醒和深思起来"。这次采访与希区柯克此前接受的任何一次采访都不同。这将成为他的遗嘱。

　　特吕弗认为他的采访对象是一个"非常恐惧的人"，也是一个"极其脆弱、敏感、易动感情的人，他能特别强烈地感受到在与观众交流时的感觉"。采访中有对希区柯克性情的细微洞察，但也有很大一部分是非常简短的回答。"准确""没错""很对""对"。比起讨论主题和中心思想，他更喜欢谈论逸事，或回答技术细节上的问题。他不想太深入地探讨他拍某部电影、某个特定主题的动机或原因。他只对故事或者情节感兴趣，正是这些激发了他的视觉想象力。他在不止一个场合说，"我根本不关心这部电影要传达什么东西。"电影只需要被观看，而不需要被解释。他对于任何哲学理论或分析都不感兴趣。或者，换一种方式来说，任何电影都可以从不同的角度来理解、都可能解读出多重的意义，而这也许就是生活本身的状况。

　　但是他还是承认了自己在审美上的一些偏好。他对特吕弗解释说，《后窗》是"电影化理念最纯粹的表达"，他因此而创作出了"一部纯粹电影化的电影"。这是一部姿态和动作的电影，一帧画面因为和另一帧画面放在一起而变得有意义。他曾经说过，一个擅长摹写静物的画家，不在乎笔下的苹果到底是酸的还是甜的——那不是他感兴趣的现实维度。他全神贯注于秩序、图案和对称。他电影里那些螺旋图案、阶梯、竖直的栏杆和百叶窗都证明了这一点。

　　他跟特吕弗说，一部电影更像是一个梦，"可能是白日梦"，它比理性和逻辑更有力。他在 1936 年发表于《舞台》杂志的文章中写道："我会先在大脑中把我的故事视觉化，它们就像在不同背景中移动的一系列模糊景象"。他如同透过薄雾一般看到了一些不清楚的图像。有些诗人也以类似的方式描述过灵感出现的过程。音乐和色彩深深地影响了他。正如他在另一个场合所说，音乐对他来说是一种"表达潜台词"的媒介，并且常常是对梦境的模拟，而他希望将这一梦境展现在电影中。色彩的使用和影响也是微妙的、潜意识的。他不仅要精心设计街道上汽车和广告牌的颜色，还要安排好房间里灯罩和鲜花的配色。淡蓝色和柠檬绿等冷色被用来传达理性和客观；黄色和红色这样的暖色则被用来暗示情绪波动和危险的来临。《电话谋杀案》中，格蕾丝·凯利的衣服从红色变为橘色，最终又从灰色变为黑色——她的每一段情绪的波动都用颜色戏剧化地表现了一番。对于《西北偏北》的女主角，他想象了"一件厚重的黑色丝绸鸡尾酒会礼裙，上面印着一朵朵酒红色的花朵，这会出现在她欺骗加里·格兰特的场景中"。

他常常被说成是一个表层艺术家，他的电影被认为是表层艺术的典范，而事实上，这一表层下覆盖的是整个生活。他的判断也许很接近于奥斯卡·王尔德作品《道林·格雷的画像》（*The Picture of Dorian Gray*）里亨利·沃顿勋爵的判断："只有肤浅的人才不会以貌取人。"希区柯克时常铭记于心的是："这只是一部电影。"这只是一场游戏，一种诡计。他喜欢那些看起来明显是人为的、故意不真实的电影效果。

但他也不是 19 世纪末风格的唯美主义者。他太在乎他的观众了。"我又不是为了取悦我自己而拍电影的，"他在 1972 年的一次采访中说，"我拍它们是为了取悦观众。""所有的努力都是为了这件事，"他又说，"如何把胶水涂在观众的座位上？"胶水来自害怕、焦虑、恐惧、悬疑或好奇。希区柯克知道怎么从观众身上把这些全调动起来。他一直让他的编剧们特别注意观众的反应。在这里你想要观众产生什么感觉？你想让观众思考什么东西？如何把观众逼到一种无法忍受的紧张状态？他也很高兴东京的观众、纽约的观众、巴黎或伦敦的观众做出的反应是一样的。他的电影在观众规模和观看效果上都是空前全球化的。

　　他首先是个实用主义者。如果让他在艺术和商业之间做出个选择，他也许会犹豫，但是肯定不会犹豫很长时间。"你认为自己是艺术家吗？"彼得·波格丹诺维奇有一次问希区柯克，希区柯克回答说："也不算吧。"他跟另一个采访者说："我真的很讨厌艺术家这个字眼。"他不喜欢把拍电影跟"工作室"（studio）一词①联系在一起，如果可以的话，他更喜欢用"工厂"这个词来称呼它们。在他看来，他工作于其中的制片厂系统就像一座监狱。"我们只是在室内的一个舞台上表演而已，大门关上，我们就如同下了煤矿。"特吕弗回忆说，在采访中希区柯克多次用到了"当摄影棚沉重的大门在我身后关上时"这个表达。

　　他继续着他单调的工作。和以前一样，他在上一部电影完成之前就已经开始构思下一部电影了。这一次他看上的是温斯顿·格雷厄姆（Winston Graham）的《艳贼》（*Marnie*），这本小说在1961年1月正式出版之前就送到了希区柯克手上。故事的主人公是一

---

① "studio"，这个词既指制片厂、摄影棚，也指画室、录音棚等艺术行当的工作室。

个女窃贼，玛格丽特·玛尔妮·埃德加。她有一次偷到了富商马克·拉特兰的头上，这位富商发现了她的偷窃癖并以此要挟她。于是她被迫嫁给了拉特兰。后来我们得知，她小时候用拨火棍失手杀了自己妓女母亲的顾客，也因此留下了童年阴影。从那以后她便厌恶靠近男人和红色——鲜血的颜色。这是一种心理学上的胡扯，但这不妨它被搬上银幕。

故事的核心创意，以及他从这一暧昧不明的女性形象上看到的巨大空间，促使希区柯克立即买下小说版权，甚至为小说在美国的出版做起了宣传。据说他说："这本书有着我见过的最不寻常的女主人公。"他还想着让格蕾丝·凯利重返银幕，他给她寄了一本小说，等着她回应的好消息。

起初，她似乎很兴奋，准备凭借这个角色重启她的电影事业。但是在 1962 年春天，她突然拒绝了这个角色。这对希区柯克来说是一种沉重的打击。格蕾丝·凯利会在他的帮助下重返影坛，他之前把所有的信心都寄托在这一点上。他把凯利的拒绝当成了对他个人的侮辱，失望之情加剧了心中的愤怒。凯利解释说，这主要因为自己家庭的关系，而且她现在住在摩纳哥，往返好莱坞也不方便。但是希区柯克怀疑是经济上的原因。她原本希望通过这部电影赚上一大笔钱，然后用这些钱来帮助摩纳哥，当时摩纳哥正承受着来自法国的财政压力，不过后来他们找到了另一个资金来源。她绝不会单单因为希区柯克就重返演艺圈。格蕾丝·凯利没空，当然也不会真去演一个心神不定的女贼。1962 年 6 月底，他给她去了一封信，写道："毕竟，这只是一部电影。"但是他很受伤。

埃文·亨特回忆说，1962年拍《群鸟》的时候，"我们在往返取景地100公里的路上聊《艳贼》的事。我们在拍摄间隙聊，在午餐和晚餐时聊，没完没了地聊。"1963年新年伊始，《群鸟》进入后期制作的最后阶段，希区柯克开始认真准备这部关于冷艳女贼的电影。没有格蕾丝·凯利，他再一次起用了蒂比·海德莉。虽然《群鸟》的经历给她带来了很大的精神冲击，但是他们的正常关系——或者说希区柯克与他人之间可能发生的最接近正常的关系——已经恢复。1月，他为了庆祝她的生日举办了一个五人晚宴。2月，他开始跟埃文·亨特和美术指导罗伯特·博伊尔开会讨论故事。据亨特说，剧本里有一段"真的让人很不舒服"。希区柯克故作天真地问他是哪一段，其实他很清楚是哪一段。肯定是玛尔妮的新婚丈夫马克·拉特兰在新婚之夜强暴她的那场戏。"哦，别担心，"希区柯克回答道，"那个没事的。"

希区柯克对这场强暴戏非常上心，他把记录聊天的录音机关掉之后跟亨特详细地描述了每一个细节。这位编剧后来跟记者说："他给我设了个套，所有导演都这样。他说：'埃文，他插进去的时候，我要让摄影机正对着她的脸。'"但是亨特犹豫了，他不想写这出戏，因为真的没来由。这跟角色的人设也不相符，扮演这位新郎官的是肖恩·康纳利（Sean Connery）。亨特换了一个写法去写这个不幸的蜜月之夜，写在黄纸而非白纸上，以便跟剧本的其他部分区分开。但是希区柯克驳回了他的做法，他很快回信说："这部分要好好再写写。"他还带着不祥的语气继续说，现在需要"全新的思路，这可能是下一步的主要工作"。就这样，亨特被解雇了。

他换掉亨特，找来杰伊·普莱森·艾伦（Jay Presson Allen）。艾伦在5月底正式开始工作。她并不介意希区柯克对这场戏的执迷，事实上她觉得希区柯克就是因为这场戏才买了版权的。她后来跟亨特说，希区柯克知道他不愿意写强暴戏的那一刻，立即就订好了去纽约的机票。而她则想方设法用克制的手法完成了这场戏。

希区柯克和艾伦很合拍，他们俩有着相似的幽默感。从6月到9月，他们的合作过程很愉快。艾伦在一个采访里说："他给了我一种完全自由的创作环境。我的感觉是，我可以写任何我想写的东西，也可以违反他的要求而免于受罚。"埃文·亨特肯定不会这么说。可能就是性格问题吧。

艾伦还说："我们变成了非常、非常要好的朋友。我在加州的时候跟希区和阿尔玛住了很长一段时间，他们俩简直太大方、太有意思了。"他们一起出门用餐，一起去听音乐会，还一起去圣克鲁斯过周末。艾伦说开始的几周他们会"没完没了地谈论"剧情和人物，"他常常会忽视人物塑造"，他总是对画面更感兴趣。她也注意到，阿尔玛"对叙事的感受力非常好"。他还依赖于妻子给他的稳定和安全感。当他们在讨论电影里的心理活动时，希区柯克跟艾伦说了一个自己反复做的梦，在梦里，他的阴茎是水晶做的，而且他不得不向阿尔玛隐瞒这一事实。艾伦大笑，然后告诉他，这明显意味着"他试图将自己的天赋与阿尔玛的分开，并将之隐藏起来"。可能这不是唯一的解释，但是，就像大多数梦一样，它也许根本不需要解释。

开机之前他照例一丝不苟地做着准备。他非常在意电影的制作成本，他在艺术上和在生活中一样节俭。他的副导演詹姆斯·休伯特·布朗（James Hubert Brown）说，他"总是觉得欠着环球，同时也是为了自己，一定要拍几部成功的电影"。大部分外景用的是背景投影（back projection），这让电影有了种古怪的复古感，但是他并不在意。服装设计师丽塔·里格斯说："甚至当《艳贼》还在拍摄的时候，我就已经感到了某种忧伤。这部电影的制作过程非常精细。"在片场时，她好几次觉得"时间静止了"。

他对肖恩·康纳利的专业度和演技很放心，他不放心的是蒂比·海德莉。所有关于她的东西都必须是完美的——头发、妆面以及服装。海德莉回忆道："很多次，在电影拍摄之前，我们一遍遍地排练，感受角色的情感变化。希区不仅是我的导演，还是我的表演老师，我再也遇不到比阿尔弗雷德·希区柯克更好的人了。"

《艳贼》的拍摄从 1963 年 10 月持续到 1964 年 2 月，过程很顺利。康纳利的印象是"他基本不怎么给指导，甚至不怎么看取景器"。希区柯克一旦信任了某个演员，就任其自己发挥了。康纳利还补充说："我感觉他不喜欢过度讨论，在他眼中，一切讨论都是过度讨论。"希区柯克只会时不时地给一些他所谓的技术上的指导：每个句子后面停顿一下，在其他演员讲话的时候请闭上嘴。"笑，"他跟一位女演员说，"就好像你嘴里都是碎瓷片。"拍摄早八点开始，晚六点结束。他早餐要喝咖啡、读报纸，然后让司机送他去摄影棚。他的副导演之一希尔顿·格林说："跟他一起合作很辛苦，因为他要求很高，他要求所有人都很专业并且知道自己的职责所在。但是只要你做到了这点，你就提前知道了所有他想要的东西。

他那里从来不会有什么意外。"丽塔·里格斯对此补充道:"事情往往很顺利,可以在现场听到他说'请'和'谢谢'。"

而对于蒂比·海德莉,情况可大有不同。她再一次觉得他似乎走得离自己太近了。配角演员黛安娜·贝克(Diane Baker)回忆说:"电影越拍到后面,我就越觉得希区和蒂比没办法再合作下去了。两人的关系有些生分,还隐约带着一丝嘲讽的色彩。"他给她买了一辆豪华的拖车,有卫生间和小吧台,将其停在他工作的小平房旁边。他每天都给她送香槟。据他最好的传记作者之一唐纳德·斯伯特(Donald Spoto)说,他跟她说过一个浪漫的梦或幻想,而她是其中的女主角。黛安娜·贝克说:"我从来没见过蒂比跟剧组其他的成员一起玩过……她不被允许跟我们聚在一起。希区要求他和蒂比之间的所有对话都在私下里进行……对我来说,没有什么比来到片场看到她被这么对待更可怕的事情了。我从未见过,也没有料想到会这样,完全搞不明白。"海德莉自己在一个采访中称:"他几乎满脑子都是我,而成为别人的痴迷对象对我来说是一件大麻烦。"

希区柯克自己感觉也不好。他喝酒喝得比以往更多了,还常常会在午饭后睡着。他的身体总体上有些不适,经常看起来心烦意乱或焦虑不安。他总是感到疲乏,小病小痛不断。他找了个专家,但是专家什么都没看出来。他每周做两次体检。他跟副手诺曼·劳埃德说:"这部电影恐怕要你来替我完成了。"他似乎开始注射可的松(肾上腺皮质激素类药),而这又会导致失眠、盗汗和喜怒无常。

1964年1月底的时候,蒂比·海德莉受邀领取"电影奖"

（Photoplay Award）①，她获得的是"年度最具潜力女演员奖"，颁奖典礼将在《今夜秀》（Tonight）上播出。但是他不允许她飞去纽约。他如此缓慢而细致地为她塑造着角色，他不想让她从中走出去。毕竟拍摄还在继续。他们俩在片场为此展开了激烈的争吵，她甚至对他出言不逊。希区柯克说："她做了一件任何人都不允许做的事。她说我胖。"在一种说法里，她好像是叫他"肥猪"。他们在片场变得更加疏远，沟通都是通过第三方传话来进行的。

一段广为流传的八卦里提到，这次事件发生之后不久，他跟她提出了某种性要求，但她厌恶地拒绝了。传闻里有的只是他说了什么，而不是他做了什么。他似乎要求海德莉摸他的某个部位，然后海德莉赶紧跑了。那是极度尴尬的一分钟。黛安娜·贝克说，有一次他没敲门就闯进她的化妆室里，还"吻了她的嘴"。最终贝克太过紧张害怕，还去叫医生了。

斯伯特说，在1964年3月，电影拍摄快结束的时候，希区柯克把蒂比·海德莉叫到办公室里，再一次提出了性要求。海德莉跟斯伯特说："那是我的极限了，结束了。"当时她跟希区柯克说："我一天也忍受不下去了——我想终止合约。"他应该是这样回答的："我会毁掉你的职业生涯。你从此以后不可能接到任何一份工作。我要毁了你。"

不过也有其他人质疑这种说法。杰伊·普莱森·艾伦说："我从头到尾都在，'蒂比的人'多年来一直在谈论的那个问题其实并

---

① 由美国最早的影迷杂志之一 Photoplay 创立的奖项，从1921年开始颁发，被认为是世界上首个重要的电影奖项。

不是那么明显，一点也不。希区纯粹只是想捧她而已。他也许迷恋过她，小鹿乱撞那种，但是他明面上什么都没做。什么都没有，什么都没有。他永远也不会做任何让自己难堪的事情。他是个很传统的人。"琼·芳登认为，事实的真相可能是，"他知道那些年轻漂亮的女演员觉得他是个猥琐的老头，他不过是在故意渲染这一点"。人们可能还记得，在《蝴蝶梦》的片场，希区柯克也曾同样孤立和操控过芳登，以此来塑造她的表演。至少还有一种可能性，那就是他的威胁和挑逗只是一种手段，为了让蒂比真的像玛尔妮那样担惊受怕、困惑不堪。

不过，人到暮年，在酒或药物的影响下，他有时会对剧组里的女性工作人员说些不合适的话，这也是事实。当然，这可能是他一辈子的习惯，并不是多么值得认真对待。他只是越来越像个老傻瓜了，而且还是个爱喝酒的老傻瓜。

1964 年，他和海德莉因为共同宣传《艳贼》又公开碰了几次面，他跟一个发行商说："她的表演太棒了，我打算只让看过电影的记者采访她。"这当然也可能是限制她的曝光量的一种微妙方式。海德莉再也没有跟希区柯克合作过，虽然她之后又领了几个月的工资。当她拒绝了电视剧《希区柯克剧场》的片约后，合同才最终解除。

《艳贼》于 1964 年 7 月 8 日在伦敦首映，两星期后在纽约首映。他本想用片中的性与心理学方面的戏剧元素让那些严肃的评论家彻底服气，但是没有成功。一名《纽约时报》的评论家写道："人们强烈怀疑希区柯克很有可能是太高看自己了——这也许是由于圈内的追捧者过多导致的。"票房也很惨淡，没什么悬疑因素，剧情又比较任性，即使是希区柯克的爱好者也喜欢不起来。这是他十年来第一次彻底的失败。

与电影公映前他对海德莉的肯定相矛盾的是，希区柯克现在开始指责海德莉了。她不是希区柯克想要的"火山"。"这个角色有很多可能，起码我是这样想的，"他跟一个记者说，"我以为我能把海德莉小姐塑造成我想象中的女主角，我错了。她辜负了这个角色。"

这样说真的很不公平。《艳贼》确实主题不明确，不清不楚的结尾就是明证。希区柯克说得有点过了，有点居心叵测。片中马克对玛尔妮说："我掌握了你的行踪，我抓住了你，我发誓，我要看住你。"说不定康纳利在说这些台词的时候，这位导演也悄悄在心里跟着重复呢。蒂比·海德莉在戏里那样不间断地歇斯底里，虽然可能是她演技出众的表现，但也可能是由于片场欺凌或精神紧张造成的。人们有时会说她太"僵硬"了，但是那就是她演这个角色该有的样子。沉静表面之下隐忍的怒火，被她完美地呈现出来了。遗憾的是，虽然这部电影表现了很多不安的感觉，然而它们并没有很好地结合在一起。

《艳贼》在呈现电影场景时借助了遮片绘景（matte painting）和背景幕布，这赋予了影片一种强烈的不真实的感觉。我们并不清楚希区柯克使用这样的手段是为了凸显影片的虚构性，还是仅仅为了节省开支。有一场戏，在巴尔的摩港口，一艘船停在街道的尽头，这是希区柯克记忆中的场景。"在我很小的时候，我就对伦敦的码头很感兴趣——那里有一条普通的街道，尽头处就是一艘有着巨大烟囱的客轮。"但是，这一效果却没有很好地呈现在银幕上，它们看起来就像是画得很差的背景。在英国国家电影院的一次映后访谈中，有观众问希区柯克，电影中扭曲的船只背景，是不是"象征着她（玛尔妮）饱受折磨的童年"。"不是，"他回答说，"我们的布景美术师太差劲了。"事实上，他根本没把它们当回事，直到电影拍完，他也没为此操心。

特吕弗认为，在《艳贼》口碑和票房失败后，希区柯克"性情大变了……这次的失败让他的自信心大为受挫"。事实上，他再也没有碰过心理电影，如果可以这么说的话，这既有他自身压力的原因，也有公司的原因。环球影业希望他回归过去擅长的惊悚悬疑片类型，要求他起用明星来吸引观众，并且把故事讲得更紧凑一些。他陷入沉思，有点不知所措，甚至开始怀疑自己。他可能并不想回到老套路上，但是他好像也没有别的选择。大家期望他这样做。

1964 年末，他带着阿尔玛去圣莫里茨和意大利度假，他想要好好思考一下未来。拍摄惊悚喜剧的念头一闪而过。他跟两个意大利编剧见了面，一起讨论了他的一个想法：在纽约的一个宾馆里，所有的员工都是黑手党。但是几次会面长谈之后，这件事就不了了之了。

此时，希区柯克还有另外一个想法。"詹姆斯·邦德"系列电影在全球的成功，促使他思考拍摄间谍片的可能性。1964 年 11 月，他写信给弗拉基米尔·纳博科夫（Vladimir Nabokov），在其中描写了一个故事的梗概：一个科学家带着自己的机密叛逃至东欧；他的妻子支持他的叛逃行为，但她很快意识到他实际上是一个双重间谍，他为美国人工作，来窃取东德的秘密。这个故事是令人信服的，纳博科夫可能还会把它讲得更引人入胜。希区柯克跟这位小说家说，他之前的编剧"一般是改编别人的作品。这就是为什么我要绕过他们，直接来找你——一位真正讲故事的人"。纳博科夫没有上钩。

自信心受到打击的希区柯克，终于在 1965 年初的几个月得到了安慰。1 月 18 日，他受邀主持了林登·约翰逊（Lyndon Johnson）总统的就职典礼。他的幽默感还在。在谈到一位表演者的时候，他说："我一直以为伍迪·艾伦（Woody Allen）是国家公园的名字。"两个月之后，美国编剧工会（Screenwriters' Guild）给他颁发了里程碑大奖（Milestone Award），表彰他"对美国电影做出的历史性贡献"。他像在自己的电视节目中那样发表了一些刻薄、俏皮的感想。"电视的发明，"他跟观众说，"和室内管道的发明是一样的。它并没有从根本上改变公众的习惯，而仅仅是免去了他们出门的必要性。"随后，美国报纸编辑协会（The American Society of Newspaper Editors）也邀请他到华盛顿的年度晚宴上发言。他逐渐成了一个文化偶像，成了美国想象力版图的一个内在组成部分。

尽管纳博科夫对他的提议并不感兴趣，但希区柯克仍在考虑拍摄一部间谍电影，并且邀请了以惊悚小说闻名的爱尔兰作家布赖恩·穆尔（Brian Moore）参与这个项目。他在 1965 年 10 月给特吕弗的信中写道："我发现'詹姆斯·邦德'和它的一些模仿者的存在，或多或少让我之前那种狂野的冒险电影，比如说《西北偏北》，看起来比以往更为狂野，我觉得我不应该尝试在这个领域做出更好的片子。我也许应该回归那种能让人感受到真情实感的冒险电影。"

布赖恩·穆尔很快意识到，即便他们之间的关系很不错，但是，"我们遇到问题了。他对于人物塑造一点概念都没有——即使是故事里一个不那么立体的角色。他在男主人公和女主人公的视角之间随意切换，最初的故事想法开始不受控制地跑偏、消散"。穆尔还发现，由于缺乏灵感和创造性的想象力，这部电影——被称为《冲破铁幕》（*Torn Curtain*，1966）——正在逐渐变成一部由老套的特效和拍摄方法堆砌起来的烂片。他补充说："这部电影只不过是希区柯克的趣味汇编。"他甚至跟导演说，如果这是一本小说，就应该被丢进垃圾桶或者推翻重写。

这位导演并没有欣然接受他的建议，很快穆尔就被免职了。希区柯克邀请了基思·沃特豪斯（Keith Waterhouse）和威利斯·霍尔（Willis Hall）来重写穆尔的剧本。这两个英国编剧已经颇有名气，因为他们成功将沃特豪斯的小说《说谎者比利》（*Billy Liar*）改编成了舞台剧。但他们似乎只做了小小的调整和修改，剧本仍然是整个制作过程将要面临的主要问题。

环球影业坚持要起用大明星，所以朱莉·安德鲁斯（Julie Andrews）和保罗·纽曼（Paul Newman）两位明星加入了这个项目。希区柯克请保罗·纽曼到百乐吉吃饭，据说纽曼在餐会上脱下夹克，喝起了啤酒而不是红酒，这让希区柯克有点不满。纽曼回忆说："当希区柯克第一次请我去他家吃饭并详细介绍剧本的时候，我觉得这个故事还是挺让人兴奋的，所以我同意加入。"安德鲁斯的说法则是："我接受了与希区柯克合作的机会，他教给我的电影和镜头知识比其他任何人都多。"然而她和希区柯克之间并没有坦诚相见。希区柯克仍然抱有成见，觉得她是一个歌星，只不过无意间发现了自己能演电影。约翰·罗素·泰勒写道："希区提到她时措辞很礼貌，她对希区也是如此。但很显然他们之间的交流没有火花。"

最初对《冲破铁幕》抱有的过高期望很快就开始动摇了。这也许并不奇怪。剧本始终是个大问题，而且希区柯克也没有等它完稿，就匆忙开拍了。纽曼说："如果剧本再好一点的话，我跟希区柯克的关系可能会非常不错。"他给希区柯克写了一封长长的信，告诉他自己发现的剧本的不足之处，希区柯克觉得这是对他能力的冒犯。纽曼还说："从头到尾，我们都希望我们不用拍这部电影。"安德鲁斯本人认为，片场的气氛越来越僵，不管是她还是纽曼，都不习惯跟一个寡言少语的导演合作。他对他们的表演几乎没有任何评价，也不会给他们任何导演指示。

《迷魂记》的编剧塞缪尔·泰勒在写完《迷魂记》之后还与希区柯克保持着联络，他回忆此事时说道："他只是在拍摄过程中失去了信心，制片厂跟他说，在他眼前的这两位演员是好莱坞目前最炙手可热的明星，但是希区柯克发现他们对自己的模式以及方法完全水土不服。他跟他们俩起不了化学反应，他自己也抑郁起来，只求匆匆把电影拍完。"据说，他大多数时间都在背地里抱怨他们，说他们不值加在一起 180 万美元的薪水。他对于纽曼的"方法派表演"（method acting）一点也欣赏不来。当演员问导演自己是否应该穿某双鞋的时候，希区柯克说："你的镜头就是外套第二颗扣子往上，所以不用担心鞋子。"他问导演他的动机是什么，希区柯克一如既往地说："你的动机就是你的薪水。"

据基思·沃特豪斯说，纽曼有一次问希区柯克，有一幕是他从安德鲁斯那里收到一个可疑的包裹，他应该怎么跟安德鲁斯对戏？"好吧，纽曼先生，让我来告诉你我此时此刻脑了里在想什么。安德鲁斯小姐会带着这个包裹下楼梯，明白吗？然后，如果你想表现得好一点，你就稍微往摄影机右边瞥一眼，就能看到她下楼了，这时我的观众就会说：'喂？这家伙在看什么呢？'然后我再把镜头切走，给他们看看你正在看的东西。"沃特豪斯后来补充说："关于拍电影是怎么一回事，我没听过更好、更简洁的分析了，之前没有，以后肯定也不会有。"

希区柯克想要在《冲破铁幕》的音乐设计上尝试些不同的东西。他给伯纳德·赫尔曼打了封电报："现在的观众和过去我们迎合的观众有很大不同，现在的观众更年轻，精力旺盛，要求苛刻。几乎所有的欧洲电影人都已经看到了这一变化，所以正在试图用节拍和节奏来满足新观众的需求。"但是，赫尔曼创作的曲子里却明显地使用了小提琴、长笛和弦乐。一个乐队里的吹号手记得希区柯克说："这是什么？这根本不是我想要的。"两个人似乎在录音棚里发生了冲突，赫尔曼问希区柯克："你到底想从我这里得到什么？我不写流行音乐。"1966 年初，赫尔曼离开了希区柯克，此后两个人再也没有合作过。

《冲破铁幕》其实就是一部娱乐性极强的惊悚片，没有任何矫饰，叙事进行了精心编排，着力于利用时间和环境来制造悬念。在最臭名昭著的一个场景里，美国教授和他的同谋被迫杀掉他们的东德看护人——名字有点巧——赫尔曼·格罗梅克（Hermann Gromek）。杀戮过程痛苦而漫长，先是用刀，再是用铲子，最后还用到了煤气，希区柯克亲自设计了这一场戏，是为了证明杀一个人有多难。"在我的电影里，"他说，"杀戮不是随随便便发生的。"而在那些最有效果的场景中，期待和焦虑的原始戏剧性力量被他激发了出来，从而让观众始终处于一种紧张状态中。在电影的这个领域中，希区柯克依然是绝对的大师。

然而，已经习惯了"詹姆斯·邦德"系列电影的煽情和特效的观众和评论家并不这么认为。《冲破铁幕》被认为太过老套和简单了。在《纽约时报》的评论家看来，与《007之俄罗斯之恋》（From Russia With Love，1963）和《007之霹雳弹》（Thunderball，1965）这样的电影相比，"这部电影的新颖和吸引人的程度堪比老奶奶的旧针织披肩"。电影的反响让希区柯克失望至极，他好像已经失去了自己的光芒，他好像越来越不了解当代电影了。

1966年的最后几个月里，在《冲破铁幕》明显失败之后，他似乎就带着阿尔玛在百乐吉路隐居了起来。"我害怕孤身一人，"他说，"阿尔玛知道这点。"他们去了圣莫里茨过圣诞，依旧下榻在皇宫大酒店。他们的朋友惠特菲尔德·库克说："我永远也不会忘记阿尔玛说，'希区闹着要穿上滑雪裤，穿了将近一个小时，然后就只坐在前廊上抽烟！'"这就是他度假时喜欢做的事——坐着观察。

他依旧不停地准备着。很长一段时间以来，希区柯克一直被英国杀手的职业所吸引。约翰·克里斯蒂、约翰·乔治·黑格（Jhon George Haigh）和霍利·哈维·克里平（Hawley Harvey Crippen）是他最感兴趣的几位（克里平虽然出生在美国密歇根州，但他在伦敦的恐怖统治可能会让他获得荣誉英国公民的身份）。希区柯克也对1946年残忍杀害两名女性的内维尔·希思（Nevillc Heath）产生了兴趣。他就是希区柯克要找的人，到了年底，他计划拍一部以一个有恋尸癖倾向的连环杀手为原型的改编电影。《冲破铁幕》让他经历了一场代价高昂的灾难，所以这一部他决定一切从简，拍成《伸冤记》那种风格。他把写剧本的工作交给了本·利维。值得注意的是，在希区柯克1929年拍摄第一部英国有声片《讹诈》的时候，利维就参与了编剧。希区柯克准备对自己的伦敦背景归根溯源。

1967年2月，利维飞到了好莱坞。在接下来的两个月里，他一直为这部新电影工作，希区柯克将之暂定名为《万花筒狂凶》（Kaleidoscope Frenzy）。影片讲述了一个精神病杀手、同性恋、畸形人，试图引诱一名女警察进入他布下的陷阱。在剧本大纲基本成型之后，希区柯克把它交给了美国小说家霍华德·法斯特（Howard Fast），他最著名的作品是《斯巴达克斯》（Spartacus）。"我的天啊，霍华德！"他说，"我才看完安东尼奥尼（Michelangelo Antonioni）的《放大》（Blow-Up，1966），这些意大利导演在技法上领先了我一百年！我一直以来都干了些什么呢！"他鲜少这样承认，不过他确实是和整个现代电影擦肩而过了。希区柯克决定借用一些意大利导演的新技术，比如手持摄影机和自然光。他也做好了拍男女裸露镜头的准备，之前他只在《惊魂记》中蜻蜓点水般用了一下。与纽曼和安德鲁斯的灾难性合作之后，他很高兴可以起用不知名的演员。他在 1967 年 4 月的时候给特吕弗写信说："我现在正在准备一部新电影，名字还没定，讲的是一个杀害年轻女性的变态杀人犯，我借鉴了一起真实的英国凶杀案。这是一部非常现实主义的电影，年轻的男主角跟他的母亲有某种关系。"

法斯特回忆道："希区柯克给了我很大的空间，他似乎最感兴趣的是设计复杂的摄影机运动。"不幸的是，一切努力付诸东流。环球的高层被这部电影的主题和主人公的形象吓坏了，他们把剧本给毙了。法斯特回忆说："希区柯克其实是在尝试他们一直敦促他做的事情——拍点不同的东西，顺应快速发展的时代，现在他们却要贬损他的努力。"有传言说他收到制片厂回应的一刻老泪纵横。这是可能的，这位导演的心里始终留有一小块脆弱领地。

他到底应该怎么做？他的宝贵才华怎么能被浪费呢！他的国际声誉和电视知名度，总还能让他吸引到观众。1968 年夏天，环球影业准备开拍一部已买到改编版权的电影，这是一部面向全球观众的惊悚片，名为《谍魂》（*Topaz*，1969）。但是希区柯克与作者利昂·乌里斯（Leon Uris）的紧张关系加剧了他对影片前景的疑点。面对希区柯克的糖衣炮弹、拙劣的笑话和上好白兰地，乌里斯不为所动。他们俩的个性都太要强了，互相不服。乌里斯是作为编剧参与本片的制作的，而据他回忆，希区柯克试图控制他，想要把他当个普通的工作人员使唤——这是行不通的。

导演转而求助曾与他合作过《迷魂记》的塞缪尔·泰勒，还请来了一些老同事，比如美术指导亨利·巴姆斯特德和服装设计师伊迪丝·海德。他尽可能地找寻得力帮手。他在乌里斯的剧本上花费了太多时间，电影需要立刻开拍。"我遇到大麻烦了，萨姆，"他跟泰勒说，"我手上的这个剧本根本没法拍。"那为什么不干脆延期拍摄呢？"箭在弦上不得不发，它已经开拍了。"所以泰勒只能拼命赶写剧本。

故事本身的趣味性还可以，说的是一个法国特工通过某些跟古巴的联系，发现了苏联正在向古巴运送导弹。考虑到电影的国际发行，希区柯克决定起用一些相对不出名的外国演员来出演主要角色。这步棋走错了。《谍魂》的重要片段是在巴黎和哥本哈根拍摄的，既昂贵又多余。

拍摄过程也不太顺当。2004 年的时候，巴姆斯特德回忆说："《谍魂》简直就是一场噩梦，拍这部片子的时候，我得了高血压，现在还在吃药……根本没时间准备，我告诉你，电影拍摄前的充足准备是最重要的事情。"

希区柯克与演员们的相处并不融洽。来自法国、丹麦、德国的演员对他的黑色幽默和性暗示没有任何心理准备，就连带有伦敦腔的俏皮话也没能逗乐大家。塞缪尔·泰勒回忆道："《谍魂》的悲剧之一是，希区柯克在尝试某些想法的时候，以为这部戏是英格丽·褒曼和加里·格兰特主演的。"片场里的另一位演员约翰·福赛思（John Forsythe）说："他已经不是那个坐在椅子上旁观的伟大导演希区柯克了……他会短暂地离开15到20分钟，如果可以，他会躺下来，这一幕太让人难过了。"至少有一次，他在拍摄一个长镜头的过程中睡着了，也没人敢叫醒他。最后他终于睁开眼睛，说："拍得怎么样？"然后他笑了笑。也许，他真的已经对片场工作失去了兴趣。还有几次，摄影棚里拍得好好的，他临时决定带着自己的作曲家莫里斯·雅尔（Maurice Jarre）去蔡森餐厅吃午饭。当别人问他是否还要继续留在片场看完剩下的戏的时候，他说："不了，演员准备好了，摄影师也就位了。如果拍不好，我来剪就行。"

因为超脱和无所谓，他为了这部电影拍了三种结尾，让环球选一个他们最中意的。结果他们选了最不痛不痒的一个。"我是可以去争取换掉这个结局的，"他后来说，"但是也不值得我费那些口舌。"当他还没有完全厌倦之前，这部电影的拍摄似乎让他充满了焦虑和沮丧。他同意影评人和观众对于这部电影的评价——这部片是一场灾难。"《谍魂》是我拍的最令人不快的作品。"他说。《纽约客》的电影评论家宝琳·凯尔（Pauline Kael）总结说："《谍魂》的尴尬之处在于希区柯克的懒散和与当前世界的脱节。"

他的女儿在她关于阿尔玛的回忆录中写道："那是爸爸很艰难的一段时光，支撑他的只有妈妈和家人。"正如他可能会用英国俚语说的那样，他在"空转"（ticking over）。他如饥似渴地阅读——他称之为"阅读改编材料"——等待灵感袭来。他看遍了所有能看到的新电影。他不得不忍受来自环球影业高层的叨扰，他们提醒希区柯克下一部电影（如果还有的话）的制作规模将会比遭遇滑铁卢的《谍魂》小得多。他还会去当地的剧院看戏，或者到赛马场转一转。他搬出了自己在圣克鲁斯的第二个家，最终卖掉了那栋宅子，因为跑一趟对他来说太累了。

　　他好像看不到这些事的尽头。他在写给特吕弗的信中说道："我正在寻找一个新项目，但非常艰难，好莱坞的电影行业有非常多的禁忌。不能写老年人的故事，主角必须是年轻人；电影中一定要有反体制的元素；影片的成本必须控制在 200 万到 300 万美元之内。除此之外，故事部门还会寄给我各种各样的改编材料，他们认为这些可以拍出一部出色的'希区柯克电影'。很显然，当我读到它们的时候，它们并不符合'希区柯克电影'的标准。"不过到了年底，有一个递给他的项目似乎满足了他所有的要求。

he child
who never cried
ll do it
ound, please
was grey
t home
ake it
h dear
am typed
ood evening
irds and beasts
ack to basics

XI

回归初心

他收到了一本小说，名叫《再见皮卡迪利，再见莱斯特广场》（*Goodbye Piccadilly, Farewell Leicester Square*），作者是阿瑟·拉贝恩（Arthur La Bern），这本书好像是专门为希区柯克写的。故事说的是一个性无能的精神病杀手，在伦敦市中心猎杀女性；一个无辜的人遭到逮捕，他逃出监狱，准备向真正的杀人犯复仇。在《万花筒狂凶》被制片厂否决掉的三年后，一个类似的讲述连环谋杀案并带有性暗示的剧本现在被通过了。这一次制片厂同意了希区柯克的拍摄请求，因为他们很清楚，这部电影可以在很短的期限内用很少的成本拍摄出来，然后再凭借导演的名气去吸引观众。影片将在伦敦取景拍摄，为的是让看惯了本土谋杀情节的美国观众有点新鲜感。希区柯克得到的预算不到 300 万美元。他似乎放弃了最初的利用手持摄影和自然光拍摄一部"实验电影"的想法，而是准备规规矩矩制作一部传统的特艺彩色电影。

希区柯克这次雷厉风行，请来了安东尼·谢弗（Anthony Shaffer）来当编剧，后者那个时候凭借剧作《足迹》（*Sleuth*，另译《侦察》）在英美舞台剧界都大获成功。1970 年元旦，希区柯克给谢弗打了一通电话，谢弗起初还以为这是他老朋友的一个恶作剧。但到了 1 月中旬，他就和导演在纽约的餐厅共进午餐了。午餐谈话的主题是一部定名为《狂凶记》的影片。希区柯克当时准备飞去巴黎接受法国荣誉军团骑士勋章①，趁机带着谢弗回了一趟伦敦，寻找可能的拍摄场地。希区柯克内心的期待基本上是还原儿时的城市环境，尤其是父亲非常熟悉的科芬园一带的风景。黑色的泰晤士河将流经这部电影，东阿克顿的沃姆伍德·斯克鲁伯（Wormwood Scrubs）监狱也会是个重要的场景。酒馆应该是老式的。他不太喜欢现代风格的酒馆，觉得"它们看起来不对劲，在一个像样的酒馆里，没有什么比深色的木头更好的了"。

小说背景设置在"二战"时期的伦敦，但是希区柯克想把它挪到现代来。不过最后也看不出来有什么不同。希区柯克对于这座城市的印象还停留在自己离开的那个时候，仿佛这么多年来，伦敦并没有发展，所以场景和对话有点过时。但是这些都并没有影响到他的发挥，他依旧是那个厉害的导演。

谢弗于 1971 年 1 月 21 日抵达加州，到 2 月下旬，他和希区柯克已经完成了一份 55 页的剧本大纲。他们磨合得很好，中午一起吃牛排沙拉，四点钟一起喝杯鸡尾酒。谢弗有一次觉得每天这样吃有点单调，第二天希区柯克就给他呈上了包含 15 道菜的大餐。谢弗说导演很"阴郁"，但是这点并不会影响到他们的合作关系。2 月

---

① 荣誉军团勋章（Legion of Honour）是法国政府颁发的最高荣誉勋章，1802 年由拿破仑·波拿巴设立，沿用至今。

27 日谢弗回到纽约，然后在那里完成了剧本初稿。

这可不是什么令人愉悦的故事。影片的反英雄主人公、被错误地指控为连环杀人犯的理查德·布莱尼，是个满腹牢骚、没有同情心的人。而真正的精神变态鲍勃·腊斯克，看上去却很亲切友好。他是科芬园市场的一个水果摊贩，和母亲住在市场外的一套公寓里。可以在影片中看到泰晤士河上漂浮着一具裸体女尸。在另一场凶杀戏之前，有一场漫长而残忍的强奸戏，希区柯克坚持把它拍得很详细。当腊斯克丢了领带胸针①并意识到另外一个受害者临死时把胸针攥在了手里时，不得不翻找一堆土豆，他之前把她的尸体丢弃在了这堆土豆里。食物、性和暴力——希区柯克想象中的圣三位一体——在这个场景里达到顶峰：浑身沾满土豆灰土的腊斯克，最终强行掰断了受害者的手指，以便拿到他的胸针。

4 月初的时候谢弗完成了剧本的第一稿，希区夫妇一块儿读了一遍。剧本全长 160 页，他们俩都觉得不错。所以现在差不多可以在伦敦成立办公室了，希区柯克的下属在克拉里奇酒店订了一个套房，从 5 月中旬订到 9 月底。他受到了松林制片厂（Pinewood Studios）的招待，影片的一部分场景将在这里拍摄，他被当成远道而来的国王。虽然名义上希区柯克现在是美国人，但事实上他是那个年代最有名气的英国人之一。

严格的选角工作也即刻开始了。他把出演连环杀手的机会送到了迈克尔·凯恩（Michael Caine）那里，但是对方却拒绝了，理由

---

① 一个起初别在领带上的较大胸针，上有字母 R 形的装饰物（凶手姓氏 Rusk 的首字母）。

是角色"太令人厌恶了，我不想跟这种形象有什么瓜葛"。希区柯克这辈子再也没跟他说过话，即使两个人碰巧在好莱坞的同一家餐厅里吃饭，也不打招呼。其他的人选就没这么难了，亚历克·麦考恩（Alec McCowen）出演警察局长官，薇薇恩·麦钱特（Vivien Merchant）出演他的妻子，这两位更为人所知的身份是戏剧演员，但是他们都很珍惜跟希区柯克合作的机会。

剧组里只有一个演员那里出了麻烦，就是那个演无辜被告的乔恩·芬奇（Jon Finch）。他在开拍前的一次采访中委婉地说，他觉得谢弗的剧本有点过时。但这一点正是希区柯克想要的。芬奇还提出了一些对白修改意见，这可不是希区柯克想看到的了。摄影师吉尔伯特·泰勒（Gilbert Taylor）回忆道："导演非常生气，也在考虑要不要换演员。"还好希区柯克并没有真的这样做，芬奇确实演活了一个惴惴不安、闷闷不乐的男人。当然，也可能是希区柯克赋予了演员这样的特质，他再一次通过挑衅和欺凌他的演员，塑造出了一个令人信服的角色。

6月初的时候阿尔玛中了一次风，幸好希区柯克的私人医生跟着他们一起旅行，所以才被及时救治。她不想住英国的医院，所以一直在酒店里治疗。她的一只胳膊失去了知觉，走路也变得困难。这些对于希区柯克的影响是巨大的。此时的他与十三年前阿尔玛被查出癌症的那次一样，焦虑忐忑，坐立不安。实际上电影拍摄也暂停了，直到阿尔玛开始逐渐恢复。所有必要的会议都在酒店举行，这样他就可以陪在她身边了。后来等到她身子再好了些，她就飞回加州去接受进一步的治疗。幸好她当时待在克拉里奇酒店，她对协同制片人比尔·希尔（Bill Hill）说："如果我非要中一次风，那没什么地方比克拉里奇更合适了。"

悬在心头的石头终于落下来了，希区柯克带领团队 7 月底重新开拍。尽管他还住在克拉里奇，但是办公室却搬到了距离科芬园市场只有一百码[①]的斯特兰德宫酒店（Strand Palace Hotel）。他小时候对这里再熟悉不过，有人说希区柯克的父亲曾经也当过水果贩子。"不，"他说，"我父亲不是小贩，他是卷心菜批发商，他都是按英亩买卷心菜的。英亩。"在电影的终极版预告里，希区柯克说："科芬园是伦敦著名的蔬果批发市场。在这里你可以买到邪恶的水果和恐怖的蔬菜。"

尽管早期波折不断，但拍摄还是非常顺利。开拍之前的那个星期五，希区柯克在酒店套房里重重地跌了一跤，周末只能在床上躺着，但是周一一早他就做好了工作准备。比尔·希尔回忆道："开拍第一天我开车驶入伦敦，那天特别早，我听到广播里有人在说：'如果你今天在伦敦或者要来伦敦，请避开科芬园，因为希区柯克要在那里拍新电影。'所以，我们到达的时候那里早就水泄不通了。"希尔发现希区柯克坐在豪华轿车里，一辆劳斯莱斯银色幻影轿车，面对人群，波澜不惊。希尔说服希区柯克下车走到已经等候多时的拿照相机的人群前方，人们纷纷拍照，拍完之后便离开了这片区域。"好了好了，"希尔对他们说，"可以结束了。"这样市场里的拍摄才开始正常进行。那天晚些时候，工会的一个负责人过来跟

---

① 1 码约合 0.9 米。

希区柯克的工作人员说，最后一个镜头不能拍了，因为已经快 6 点了。希区柯克提出抗议，说就他理解，他获得了许可，只要他开始拍，他就有权利拍完那个镜头，再者，无论如何，打断演员的表演非常不好。他威胁说要把整部电影带回好莱坞拍，这对英国电影产业可是个负面广告。工会负责人就这样服了软，再也没打扰过他。

比尔·希尔回忆说，经历了早期的种种挫折之后，"一切都进行得非常、非常顺利。每个人都很尊敬他，他很讨人喜欢，而且非常幽默……我们早就知道没有人能改变他的想法，如果他想要东，那结果就不可能是西"。出于对他的高度尊重，他被允许在老贝利第一刑事法庭拍戏，影片主角布莱尼就是在这里被错误定罪的。有几张片场花絮照是他坐在导演椅上，体态圆胖、泰然自若，椅子后面写着"希区柯克先生"。9 月 24 日的拍摄日程表上有一条令人不安的备注："芬奇先生迟到了，拍摄从 9 点 45 分推迟到 10 点 50 分。"坊间传言希区柯克逼着芬奇对每一个演员道歉，但这更像是芬奇的自愿行为。

内景拍摄和外景拍摄一样紧张，一样有条不紊。他给一个急着要见他的亲戚回信道："工作日我往返于酒店和片场，周末我需要尽量休息，为下一周养精蓄锐。这就是我的生活。"他那时已经 72 岁了。他在伦敦待了 13 个星期，其中有 63 天是正常拍摄日，早 6 点开始，傍晚结束，此外还有 6 个晚上的夜戏，他一定被耗得筋疲力尽了。据一些演员和工作人员的说法，他还是有中午大吃一顿再睡个午觉的习惯，然后他会突然醒过来，问他的副导演科林·布鲁尔（Colin Brewer）："老弟，怎么样了？"当布鲁尔说还不赖的时候，他就说："好的，胶片送去洗吧。"有一次希区柯克被摇醒，别人问他这场要不要重拍。"要——让他们重新演一遍，声音大一点。"他最喜欢的烈性酒是兑橙汁的伏特加，装在一个可随身携带的小瓶子里，没事他就啜饮几口。

芬奇回忆道："我觉得他对演员在演什么根本没兴趣，但他总是注意着摄影机，他很清楚地知道拍人物时镜头的长短。当有行人路过科芬园问谁是这部电影的主角的时候，我就回答：'阿尔弗雷德·希区柯克。'"扮演布莱尼女朋友的安娜·马西（Anna Massey）记得，电影刚刚开拍的时候，"他有着巨大的创造力，真叫个热情满满……但是后来他的身体就慢慢扛不住了"。

强奸戏对演员来说是最折磨人的，拍摄总共花了三天时间，凶手要在勒死受害者的同时又侵犯她。希区柯克要求以最极致的真实感还原这起事件的恐怖。出演精神变态杀手的巴里·福斯特（Barry Foster）回忆说："这个差事太恶心了，在拍奸杀戏的整个过程中，我们都试图牢牢控制住自己的胃（以避免呕吐出来）。"在那场戏里，当受害者开始祈祷时，福斯特低声说着："太棒了！太棒了！"观众们眼睁睁地看着她死去，眼球凸出，舌头也伸了出来，脖子被勒得通红。为了拍这样的镜头，希区柯克等了好多年，从《房客》开始他就一直在心里默默排练。他的私人助理佩姬·罗伯逊给好莱坞的一个同事写信，说："我们拍完布伦达被奸杀的那场戏了，绝对吓人！工作样片我之前已经看过三次了，可我还是被吓得半死。"这就是希区柯克风格的"大基诺"①，他本人把它形容为

---

① 见第 19 页注释①。

"肥厚"（meaty）的一段。有一场戏是两个商人坐在酒吧里聊闲天，他们谈到了这个连环杀手。"你知道吗，他都是先强奸她们。""还好每件坏事都有好的一面。"

1971 年 10 月底，希区柯克在完成了所有的主要拍摄工作后，回到了美国。他现在终于可以与身体好得差不多的阿尔玛重聚了，两人一起细细雕琢这部电影的细节，后期制作也很顺利。不过音乐方面出现了问题。他曾公开反对伯纳德·赫尔曼给《谍魂》写的曲子，现在他对亨利·曼西尼（Henry Mancini）在《狂凶记》中所做的工作也感到失望。他没有写出希区柯克要的流行音乐的感觉——这毕竟是那个"摇摆伦敦"（Swinging London）的年代——所以导演又转而找来了英国作曲家罗恩·古德温（Ron Goodwin）。他们第一次见面的时候，希区柯克带了一个盒子来，盒子里装着一个他自己脑袋的精确模型，它原本是为了宣传用的。"你觉得怎么样？"他看着一脸疑问的作曲家问道。"特别好。"古德温回答道。这是正确答案。但是除了这个他还能说什么呢？

12 月中旬，希区夫妇飞去晴朗的马拉喀什度假，但是一过完新年他们就飞了回来，继续完成后期制作。他还要把自己的状态调整好，为接下来繁重的宣传工作做准备。《狂凶记》在当年 5 月的戛纳电影节上进行了全球首映，弗朗索瓦·特吕弗记得当时希区柯克看起来"年迈、疲惫、紧张"，看上去"就像是要去考试的小伙子一样"。但是希区柯克这次不用担心。放映结束之后，全场起立鼓掌，特吕弗说，一周之后，他好像"年轻了 15 岁"。回到美国之后，等着他的是一轮接一轮的采访、午宴和庆祝，持续了整个六月。他以前从未如此受欢迎。

电影公映后，观众的反响非常热烈，可以说是希区柯克继《惊魂记》后获得的最大成功。在遭遇了《冲破铁幕》和《谍魂》的滑铁卢之后，希区柯克似乎又找回了他对悬念和恐怖的触觉。《纽约时报》的评论标题是"闪耀的希区柯克"，《时代》杂志则用"希区柯克仍然是大师"来称赞他。原著小说作者阿瑟·拉贝恩却并没有觉得电影拍得有多好，他写信给伦敦的《泰晤士报》，信中称："银幕上的结果太糟糕了，对白根本就是一个奇怪的混合体，混合了老式奥德维奇闹剧（Aldwych farce）①、《警察狄克逊》（*Dixon of Dock Green*）②，以及快被人遗忘的《无处藏身》（*No Hiding Place*）③。我就想问问希区柯克先生和谢弗先生，他们把我笔下那些纯正的伦敦角色都弄去哪儿了。"他们应该只是从希区柯克的想象中路过了一下吧。

这部影片本身并没有过时，它是如此真实，足以让它抵御时间的侵袭。无辜的人被迫逃亡，真正的凶手却在肮脏破败的伦敦逍遥法外。这就是希区柯克的电影世界，具备一定的模式，彼此相似。这部作品的现实主义比以往走得更远，但是他的本能、他所专注的东西，仍然与他早年拍无声电影时是一致的。他在一次采访中谈到

---

① 20 世纪 20—30 年代在伦敦奥德维奇剧院上演的一系列滑稽剧，以陷入荒谬境地的古怪人物为主要特色。
② 1955—1976 年播出的一档 BBC 剧集，主人公狄克逊是一位富有同情心的警察，所涉案件多是一些轻微犯罪。
③ 1959—1967 年在英国播出的一档侦探剧，每集的故事围绕一场犯罪展开。

这部电影时说："它自始至终都是真实的——它的背景是真实的，它的角色是真实的，它的幽默也是真实的。"

他转了一圈又回到了伦敦，但他没有想过退休。"如果我还能像拍《狂凶记》那样为一部电影注入活力，那为什么要退休呢？我以前被称为'小伙子导演'，我现在依然是'小伙子导演'。"不过，他现在已经73岁了，他比以前迟钝了很多，他的食量和饮酒量超过了医生的建议，体重也越来越不可控。

到1973年的秋天，他已经厌倦了每天无所事事的生活。"我要出去转转了，"他跟一个记者说，"看看有没有什么新颖的凶杀案发生。"他还说过与此类似的一句话："我没什么爱好，每天就等着看下一具尸体会在哪里出现。"下一具尸体出现在了他的下一部电影《大巧局》（*Family Plot*，1976）里。他偶然发现了维克托·坎宁（Victor Canning）的小说《雷恩伯德模式》（*The Rainbird Pattern*），从中看到了明显的可能性。故事讲的是一个灵媒布兰奇夫人和其男友答应帮一位独身的老富婆（雷恩伯德）寻找她的侄子，然后他们意外撞破了一起绑架案。当希区柯克把这个故事说给同事们听的时候，大家都感到困惑，故事线索似乎太多了。但是希区柯克从中发现了游戏或者黑色喜剧的元素，他想借此让这些复杂的线索最终都交汇在一起。小说的故事背景设定在英格兰乡村，电影里希区柯克把它搬到了加利福尼亚州。

他请来了经验丰富的欧内斯特·莱曼，这位编剧立刻就发现，"他的速度明显慢下来了，之前拍电影时的那种耐性没有了。而且我也发现，当剧本讨论会开始后，我已经不太愿意和这位身体虚弱的传奇导演在创意上较劲了"。

1974 年春天，莱曼写好了第一稿剧本，一周之内，导演就读完并寄回，提了好几条问题和修改意见。希区柯克还列出了电影开场的一些视觉细节，对人物动机和结构提出了质疑。他好像又恢复了精力。但是他们之间随后发生了争论。莱曼说："我发现我会拒绝希区的修改意见了，尽管这些意见来自一位传奇人物。"他的意思是他不会被吓倒。

他们之间有一个最主要的分歧，如果在其他的情况下，这种分歧说不定还能结下硕果。希区柯克关心情节，而莱曼更关注人物发展。这位编剧后来说："希区柯克好像让步了，但他只是假意让步，实际上他并不想让一些剧情出现在电影中。我恳求他不要删，所以他还是将它们保留在了剧本里，并且拍了出来，但是剪的时候他又把它们剪掉了。"希区柯克写信给他在伦敦的前同事迈克尔·鲍尔肯，说莱曼是个"非常紧张、焦躁的人"，跟他合作是一段"相当难熬的时期"，而莱曼则声称，他认为，《大巧局》永远也拍不出来。

秋天，希区柯克出现了眩晕症状，被诊断为心脏衰弱。他被救护车送到加州大学洛杉矶分校（UCLA）医院，经过治疗后，医生在他的锁骨皮下装了一个起搏器。手术过后他高烧不止，还伴有结肠炎，医生清理了肾结石，这场噩梦才结束。现在，莱曼不是唯一一个觉得这部电影拍不出来的人。但是，虽然暂时丧失了行动能力，希区柯克仍然在继续与莱曼通信。

1975 年头几个月，希区柯克重新开始工作，准备着影片中一个关键时刻的汽车追逐戏份。他迟迟不肯确定演员，相比于其他电影，这部电影中的演员更像是设计出的道具。制片厂建议让丽莎·明奈利（Liza Minnelli）和杰克·尼科尔森（Jack Nicholson）来演灵媒和她的男朋友，但是希区柯克反对。他不想在演员上花太多钱。他选择了芭芭拉·哈里斯（Barbara Harris）和布鲁斯·德恩（Bruce Dern），结果证明，他们完全适合自己的角色。再加上卡伦·布莱克（Karen Black）和威廉·德韦恩（William Devane），他们组成了追击与被追击的四人组，在整部影片中都各怀鬼胎。希区柯克似乎和德恩建立了一种特殊的友谊，每当他疲惫不堪时，德恩就当起了他的啦啦队长。"我要给他打打气啊，"德恩说，"让他为每一天的拍摄做好准备。他早就厌倦了这该死的一切。"但是德恩也注意到，当希区柯克全神贯注的时候，片场里没有人比他更认真。"他留心一切细节——演员脸上的一处阴影、道具的摆放角度偏差、一个镜头多出来的几秒钟。"不过也有几次，导演惹恼了这个演员。德恩有一次对他说："让我再拍一条吧，我上次不够投入。"希区柯克回答道："布鲁斯啊（Bruuuuuce），皮奥利亚的观众是看不出来的。"他指涉的是一个戏剧老梗，"它会在皮奥利亚上演吗？"[1] 皮奥利亚代指典型美国乡村。但是希区柯克知道德恩和哈里斯都是古怪、迷人的演员。他跟德恩说："我从来都不知道你接下

---

[1]　出自美国童书作家小霍雷肖·阿尔杰（Horatio Alger Jr., 1834—1899）在1890年出版的《500美元》（*Five Hundred Dollars*）一书，书中有一群演员在皮奥利亚剧院（Peoria）表演。后来这句话成为习语，用来询问特定产品、人物、促销主题或事件是否会吸引美国主流大众。——译注

来会怎么演，我只知道这个镜头的构图是完美的，这组拍摄是成功的。我想要的就是纯粹的娱乐。"实际上，他鼓励演员们即兴发挥，这对他来说太非比寻常了。在他职业生涯的最后一部电影里，他只想好好欣赏演员的表演。

拍摄始于 1975 年 5 月中旬，就在摄影机打开的前一刻，希区柯克决定让故事发生在一个偏僻不知名的地方，而非旧金山。他对第一副导演霍华德·卡赞吉安（Howard Kazanjian）说，他不想要任何跟北加州有关的标志和符号出现，"警车上也不许有任何字样。徽章上也不许有名字……我不想要这部电影里有任何城市的痕迹"。故事发生在一个虚构的城市。这么多年了，他依旧不喜欢实景拍摄，大量的场景都是在特别设计的棚里拍的。始终追随他的巴姆斯特德回忆说："希区柯克总是把车开到片场里，走六七步路坐到自己的椅子上，现在他会说：'对，就像这样。这样很好。'"他坐在椅子上，只跟自己的摄影师和第一副导演说话。但是也几乎什么都没说。第一天拍摄的时候，他会跟所有的演员握手。他亲了一下芭芭拉·哈里斯的脸颊，在她耳边小声说："芭芭拉，我很害怕。好，现在去演吧。"

他日渐疲累。他因关节炎而双腿无力，站起来有些困难。7 月份的时候，他似乎已经筋疲力尽，为了早点完成工作，他加快了脚步。到了秋天，他把所有的后期工作都交给了助手。他倒是很认真地监督了约翰·威廉斯（John Williams）的配乐，威廉斯彼时刚刚因为《大白鲨》（*Jaws*，1975）的配乐而大受赞誉，风头正盛。"他跟我聊了很多英国的音乐和作曲家，"威廉斯回忆道，"他对他们很感兴趣：布里顿（Benjamin　Britten）、沃尔顿（William Walton）、埃尔加（Edward Elgar）、阿瑟·布利斯（Arthur Bliss）和沃恩·威廉斯（Vaughan Williams）。"希区柯克希望约翰·威廉斯带给他一些轻松活泼的东西，因为正如他告诉这位作曲家的那样："谋杀可以是一件有趣的事情。"

《大巧局》还真是一部"有趣的"电影，尽管这是一种恐怖的有趣。这是一部自己压根不把自己当回事儿的荒诞惊悚片。它形式感很强，有些地方有点草草略过，一切建立在一种平衡、对立和对称的假象上。角色塑造仅仅满足最基本的需要，而没有对其进行更深的探索。威廉·德韦恩说："我就是演了一堆衣服。"他只要穿上戏服，就是在演戏了。

希区柯克不知道该叫它什么。"它将被称为希区柯克的'某物'，"他说，"也许是希区柯克的'湿内裤'（wet drawers）。"希区柯克有在自己电影里客串的习惯，这一次他让摄影师拍下他站在"出生和死亡登记所"的磨砂玻璃门后的剪影。这也许暗示了他作为一位导演的无所不能，但同时也是他遮掩面部的一种方式，因为长期注射可的松，他的脸已经变得越发苍白和浮肿。不过，他的正脸又出现在海报里，圆圆的脸悬在水晶球中，向着公众眨眼。他似乎在暗示，毕竟，这只是一部电影。这是一场游戏，所有的规则都是公开的。它也表明，虽然他是这部电影的导演，但他又在某种程度上是一个置身事外的旁观者。

1976年3月，《大巧局》公映，获得了普遍好评，这反映出他的显赫地位，也表明他的长寿在公众那里引发了真诚的热情。《纽约邮报》（*New York Post*）的弗兰克·里奇（Frank Rich）撰文指出："就像很多现代画家［如保罗·克利和康定斯基（Wassily Kandinsky）］一样，随着年龄的增长，伟大的导演往往也会对风格的抽象可能性更感兴趣。"这是一则非常敏锐的观察。希区柯克对画家蒙德里安（Piet Mondrian）的借鉴凸显了这一点，在空中俯拍的墓地追逐戏中，他非常小心地勾勒出了人物运动的路线和坟地的轮廓。

阿尔玛的第二次中风打乱了希区柯克珍视多年的家庭生活。她现在只能待在百乐吉的家里，需要不间断的护理。希区柯克一周为她做两三顿饭，其他都得靠蔡森饭店的外卖。"我不敢相信，"他在写给迈克尔·鲍尔肯的信中说道，"这么多年过去了，我也积累了一点财富，可还是得在 78 岁的时候做一个厨子。"尽管他极力掩饰，仍然藏不住心里的慌乱。他的外孙女回忆说："我外公对发生在阿尔玛身上的事非常难过——他眼里含着泪，不断地问'我该怎么办？'。"

因为关节炎，他早上起床非常困难。他戴起了老花镜，耳朵也有点聋了。他还是会在每天上午十点去一下办公室，那是为他而建的平房里的一个宽敞的房间，有一张很大的桌子，一套舒适的真皮沙发。桌子收拾得很干净，书架比图书管理员摆放的还整齐。十二点半，办公室隔壁的餐厅准时给他送来午饭。这顿饭总是由牛排和沙拉组成。办公桌最上面的抽屉里总是放着一瓶伏特加，有时候只是一个随身携带的小酒瓶。四点钟回家之前他会喝上一点，具体是喝两杯还是三杯，众说纷纭，没人确切地知道。无论如何，喝酒可以让他增加一点力量。

　　他的老同事休姆·克罗宁回忆道，在希区柯克最后这几年的时光中，他已经变成了"一个悲伤又相当孤僻的人，我经常去看他，发现他在一个人偷偷哭。他说不仅是因为工作不顺利，还因为他已经不出门了。他看不到什么人，也没人邀请他去哪里"。但这不就是他以前希望的吗？他从来不爱交际，除了和妻子的友谊之外，他从来没有和谁建立起长久的友谊。阿尔玛现在只是他生活中一个悲伤的存在，所以他基本上可以说是孤身一人了。这在他这个年纪是很难忍受的。

　　1976 年秋天，他写信给特吕弗，说："此刻我实在太想有一个新的项目了。"他还是不想退休。他的身体里又放了一个新的心脏起搏器，所以有一阵他似乎恢复了活力。在接受《视与听》的采访时，他说："我的身体非常好，只是有一点关节痛。我是装了心脏起搏器，但是我觉得那比我原来的心脏还要好用。我的电影都很成功，其他人都想让我继续工作。"

　　他还真的找到了一个项目。他一直在读罗纳德·柯克布赖德（Ronald Kirkbride）的小说《短短一夜》（*The Short Night*），这是一个浪漫的间谍惊悚故事，讲述了一位双面间谍从沃姆伍德·斯克鲁伯监狱越狱的经历。为防万一，希区柯克还买了另一本书的版权，肖恩·伯克（Sean Bourke）的《乔治·布莱克的逃亡》（*The Springing of George Blake*）。这本书讲述了一位真实的双面间谍乔治·布莱克从斯克鲁伯监狱越狱，然后逃往苏联的故事。亡命天涯的主题吸引了希区柯克，不过他也觉得布莱克的妻子和三个孩子的故事同样有意思。这些会成为电影的核心，整部电影将只是粗略地以发生过的事实作为基础。他找到一个美国编剧詹姆斯·科斯蒂根（James Costigan）来改编这本小说，1977年的春夏两季他们俩都在准备这个剧本，但是一无所获。希区柯克又一次求助于欧内斯特·莱曼，但是当这位导演坚持要写一处残酷强奸戏的时候，他们俩就分道扬镳了。一切就跟埃文·亨特写《艳贼》时出现的情形一样。莱曼回忆道："有时候我想我们俩应该都知道，这个剧本，我们只是在走形式了。到底是不是？我不知道。希区柯克想拍，不是吗？我想让他拍——这不就是我还在写的原因吗？但是我们俩谁相信他还能拍呢？"

　　1978年的夏天，莱曼离开了。希区柯克拜访了另一位老友，诺曼·劳埃德，让他来帮着写剧本。"他没法轻松讲述这个故事，"劳埃德说，"没有人能轻松讲述这个故事。希区自己比谁都清楚这是一个老掉牙的故事了，这本书放在书架上都十一年了。不过有趣的是，我们在讨论它的时候，都在寻找其他的东西。"随着希区柯克的健康状况持续恶化，对这个故事的疑虑也逐渐增多。有一天他跟劳埃德说："你知道吗，诺姆，我们永远也拍不出这片子了。"当被问及原因的时候，他说："没必要了。"

　　他的健康状况忽好忽坏，心情也跟着忽上忽下。希区柯克某天突然通知劳埃德，他们应该中断剧本大纲的写作，直接开始写剧本。"不，"劳埃德说，"我觉得我们没有准备好。"他随后便从希区柯克脸上看到了被背叛的痛苦神情。"他就这样不理我了，"劳埃德说，"就像我们从来不认识彼此那样。他确实有权利这样做。"

第二天，劳埃德回到希区柯克的平房，看到希区柯克把剧本大纲拿在手上。"我真的很想跟你好好写完这个剧本。"劳埃德说。

"不用了，我自己可以。"

应该就是在这时候，希区柯克打了个电话给《狂凶记》的编剧——远在伦敦的安东尼·谢弗。他先是就没有跟他合作《大巧局》而向这位编剧道歉，然后就像谢弗说的那样，他的声音变了："托尼！他们都背叛了我！每个人都离我而去！你必须过来救救我！我现在孤身一人！"

1978 年的秋天，他重重地摔了一跤，从铺在浴室大理石上的地毯上滑倒，撞到了淋浴门，最后摔靠在墙上。送到医院后，没发现有伤筋动骨的地方。但是从这个时候起，家里就装了扶栏，他也用起了拐杖。

12 月，希区柯克请了另外一个编剧戴维·弗里曼（David Freeman）来写《短短一夜》。在《阿尔弗雷德·希区柯克的最后时光》（*The Last Days of Alfred Hitchcock*）这本书里，这位编剧提到他们初次见面时的情景："他个子不高，5 英尺 5 英寸 [①] 或者更矮，皮肤上几乎没有皱纹。他非常胖。"第一次见面并不是很顺利，"实际上，我有点不舒服，我感觉他并不知道我为何而来"。不过这是希区柯克的惯用招数，谈天说地，就是不聊电影。弗里曼觉得，这位导演身上披着他身为公众人物的外套，因此终究是"不可知的"。

———————————

① 5 英尺 5 英寸约等于 1.65 米。

他就跟总统山的雕像一样面无表情。

当这两个人终于开始谈起电影的时候，希区柯克的问题全是关于技术的。他需要知道沃姆伍德·斯克鲁伯监狱周围地区的精确地形，毕竟乔治·布莱克就是从那里逃出来的。街灯什么时候亮？主干道附近有没有环形路口？当他不喜欢弗里曼的某个回答时，他就会给出标准答案："不，拍电影就是这么拍的。"他好像对可能的性爱场面兴致最高。"对的对的，这样是可以的，很刺激。"有传闻说，希区柯克就是在人生的这个阶段性骚扰了他的女员工，并因此向一两个秘书支付了封口费。很有可能，随着年龄的增大，他不知道如何控制自己了。

他的关节炎还是经常发作，所以总是要打可的松来减缓疼痛。弗里曼有一次去百乐吉他家里拜访，看到"床对面的柜子上起码放了五十个药瓶"。弗里曼还发现，希区柯克开始喝白兰地，他把白兰地放在"一个棕色纸袋里，然后把它藏在办公室的卫生间"。希区柯克"急切地咬住瓶口，头仰到底，直到他的喉咙和几层下巴变得平直，然后往喉咙里灌上一大口"。

疼痛不是他喝酒的唯一理由，恐惧也是个重要原因。他的私人助理佩姬·罗伯逊告诉弗里曼，在一次剧本讨论会开始之前，希区柯克对她说"他坚持不住了"。他反复问佩姬："你认为我还能活多久，活到什么时候？"老友们的偶尔来访似乎还增加了他的痛苦，英格丽·褒曼回忆说："他握着我的双手，泪流满面地哭诉着：'英格丽，我活不久了。'"同代人的相继离世让他老泪纵横，不过除了悲伤之外，这也有可能是他歇斯底里的情绪造成的。当休姆·克罗宁前来探望的时候，两个人手握在一起痛哭。

1979年春天，弗里曼写完一稿剧本，但是整个项目却胎死腹中了。《短短一夜》的前期筹备其实已经开始了，一位勘景师被派往赫尔辛基，影片的大部分场景都将在这里拍摄。电影的故事板都画好了，选角工作也在有条不紊地进行。选择克林特·伊斯特伍德（Clint Eastwood），还是肖恩·康纳利？希区柯克为此不断修改着剧本。

但是这种游戏不能无限期持续下去，他把他的老手下希尔顿·格林叫进办公室，让他"去找卢·沃瑟曼，跟卢说一切都结束了"。

"什么叫一切都结束了？"

"我再也不当导演了。"

另一个版本里他说的应该是："这部电影我拍不出来。我再也不会拍电影了。"不论他当时到底用了哪些具体的词，他都清楚他这是在宣判自己的死刑。没有人能动摇他的决定。

1979年3月，美国电影学会（AFI）授予他"终身成就奖"。他不喜欢这种在每个方面都像豪华葬礼一样的颁奖仪式。直到颁奖的前一刻，他才同意接受工作人员的安排，坐在那里茫然地观看了整个过程。他面部浮肿，身体肥胖，费了很大劲才走到为他安排的桌子前。他好像意识不到周围发生了什么。尽管如此，他还是尽力完成了一次简短而优雅的演讲。"我恳求大家听我念完四个人的名字，这四个人给了我最多的爱、赞赏、鼓励，我们之间有着持续不断的合作。这四个人中，第一个是我的电影剪辑师，第二个是编剧，第三个是我女儿帕特的母亲，第四个是我们家厨房里创造奇迹的优秀厨师。这四个人的名字，都是阿尔玛·雷维尔。"颁奖当天，阿尔玛身体还不错，因此也出席了这场仪式。这也是他最后一次身边围满了老友，有英格丽·褒曼，有加里·格兰特。他们此次前来，基本上都是为了道别。

两个月后，希区柯克取消了《短短一夜》这个项目，并且跟自己的团队宣布，他打算关闭办公室和公司。他没有提前跟他们打招呼，不过很多人肯定都已经预料到了这一天。他也没有给他们的未来做什么安排。有一些人迟迟不肯原谅他这最后一次的草率和自私。他偶尔也回来过，但就像什么事也没有发生一样。

弗里曼回忆道："他找到了一个新的秘书，保持着他之前的生活习惯，脱离了导演虚名、地位以及权力牢笼的束缚。"但是这出哑剧没能演多久。他在 1980 年初确实又回到了原来的身份，在一个摄影棚里举行的私人仪式上，他接受了女王在新年授勋名单上授予他的爵士头衔。当被问及在对这份荣誉的漫长等待中有何感受时，希区柯克回答说："我想她是忘记了。"此外就没有什么可说的了。

他渐渐地"淡出"着。他对整个世界再也提不起兴趣了。他不吃不喝。他对来访者很冷漠，甚至怀有敌意。他冲他的医生大喊大叫。他整日望着墙壁发呆。他好像已经忘记阿尔玛也在房子里。他再一次孤独地躺在黑暗中，死神的镰刀越逼越近。他于 1980 年 4 月 29 日上午死于肾衰竭。他的遗体被火化，骨灰撒在太平洋里。阿尔玛糊涂了一阵儿，然后就退缩到仍然有他的那个世界里。她于 1982 年去世。

参考书目

Allen, Richard: *Hitchcock's Romantic Irony*（New York, 2007）

Allen, Richard and Ishii-Gonzales, Sam（eds）: *Alfred Hitchcock*
（London,1999）

Allen, Richard and Ishii-Gonzales, Sam（eds）: *Hitchcock*
（London, 2004）

Auiler, Dan: *Vertigo*（New York, 1998）

Auiler, Dan: *Hitchcock's Secret Notebooks*（London, 1999）

Badmington, Neil: *Hitchcock's Magic*（Cardiff, 2011）

Barr, Charles: *English Hitchcock*（Dumfriesshire, 1999）

Barr, Charles: *Vertigo*（London, 2002）

Bellour, Raymond: *The Analysis of Film*（Bloomington, 2000）

Belton, John（ed）: *Alfred Hitchcock's Rear Window*（Cambridge, 2000）

Bennett, John Charles（ed）: *Hitchcock's Partner in Suspense*
（Lexington, 2014）

Bogdanovich, Peter: *The Cinema of Alfred Hitchcock*（New York, 1963）

Bouzereau, Laurent: *Hitchcock*（New York, 2010）

Boyd, David（ed）: *Perspectives on Alfred Hitchcock*（New York, 1995）

Boyd, David and Palmer, R. Barton（eds）: *After Hitchcock*（Austin, 2006）

Brill, Lesley: *The Hitchcock Romance* (Princeton, 1988)

Brougher, Kerry and Tarantino, Michael: *Notorious* (Oxford, 1999)

Chandler, Charlotte: *It's Only A Movie* (New York, 2005)

Cohen, Paula Marantz: *Alfred Hitchcock* (Lexington, 1995)

Cohen, Tom: *Hitchcock's Cryptonomies* (London, 2005)

Condon, Paul and Sangster, Jim: *The Complete Hitchcock* (London, 1999)

Conrad, Peter: *The Hitchcock Murders* (London, 2000)

Corber, Robert J.: *In the Name of National Security* (London, 1993)

DeRosa, Steven: *Writing with Hitchcock* (London, 2001)

Deutelbaum, Marshall and Poague, Leland (eds) : *A Hitchcock Reader* (Chichester, 2009)

Dufreigne, Jean–Pierre: *Hitchcock Style* (New York, 2004)

Duncan, Paul: *Alfred Hitchcock* (Cologne, 2011)

Durgnat, Raymond: *The Strange Case of Alfred Hitchcock* (London, 1974)

Durgnat, Raymond: *A Long Hard Look at Psycho* (London, 2010)

Falk, Quentin: *Mr. Hitchcock* (London, 2007)

Fawell, John: *Hitchcock's Rear Window* (Carbondale, 2001)

Finler, Joel W.: *Hitchcock in Hollywood* (New York, 1992)

Foery, Raymond: *Alfred Hitchcock's Frenzy* (Plymouth, 2012)

Freedman, Jonathan and Millington, Richard (eds) : *Hitchcock's America* (Oxford, 1999)

Freeman, David: *The Last Days of Alfred Hitchcock* (London, 1985)

Giblin, Gary: *Alfred Hitchcock's London* (Baltimore, 2006)

Gottlieb, Sidney (ed) : *Hitchcock on Hitchcock* (London, 1995)

Gottlieb, Sidney and Brookhouse, Christopher (eds) : *Framing Hitchcock* (Detroit, 2002)

Gottlieb, Sidney (ed) : *Alfred Hitchcock Interviews* (Mississippi, 2003)

Gottlieb, Sidney and Allen, Richard (eds) : *The Hitchcock Annual Anthology* (London, 2009)

Grams, Martin jnr and Wikstrom, Patrik: *The Alfred Hitchcock Presents Companion* (Hollywood, 2001)

Haeffner, Nicholas: *Alfred Hitchcock* (Harlow, 2005)

Hamilton, John: *Hitchcock's Blonde* (Bristol, 2009)

Hunter, Evan: *Me and Hitch* (London, 1997)

Hurley, Neil P.: *Soul in Suspense* (London, 1993)

Jacobs, Steven: *The Wrong House – The Architecture of Alfred Hitchcock* (Rotterdam, 2007)

Jensen, Paul M.: *Hitchcock Becomes Hitchcock* (Baltimore, 2000)

Kapsis, Robert E.: *Hitchcock* (Chicago, 1992)

Kolker, Robert (ed) : *Alfred Hitchcock's Psycho* (Oxford, 2004)

Krohn, Bill: *Hitchcock at Work* (London, 2000)

Krohn, Bill: *Alfred Hitchcock* (Paris, 2010)

LaValley, Albert J. (ed) : *Focus on Hitchcock* (New Jersey, 1972)

Leff, Leonard J.: *Hitchcock and Selznick* (London, 1987)

Leigh, Janet: *Psycho* (London, 1995)

Leitch, Thomas: *Find the Director* (London, 1991)

Leitch, Thomas: *The Encyclopaedia of Alfred Hitchcock* (New York, 2002)

Leitch, Thomas and Poague, Leland (eds) : *A Companion to Alfred Hitchcock* (Chichester, 2011)

McDevitt, Jim and San, Juan Eric: *A Year of Hitchcock* (*Plymouth*, 2009)

McGilligan, Patrick: *Alfred Hitchcock* (Chichester, 2003)

Modleski, Tania: *The Women Who Knew Too Much* (London 1988)

Mogg, Ken: *The Alfred Hitchcock Story* (London, 1999)

Moral, Tony Lee: *Hitchcock and the Making of Marnie* (Maryland, 2005)

Morris, Christopher D.: *The Hanging Figure* (Westport, 2002)

Naremore, James (ed) : *North by Northwest* (New Jersey, 1993)

O'Connell, Patricia Hitchcock and Bouzereau, Laurent: *Alma Hitchcock* (New York, 2003)

Orr, John: *Hitchcock and 20th Century Cinema* (London, 2005)

Paglia, Camille: *The Birds* (London, 1998)

Païni, Dominique and Cogeval, Guy: *Hitchcock and Art* (Montreal, 2001)

Perry, Dennis R.: *Hitchcock and Poe* (Maryland, 2003)

Perry, George: *The Films of Alfred Hitchcock* (London, 1965)

Phillips, Gene D.: *Alfred Hitchcock* (Boston, 1984)

Pomerance, Murray: *An Eye for Hitchcock* (London, 2004)

Raubicheck, Walter and Srebnick, Walter: *Hitchcock's Rereleased Films* (Detroit, 1991)

Rebello, Stephen: *Hitchcock and the Making of Psycho* (New York, 1991)

Rohmer, Eric and Chabrol, Claude: *Hitchcock* (New York, 1979)

Rothman, William: *Hitchcock – The Murderous Gaze* (London, 1982)

Ryall, Tom: *Alfred Hitchcock and the British Cinema* (Beckenham, 1986)

Samuels, Robert: *Hitchcock's Bi-Textuality* (New York, 1998)

Sharff, Stefan: *Alfred Hitchcock's High Vernacular* (New York, 1991)

Sharff, Stefan: *The Art of Looking* (New York, 1997)

Skerry, Philip J.: *Psycho in the Shower* (New York, 2009)

Sloan, Jane E.: *Alfred Hitchcock* (New York, 1993)

Smith, Susan: *Hitchcock: Suspense, Humour and Tone* (London, 2000)

Spoto, Donald: *The Art of Alfred Hitchcock* (New York, 1979)

Spoto, Donald: *The Dark Side of Genius* (London, 1994)

Spoto, Donald: *Spellbound by Beauty* (London, 2008)

Sterritt, David: *The Films of Alfred Hitchcock* (Cambridge, 1993)

Strauss, Marc Raymond: *Alfred Hitchcock's Silent Films* (Jefferson, 2004)

Sullivan, Jack: *Hitchcock's Music* (New Haven, 2006)

Taylor, Alan: *Jacobean Visions* (Frankfurt, 2007)

Taylor, John Russell: *Hitch* (London, 1978)

Thomson, David: *The Moment of Psycho* (New York, 2009)

Truffaut, François: *Hitchcock* (New York, 1983)

Walker, Michael: *Hitchcock's Motifs* (Amsterdam, 2005)

Weis, Elizabeth: *The Silent Scream* (London, 1982)

Wood, Robin: *Hitchcock's Films Revisited* (New York, 1989)

Yacowar, Maurice: *Hitchcock's British Films* (Detroit, 1977)

Youngkin, Stephen D. : *The Lost One*（Lexington, 2005）

Zizek, Slavoj: *Everything You Always Wanted to Know About Lacan (But Were Afraid to Ask Hitchcock)*（London, 1992）

作品年表

默　片

1925
《欢乐园》（*The Pleasure Garden*）

1926
《山鹰》（*The Mountain Eagle*）

1927
《房客》（*The Lodger: A Story of the London Fog*）
《下坡路》（*Downhill*）
《拳击场》（*The Ring*）

1928
《水性杨花》（*Easy Virtue*）
《农家妇》（*The Farmer's Wife*）
《香槟》（*Champagne*）

1929
《孟克斯人》（*The Manxman*）

有声片

1929
《讹诈》(*Blackmail*)
《朱诺与孔雀》(*Juno and the Paycock*)

1930
《谋杀》(*Murder!*)

1931
《玛丽》(*Mary*)
《面子游戏》(*The Skin Game*)
《奇怪的富翁》(*Rich and Strange*)

1932
《十七号》(*Number Seventeen*)

1934
《维也纳的华尔兹》(*Waltzes from Vienna*)
《擒凶记》(*The Man Who Knew Too Much*)

1935
《39 级台阶》(*The 39 Steps*)

1936
《间谍》(*Secret Agent*)
《阴谋破坏》(*Sabotage*)

1937

《年轻姑娘》（*Young and Innocent*）

1938

《贵妇失踪记》（*The Lady Vanishes*）

1939

《牙买加旅店》（*Jamaica Inn*）

1940

《海外特派员》（*Foreign Correspondent*）

《蝴蝶梦》（*Rebecca*）

1941

《史密斯夫妇》（*Mr. & Mrs. Smith*）

《深闺疑云》（*Suspicion*）

1942

《海角擒凶》（*Saboteur*）

1943

《辣手摧花》（*Shadow of a Doubt*）

1944

《怒海孤舟》（*Lifeboat*）

1945

《爱德华大夫》（*Spellbound*）

1946

《美人计》(*Notorious*)

1947

《凄艳断肠花》(*The Paradine Case*)

1948

《夺魂索》(*Rope*)

1949

《风流夜合花》(*Under Capricorn*)

1950

《欲海惊魂》(*Stage Fright*)

1951

《火车怪客》(*Strangers on a Train*)

1953

《忏情记》(*I Confess*)

1954

《后窗》(*Rear Window*)

《电话谋杀案》(*Dial M for Murder*)

1955

《捉贼记》(*To Catch a Thief*)

《怪尸案》(*The Trouble with Harry*)

1956

《伸冤记》（ *The Wrong Man* ）

《擒凶记》（ *The Man Who Knew Too Much* ）

1958

《迷魂记》（ *Vertigo* ）

1959

《西北偏北》（ *North by Northwest* ）

1960

《惊魂记》（ *Psycho* ）

1963

《群鸟》（ *The Birds* ）

1964

《艳贼》（ *Marnie* ）

1966

《冲破铁幕》（ *Torn Curtain* ）

1969

《谍魂》（ *Topaz* ）

1972

《狂凶记》（ *Frenzy* ）

1976

《大巧局》（ *Family Plot* ）

电视剧集

● 《希区柯克剧场》(*Alfred Hitchcock Presents*)

1955
《崩溃》("Breakdown")
《报复》("Revenge")
《佩勒姆先生案件》("The Case of Mr. Pelham")

1956
《为圣诞节而归》("Back for Christmas")
《阴湿的星期六》("Wet Saturday")
《布兰查德先生的秘密》("Mr. Blanchard's Secret")

1957
《最后一英里》("One More Mile to Go")
《完美的犯罪》("The Perfect Crime")

1958
《待宰的羔羊》("Lamb to the Slaughter")
《赌门深似海》("Dip in the Pool")
《毒药》("Poison")

1959
《请君入瓮》("Banquo's Chair")
《阿瑟》("Arthur")
《结冰的河床》("The Crystal Trench")

1960

《比克斯比夫人与上校的外套》（"Mrs. Bixby and the Colonel's Coat"）

1961

《赌马者》（"The Horse Player"）

《砰！你完蛋了》（"Bang! You're Dead"）

● 《怀疑》（*Suspicion*）

1957

《四点钟》（"Four O'Clock"）

● *Startime*

1960

《街角事件》（"Incident at a Corner"）

● 《希区柯克长篇故事集》（*The Alfred Hitchcock Hour*）

1962

《我目睹了一切》（"I Saw the Whole Thing"）

短片及其他

1922

《十三》（*Number 13*），未完成

1923

《总要告诉你的妻子》(*Always Tell Your Wife*)，未署名剧情短片

1930

《埃尔斯特里呼声》(*Elstree Calling*)，电视综艺

《弹力事件》(*An Elastic Affair*)，剧情短片

1944

《一路顺风》(*Bon Voyage*)，战时宣传短片

《马达加斯加历险记》(*Aventure Malgache*)，战时宣传短片

《战斗的一代》(*The Fighting Generation*)，战时宣传短片

1945

《明日瞭望塔》(*Watchtower Over Tomorrow*)，战时宣传短片

1967

《万花筒狂凶》(*Kaleidoscope Frenzy*)，未完成

＊本作品年表系此次中译本编者所加，仅包含希区柯克导演作品。

出版后记

作为伟大的电影导演，希区柯克分明从事着最具艺术性的创作工作，却很讨厌"艺术家"这个字眼，并且终生痴迷于金钱；他拒绝承认自己是现实主义者，但同时又认为好电影应该关注销售员、打字员等普通人；他不爱交际，却害怕孤身一人；他脆弱、焦虑，却会用"我会亲手毁掉你的职业生涯"这样的话来威胁女演员；他是一个对女演员有控制欲的"禁欲导演"……正是这样一个矛盾体，却创作出了一部又一部深入人心的电影。按照法国导演让－吕克·戈达尔的话来说："也许有一万个人不会忘记塞尚的苹果，但是肯定会有一亿个观众会记得《火车怪客》中的打火机。"

希区柯克的这种多面、不可捉摸甚至矛盾的电影大师形象，出自一位英国传记大家之手。彼得·阿克罗伊德是当代英国文坛的一位成就斐然的多面手作家。在他至今已出版的六十余部作品中，小说、传记和历史三种著作并驾齐驱，在国际上产生了巨大的影响，《一个唯美主义者的遗言》《艾略特传》《伦敦传》等书更是为他赢得了毛姆奖、惠特布雷德传记奖、南岸文学奖等多项重要荣誉。因对英国文学所作出的杰出贡献，他还在 2003 年被授予了大英帝国勋章。

阿克罗伊德对伦敦保持着浓厚的兴趣。他既写伦敦史，也写莎士比亚、狄更斯、王尔德、艾略特等伦敦艺术大家。他的传记有一个基本准则，那就是所写传记对象都要与伦敦有密切的关系。在他看来，有一根精神之线贯穿着伦敦的过去和现在，而他希望通过写作"向读者指明这条历史之线"。相应于这种对伦敦历史的兴趣，他在写作中也运用了历史学者严谨的研究方法。为了完成一本传记，他会阅读、观看传主的所有作品，研究上百本与传主有关的著作，分析大量已发表资料。除此之外，他还以擅长在不同的叙述语调之间自由切换闻名。

迄今为止，我们已出版多种大师导演著作，其中包括安东尼奥尼的《一堆谎言》、三谷幸喜的《笑之大学》、盐田明彦的《映画术》、想田和弘的《这世上的偶然》、瓦伊达的《我们一起拍片！》、夏布罗尔的《如何拍电影》，以及《与奥逊·威尔斯共进午餐》《胡金铨武侠电影作法》等。更多导演传记、访谈、文集正在译介之中，即将陆续推出，敬请关注。

为了开拓一个与读者朋友们进行更多交流的空间，分享相关"衍生内容""番外故事"，我们推出了"后浪剧场"播客节目，邀请业内嘉宾畅聊与书本有关的话题，以及他们的创作与生活。可通过微信搜索"houlangjuchang"来获取收听途径，敬请关注。

服务热线：133-6631-2326　188-1142-1266

服务信箱：reader@hinabook.com

后浪电影学院
2021年3月

图书在版编目（CIP）数据

希区柯克传 / (英) 彼得·阿克罗伊德著；孙微纳
译；孙长江校订. -- 北京：北京联合出版公司，
2021.11

ISBN 978-7-5596-4841-9

Ⅰ.①希… Ⅱ.①彼… ②孙… ③孙… Ⅲ.①希区科
克(Hitchcock, Alfred 1899-1980)—传记 Ⅳ.
①K835.615.78

中国版本图书馆CIP数据核字(2020)第257029号

Alfred Hitchcock by Peter Ackroyd
Copyright ©2015 by Peter Ackroyd
All rights reserved.
Simplified Chinese translation copyright ©2021 Ginkgo (Shanghai) Book Co., Ltd.
Published by arrangement with The Susijn Agency Ltd. through The Grayhawk Agency Ltd.

本书中文简体版权归属于银杏树下（上海）图书有限责任公司。

希区柯克传

著　　者：［英］彼得·阿克罗伊德
译　　者：孙微纳
校 订 者：孙长江
出 品 人：赵红仕
选题策划：后浪出版公司
出版统筹：吴兴元
编辑统筹：梁　媛
特约编辑：田朝阳　刘　坤
责任编辑：孙志文
装帧制造：墨白空间·黄怡祯
营销推广：ONEBOOK

北京联合出版公司出版
（北京市西城区德外大街83号楼9层　100088）
嘉业印刷（天津）有限公司　新华书店经销
字数210千字　889毫米×1194毫米　1/32　10.5印张
2021年11月第1版　2021年11月第1次印刷
ISBN 978-7-5596-4841-9

定价：74.00元

后浪出版咨询(北京)有限责任公司 常年法律顾问：北京大成律师事务所　周天晖 copyright@hinabook.com
未经许可，不得以任何方式复制或抄袭本书部分或全部内容
版权所有，侵权必究
本书若有质量问题，请与本公司图书销售中心联系调换。电话：010-64010019

《与奥逊·威尔斯共进午餐》
My Lunches with Orson

在天才导演奥逊·威尔斯的餐桌旁

听他"爆炒"好莱坞、抖漏历史秘闻、挤兑政坛要人

内容简介｜长久以来，坊间一直传说，不知何处存有一批录音带，里头记录了奥逊·威尔斯骤然去世前与好友共进午餐时的私人谈话。事实证明，这批磁带确实存在，一直在某间车库里放着积灰。究竟磁带里录了些什么，本书将做首度披露。

这是我们从不曾见过的威尔斯：说着心里话，泄露个人的隐秘，回顾从以天才之姿入行到被好莱坞扼杀的职业生涯起落，还有那些他的旧相识——罗斯福、丘吉尔、卓别林、玛琳·黛德丽、劳伦斯·奥利弗、大卫·塞尔兹尼克、丽塔·海华丝等——以及自己人生暮年的诸般失落。这是一位伟大导演轻松不设防的时刻，他可以随心所欲地桀骜不恭，甚至有时候还更进一步——表现出了性别歧视、同性恋歧视、种族歧视又或是上述歧视浑然皆无。因为，说穿了他就是个编故事的人，是个煽动家。他的话题从政治到文学，从友人的缺点到那些他仍渴望能开拍的电影，不论谈什么，他都能做到愤世嫉俗却又罗曼蒂克，多愁善感但又常常低俗。不过，只要他一开口，那就绝不会让人觉得无聊，总能让人觉得坏得有趣。

作者简介｜奥逊·威尔斯，20世纪最伟大的电影导演之一，集导演、编剧、演员、制片于一身的电影天才。他在26岁时自编自导自演的处女作《公民凯恩》长期被各类权威电影媒体评选为影史十佳之冠，其他代表作有《安倍逊大族》《上海小姐》《奥赛罗》《历劫佳人》等。

亨利·雅格洛，好莱坞独立电影导演、演员、编剧，奥逊·威尔斯晚年挚友，曾参演威尔斯的导演遗作《风的另一边》。而威尔斯则在雅格洛执导的《谁来爱我》中贡献了最后一次银幕演出。

著者：〔美〕奥逊·威尔斯
（Orson Welles）
〔美〕亨利·雅格洛
（Henry Jaglom）
编者：〔美〕彼得·比斯金德
（Peter Biskind）
译者：黄　渊
书号：978-7-5502-9288-8
出版时间：2017 年 7 月
定价：58.00 元